The ancient history of Normandy was derived from the early northern Gallic tribes until its early conquest by the Romans in the first century B.C. The distinguished name Gachet is considered to have its origins in this ancient land. This coastal region was used as a departure point for the Roman invasion of England. With the departure of the Romans in the 4th century, the area was continuously ruled by many different dissenting tribes. In the 6th century, a leader emerged who united the area. Wandrille and may be considered the first Count of Normandy. The Duchy was firmly established after the year 911 when Rollo, Earl of Orkney invaded the territory with his Viking army. He laid siege to Paris and forced the French King, Charles the Simple, to concede Normandy. Rollo became the first Duke of Normandy in 911. The name Gachet was first found in Normandy.

Throughout the course of history most surnames have undergone change for many reasons. A father and son may have spelt their name differently. Many are simple spelling changes by a person who spoke his name, phonetically, to a scribe, a priest, or a recorder. Many names held prefixes or suffixes which almost became optional as they passed through the centuries, or were adopted by different branches to signify either a political or religious adherence. Hence, we have many variations in this name, Gachet some of which are Lagace, Lagace, Lagache, Lagasse, Gache, Gache, Gaches, Gachet, Gachon, Lagacoe, but all are included in the basic origin of the surname.

With the conquest of England by William, Duke of Normandy in 1066, the Dukedom became a part of the domain of the Kings of England. This formed the basis of the Duke's tremendous influence, not only in England but the whole of Northern France as far south as Aquitaine. Robert, son of William, Duke of Normandy revolted against his father in England, but Normandy passed into the royal dynasty of Plantagenet along with England in the 12th century. In the 12th century, Henry III of England married Eleanor of Aquitaine, acquiring her lands. This was the cause of the major conflicts between France and England which followed. In the 13th century, Philippe Auguste of France, failed to take possession of Normandy. Henry III finally conceded his continental claims in 1259. Normandy preserved its independence until the 17th century, when it became part of France.

The family name Gachet became influential in Normandy, where early members of the lineage first settled. The name can also be traced back to the region of Picardy. Prominent in early times was Arnaud de Gachon, a lawyer at the Bordeaux parliament during the sixteenth century. Notable amongst the family in this period was Jacques Gaches, who was son of Pierre, a merchant born in 1523 and one of the artisans at the introduction of the Reform in Castres, consul of Castres in 1563 and first consul in 1585. Jacques was born in Castres in 1552 and became consul of the city in 1596 and again in 1604. Raymond Gaches was a pastor in the seventeenth century. Antoine-Hyppolite Gachet, born in Bordeaux in 1798, was a surgeon. The Gache family was known for three brothers who were renowned as painters in Nantes. Vincent, the eldest, was a specialist in maritime mechanics, and with his brothers Auguste, Edouard, and Henri, he built machines for steamer ships. He won a first prize at the Universal Exposition of 1855. Although Edouard was mainly a mechanic, his brothers Auguste (1806-1854) and Henri (1814-1873) were excellent painters and engravers, as well as builders of steam ships. Paul-Ferdinand Gachet was a doctor, painter, engraver, and art collector around 1850 in Lille. Auguste-Eugene Gache, who was born and died in Grenoble, became a physician in 1866; Joseph-Henri Gache was general controller of the army in 1880.

In the early 16th century France became aware of her European leadership, and New World exploration became a challenge. Along the eastern seaboard of North America there was from north to south, New France, New England, New Holland and New Spain. Jacques Cartier made the first of three voyages to New France in 1534. The Jesuits, Champlain and the Church missionaries followed in 1608. Plans for developing Quebec fell far short of the objectives of the Company of New France, which later became the Habitants' Company. Champlain made over twenty voyages to France in order to encourage immigration to New France, and brought the first migrant in 1617. But the King, fearful of depopulating France was reluctant to encourage his subjects to migrate.

In 1643, 109 years after the first landings by Cartier, there were only about 300 people in Quebec, and 500 in 1663. France finally gave land incentives for 2,000 migrants during the next decade. Early marriage was encouraged in New France, and youths of 18 took fourteen-year-old girls for their wives. The fur trade was developed and attracted migrants from all levels of French society. In the late 17th and 18th centuries 15,000 explorers left Montreal scattering French names across the continent. The search for the North West passage continued.

Migration from France to New France or Quebec, as it was now more popularly called, continued until it fell in 1759. By 1675, there were 7000 French in Quebec. By the same year the Acadian presence in Nova Scotia, New Brunswick and Prince Edward Island had reached 500. In the treaty of Utrecht, the Acadians were ceded by France to Britain in 1713. In 1755, 10,000 French Acadians refused to take an oath of allegiance to England and were deported. They found refuge in Louisiana. Meanwhile, in Quebec, the French race flourished, founding in Lower Canada one of the two great solitudes which became Canada.

Amongst the settlers in North America with this distinguished name Gachet were None. Meanwhile, many of this distinguished family name Gachet were prominent in social, cultural, religious and political affairs in France and New France, the Honourable Maurice E. Lagace, a judge at the Superior Court of Montreal; Jacques Lagasse is a notary in Sherbrooke, Quebec; Georges-René Lagache is a surgeon in Lille, France.

The Ancient Arms of
Gachet

Gachet Tradición y
Legado de una Familia
Juan Carlos Gachet

Gachet

tradición y legado

de una

familia

Juan Carlos Gachet

Juan Carlos Gachet

Gachet tradición y legado de una familia

1ª. Edición:	Gachet tradición y legado de una familia
Diseño gráfico:	Autor
Cubierta:	Fotografía de Juan Carlos Gachet
	Diseño de Juan Carlos Gachet
Fotografías:	Archivo personal, protagonistas y fuentes citadas
ISBN:	978-1-0882-1438-1
Derechos del autor:	0724202337042232 (24 julio 2023)
All rights reserved	Copyright © Juan Carlos Gachet
Pedidos:	jcgachet@hotmail.com Teléfono: 0995480655/8044908778

DEDICACIÓN

Este libro es dedicado a mi familia, en esencia ellos han sido una inspiración a lo largo de todos estos años. Mi esposa, Claudia Gachet; hijas, Monique y Lisette; hijo Jean Carlo, así como mis padres Juan E. Gachet y Bertha; hermanos Augusto y Roberto Gachet; mi abuela, Laura Gachet, tías, tíos, y primos que me brindaron todo su afecto cuando llegué a Los Estados Unidos.

The ancient history of Normandy was derived from the early northern Gallic tribes until its early conquest by the Romans in the first century B.C. The distinguished name Gachet is considered to have its origins in this ancient land. This coastal region was used as a departure point for the Roman invasion of England. With the departure of the Romans in the 4th century, the area was continuously ruled by many different dissenting tribes. In the 6th century, a leader emerged who united the area. Wandrille and may be considered the first Count of Normandy. The Duchy was firmly established after the year 911 when Rollo, Earl of Orkney invaded the territory with his Viking army. He laid siege to Paris and forced the French King, Charles the Simple, to concede Normandy. Rollo became the first Duke of Normandy in 911. The name Gachet was first found in Normandy.

Throughout the course of history most surnames have undergone change for many reasons. A father and son may have spelt their name differently. Many are simple spelling changes by a person who spoke his name, phonetically, to a scribe, a priest, or a recorder. Many names held prefixes or suffixes which almost became optional as they passed through the centuries, or were adopted by different branches to signify either a political or religious adherence. Hence, we have many variations in this name, Gachet some of which are Lagace, Lagacé, Lagache, Lagasse, Gache, Gache, Gaches, Gachet, Gachon, Lagacee, but all are included in the basic origin of the surname.

With the conquest of England by William, Duke of Normandy in 1066, the Dukedom became a part of the domain of the Kings of England. This formed the basis of the Duke's tremendous influence, not only in England but the whole of Northern France as far south as Aquitaine. Robert, son of William, Duke of Normandy revolted against his father in England, but Normandy passed into the royal dynasty of Plantagenet along with England in the 12th century. In the 12th century, Henry III of England married Eleanor of Aquitaine, acquiring her lands. This was the cause of the major conflicts between France and England which followed. In the 13th century, Philippe Auguste of France, failed to take possession of Normandy. Henry III finally conceded his continental claims in 1259. Normandy preserved its independence until the 17th century, when it became part of France.

The family name Gachet became influential in Normandy, where early members of the lineage first settled. The name can also be traced back to the region of Picardy. Prominent in early times was Arnaud de Gachon, a lawyer at the Bordeaux parliament during the sixteenth century. Notable amongst the family in this period was Jacques Gaches, who was son of Pierre, a merchant born in 1523 and one of the artisans at the introduction of the Reform in Castres, consul of Castres in 1563 and first consul in 1585. Jacques was born in Castres in 1552 and became consul of the city in 1596 and again in 1604. Raymond Gaches was a pastor in the seventeenth century. Antoine-Hyppolite Gachet, born in Bordeaux in 1798, was a surgeon. The Gache family was known for three brothers who were renowned as painters in Nantes. Vincent, the eldest, was a specialist in maritime mechanics, and with his brothers Auguste, Edouard, and Henri, he built machines for steamer ships. He won a first prize at the Universal Exposition of 1855. Although Edouard was mainly a mechanic, his brothers Auguste (1806-1854) and Henri (1814-1871) were excellent painters and engravers, as well as builders of steam ships. Paul-Ferdinand Gachet was a doctor, painter, engraver, and art collector around 1850 in Lille. Auguste-Eugene Gache, who was born and died in Grenoble, became a physician in 1866, Joseph-Henri Gache was general controller of the army in 1880.

In the early 16th century France became aware of her European leadership, and New World exploration became a challenge. Along the eastern seaboard of North America there was from north to south, New France, New England, New Holland and New Spain. Jacques Cartier made the first of three voyages to New France in 1534. The Jesuits, Champlain and the Church missionaries followed in 1608. Plans for developing Quebec fell far short of the objectives of the Company of New France, which later became the Habitants' Company. Champlain made over twenty voyages to France in order to encourage immigration to New France, and brought the first migrant in 1617. But the King, fearful of depopulating France was reluctant to encourage his subjects to migrate.

In 1643, 109 years after the first landings by Cartier, there were only about 300 people in Quebec, and 500 in 1663. France finally gave land incentives for 2,000 migrants during the next decade. Early marriage was encouraged in New France, and youths of 18 took fourteen-year-old girls for their wives. The fur trade was developed and attracted migrants from all levels of French society. In the late 17th and 18th centuries 15,000 explorers left Montreal scattering French names across the continent. The search for the North West passage continued.

Migration from France to New France or Quebec, as it was now more popularly called, continued until it fell in 1759. By 1675, there were 7000 French in Quebec. By the same year the Acadian presence in Nova Scotia, New Brunswick and Prince Edward Island had reached 500. In the treaty of Utrecht, the Acadians were ceded by France to Britain in 1713. In 1755, 10,000 French Acadians refused to take an oath of allegiance to England and were deported. They found refuge in Louisiana. Meanwhile, in Quebec, the French race flourished, founding in Lower Canada one of the two great solitudes which became Canada.

Amongst the settlers in North America with this distinguished name Gachet were None. Meanwhile, many of this distinguished family name Gachet were prominent in social, cultural, religious and political affairs in France and New France, the Honourable Maurice E. Lagace, a judge at the Superior Court of Montreal, Jacques Lagasse is a notary in Sherbrooke, Quebec. Georges-René Lagache is a surgeon in Lille, France.

ÍNDICE

The Ancient Arms of
Gachet

RECONOCIMIENTO

En primer lugar, me gustaría expresar un agradecimiento sincero a todos los profesores que me guiaron por el colegio, la universidad y la etapa final de mis estudios de postgrado, su apoyo excepcional, y motivación. Todos ellos fueron una fuente inestimable de inspiración durante cada paso requerido para publicar este libro, así como la colaboración de mis compañeros.

La trayectoria por el colegio Mejía de Quito, Ecuador. Su lema latino "*per aspera ad astra*" el que significa "por los ásperos caminos hacia la cumbre" puso un precedente importante y la inspiración para los logros académicos que me llevaron al mundo de la educación universitaria y posteriormente a la publicación de varios textos.

Un agradecimiento especial a la familia por su colaboración para que esta publicación se haga realidad y las futuras generaciones tengan un documento tangible a su alcance de nuestras raises e historia por medio de comunicación oral, recopilación de documentos e investigación desde ya varios años, para ser exacto desde el 27 de enero del 2013 cuando se estableció la página de Gachet Tradición y Legado en las redes sociales con el objetivo de recopilar datos.

Gracias Juan E. Gachet, padre querido, por tu gran entusiasmo al comunicar tus experiencias y memorias de la familia desde la infancia hasta el presente.

Xavier Gachet García, muy indispensable con su gran aporte de un sinnúmero de documentos que dieron forma y credibilidad con la constancia legal de archivos y extractos académicos auténticos.

Montserrath Gachet nos dio el punto de partida con un documento inédito proveniente de la Embajada de Francia en Quito, que conecta al primer Gachet proveniente de Vienne, Isére, Rhone Alpes, Francia. De ahí viene toda la decendencia de la familia tanto en Ecuador como en Estados Unidos, España e Inglaterra.

Gratitud por su colaboración que se materializa en un libro para la posteridad y por supuesto para el deleite del lector.

The Ancient Arms of
Gachet

PRÓLOGO

En el silencio del hermoso claustro del recuerdo, escribe sus vivencias que se convierten en historia para bisabuelos, abuelos, padres, hijos, hermanos y toda la familia que les permiten abrir sus alas y traspasar horizontes desde donde logran otear el pasado y convertirlo en presente perennizado en libros, que proyectan al hombre desde los alfabetos a lascumbres.
La obra, no corresponde a un libro de rígida preceptiva como para compararla con cuentos, novelas, historietas o cualquier otro género del campo de las letras en la narrativa, pero en cada artículo descubrimos la grata soltura del idioma con un lenguaje siempre ceñido a la exigencia retórica... Qué hermoso es dar rienda suelta a la hilaridad cuando en cada anécdota aparecen hechos y personajes, con características y apodos que permiten más que identificarlos, traerlos del álbum del recuerdo a la palestra de un ayer que jamás dejarán de estar presente en el corazón de la familia. INM.

The Ancient Arms of
Gachet

I

HISTORIA DE LA FAMILIA GACHET

The ancient history of Normandy was derived from the early northern Gallic tribes until its early conquest by the Romans in the first century B.C. The distinguished name Gachet is considered to have its origins in this ancient land. This coastal region was used as a departure point for the Roman invasion of England. With the departure of the Romans in the 4th century, the area was continuously ruled by many different dissenting tribes. In the 6th century, a leader emerged who united the area, Wandrille and may be considered the first Count of Normandy. The Duchy was firmly established after the year 911 when Rollo, Earl of Orkney invaded the territory with his Viking army. He laid siege to Paris and forced the French King, Charles the Simple, to concede Normandy. Rollo became the first Duke of Normandy in 911. The name Gachet was first found in Normandy.

Throughout the course of history most surnames have undergone change for many reasons. A father and son may have spelt their name differently. Many are simple spelling changes by a person who spoke his name, phonetically, to a scribe, a priest, or a recorder. Many names held prefixes or suffixes which almost became optional as they passed through the centuries, or were adopted by different branches to signify either a political or religious adherence. Hence, we have many variations in this name, Gachet some of which are Lagace, Lagace, Lagache, Lagasse, Gache, Gache, Gaches, Gachet, Gachon, Lagacee, but all are included in the basic origin of the surname.

With the conquest of England by William, Duke of Normandy in 1066, the Dukedom became a part of the domain of the Kings of England. This formed the basis of the Duke's tremendous influence, not only in England but the whole of Northern France as far south as Aquitaine. Robert, son of William, Duke of Normandy revolted against his father in England, but Normandy passed into the royal dynasty of Plantagenet along with England in the 12th century. In the 12th century, Henry III of England married Eleanor of Aquitaine, acquiring her lands. This was the cause of the major conflicts between France and England which followed. In the 13th century, Philippe Auguste of France, failed to take possession of Normandy. Henry III finally conceded his continental claims in 1259. Normandy preserved its independence until the 17th century, when it became part of France.

The family name Gachet became influential in Normandy, where early members of the lineage first settled. The name can also be traced back to the region of Picardy. Prominent in early times was Arnaud de Gachon, a lawyer at the Bordeaux parliament during the sixteenth century. Notable amongst the family in this period was Jacques Gaches, who was son of Pierre, a merchant born in 1523 and one of the artisans at the introduction of the Reform in Castres, consul of Castres in 1563 and first consul in 1585. Jacques was born in Castres in 1552 and became consul of the city in 1596 and again in 1604. Raymond Gaches was a pastor in the seventeenth century. Antoine-Hyppolite Gachet, born in Bordeaux in 1798, was a surgeon. The Gache family was known for three brothers who were renowned as painters in Nantes. Vincent, the eldest, was a specialist in maritime mechanics, and with his brothers Auguste, Edouard, and Henri, he built machines for steamer ships. He won a first prize at the Universal Exposition of 1855. Although Edouard was mainly a mechanic, his brothers Auguste (1806-1854) and Henri (1814-1871) were excellent painters and engravers, as well as builders of steam ships. Paul-Ferdinand Gachet was a doctor, painter, engraver, and art collector around 1850 in Lille. Auguste-Eugene Gaché, who was born and died in Grenoble, became a physician in 1866; Joseph-Henri Gache was general controller of the army in 1880.

In the early 16th century France became aware of her European leadership, and New World exploration became a challenge. Along the eastern seaboard of North America there was from north to south, New France, New England, New Holland and New Spain. Jacques Cartier made the first of three voyages to New France in 1534. The Jesuits, Champlain and the Church missionaries followed in 1608. Plans for developing Quebec fell far short of the objectives of the Company of New France, which later became the Habitants' Company. Champlain made over twenty voyages to France in order to encourage immigration to New France, and brought the first migrant in 1617. But the King, fearful of depopulating France was reluctant to encourage his subjects to migrate.

In 1643, 109 years after the first landings by Cartier, there were only about 300 people in Quebec, and 500 in 1663. France finally gave land incentives for 2,000 migrants during the next decade. Early marriage was encouraged in New France, and youths of 18 took fourteen-year-old girls for their wives. The fur trade was developed and attracted migrants from all levels of French society. In the late 17th and 18th centuries 15,000 explorers left Montreal scattering French names across the continent. The search for the North West passage continued.

Migration from France to New France or Quebec, as it was now more popularly called, continued until it fell in 1759. By 1675, there were 7000 French in Quebec. By the same year the Acadian presence in Nova Scotia, New Brunswick and Prince Edward Island had reached 500. In the treaty of Utrecht, the Acadians were ceded by France to Britain in 1713. In 1755, 10,000 French Acadians refused to take an oath of allegiance to England and were deported. They found refuge in Louisiana. Meanwhile, in Quebec, the French race flourished, founding in Lower Canada one of the two great solitudes which became Canada.

Amongst the settlers in North America with this distinguished name Gachet were None.   Meanwhile, many of this distinguished family name Gachet were prominent in social, cultural, religious and political affairs in France and New France, the Honourable Maurice E. Lagace, a judge at the Superior Court of Montreal; Jacques Lagasse is a notary in Sherbrooke, Quebec; Georges-René Lagache is a surgeon in Lille, France.

Las Antiguas Armas de Gachet

La historia antigua de Normandía se derivó de las primeras tribus galas del norte hasta su temprana conquista por los romanos en el primer siglo A.C. Se considera que el distinguido nombre Gachet tiene sus orígenes en esta antigua tierra. Esta región costera se usó como punto de partida para la invasión romana de Inglaterra. Con la partida de los romanos en el siglo IV, el área estaba gobernada continuamente por muchas tribus disidentes diferentes. En el siglo VI, surgió un líder que unió el área, Wandrille, que puede ser considerado el primer conde de Normandía. El Ducado se estableció firmemente después del año 911, cuando Rollo, conde de las Orcadas, invadió el territorio con su ejército vikingo. Él sitió París y obligó al rey francés, Carlos el Simple, a conceder Normandía. Rollo se convirtió en el primer duque de Normandía en 911. El nombre Gachet se encontró por primera vez en Normandía.

A lo largo de la historia, la mayoría de los apellidos han sufrido cambios por muchas razones. Un padre y un hijo pueden haber escrito su nombre de manera diferente. Muchos son simples cambios ortográficos de una persona que habló su nombre, fonéticamente, a un escriba, un sacerdote o un registrador. Muchos nombres tenían prefijos o sufijos que casi se volvieron opcionales a medida que pasaban a través de los siglos, o fueron adoptados por diferentes ramas para indicar una adhesión política o religiosa. Por lo tanto, tenemos muchas variaciones en este nombre, Gachet, algunas de las cuales son Lagace, Lagacé, Lagache, Lagasse, Gache, Gaché, Gaches, Gachet, Gachon, Lagacee, pero todas están incluidas en el origen básico del apellido.

Con la conquista de Inglaterra por Guillermo, duque de Normandía en 1066, el ducado se convirtió en parte del dominio de los reyes de Inglaterra. Esto formó la base de la tremenda influencia del duque, no solo en Inglaterra, sino en todo el norte de Francia hasta el sur de Aquitania.

Roberto, hijo de Guillermo, duque de Normandía, se rebeló contra su padre en Inglaterra, pero Normandía pasó a la dinastía real de Plantagenet junto con Inglaterra en el siglo XII. En el siglo XII, Enrique III de Inglaterra se casó con Leonor de Aquitania, adquiriendo sus tierras. Esta fue la causa de los principales conflictos entre Francia e Inglaterra que siguieron. En el siglo XIII, Felipe

Augusto de Francia no pudo tomar posesión de Normandía. Enrique III finalmente concedió sus reclamaciones continentales en 1259. Normandía conservó su independencia hasta el siglo XVII, cuando pasó a formar parte de Francia.

El apellido Gachet se volvió influyente en Normandía, donde los primeros miembros del linaje se establecieron por primera vez. El nombre también se remonta a la región de Picardía. Prominente en los primeros tiempos fue Amaud de Gachon, abogado del parlamento de Burdeos durante el siglo XVI. Notable entre la familia en este período fue Jacques Gaches, que era hijo de Pierre, un comerciante nacido en 1523 y uno de los artesanos en la introducción de la Reforma en Castres, cónsul de castas en 1563 y primer cónsul en 1585. Jacques nació en Castas en 1552 y se convirtió en cónsul de la ciudad en 1596 y de nuevo en 1604. Raymond Gaches fue pastor en el siglo XVII; Antoine-Hyppolite Gachet, nacido en Burdeos en 1798, fue cirujano. La familia Gache era conocida por tres hermanos que eran famosos como pintores en Nantes. Vincent, el mayor, era especialista en mecánica marítima, y con sus hermanos Auguste, Edouard y Henri, construyó máquinas para barcos de vapor. Ganó un primer premio en el Exposición Universal de 1855. Aunque Edouard era principalmente un mecánico, sus hermanos Auguste (1806-1854) y Henri (1814-1871) fueron excelentes pintores y grabadores, así como constructores de barcos de vapor. Paul-Ferdinand Gachet fue médico, pintor, grabador y coleccionista de arte alrededor de 1850 en Lille; Auguste-Eugene Gaché, quien nació y murió en Grenoble, se convirtió en médico en 1866; Joseph-Henri Gache fue el controlador general del ejército en 1880.

A principios del siglo XVI, Francia se dio cuenta de su liderazgo europeo, y la exploración del Nuevo Mundo se convirtió en un desafío. A lo largo de la costa este de América del Norte había de norte a sur, Nueva Francia, Nueva Inglaterra, Nueva Holanda y Nueva España. Jacques Cartier hizo el primero de los tres viajes a Nueva Francia en 1534. Los jesuitas, Champlain y los misioneros de la Iglesia siguieron en 1608. Los planes para el desarrollo de Quebec quedaron muy por debajo de los objetivos de la Compañía de Nueva Francia, que más tarde se convirtió en la Compañía de Habitantes. Champlain hizo más de veinte viajes a Francia para fomentar la inmigración a Nueva Francia, y trajo al primer migrante en 1617. Pero el rey, temeroso de despoblar Francia, era reacio a animar a sus súbditos a emigrar.

En 1643, 109 años después de los primeros desembarcos de Cartier, solo había unas 300 personas en Quebec, y 500 en 1663. Francia finalmente dio incentivos de tierra para 2000 migrantes durante la próxima década. Se alentó el matrimonio temprano en Nueva Francia, y los jóvenes de 18 años tomaron a niñas de catorce años para sus esposas. El comercio de pieles se desarrolló y atrajo a migrantes de todos los niveles de la sociedad francesa. A finales de los siglos XVII y XVIII, 15000 exploradores abandonaron Montreal dispersando nombres franceses por todo el continente. La búsqueda del paso del noroeste continuó.

La migración de Francia a Nueva Francia o Quebec, como ahora se llamaba más popularmente, continuó hasta que cayó en 1759. Para 1675, había 7000 franceses en Quebec. Para el mismo año, la presencia acadiana en Nueva Escocia, Nuevo Brunswick e Isla del Príncipe Eduardo había alcanzado los 500. En el tratado de Utrecht, los acadianos fueron cedidos por Francia a Gran Bretaña en 1713. En 1755, 10000 acadianos franceses se negaron a prestar juramento de lealtad a Inglaterra y fueron deportados. Encontraron refugio en Luisiana. Mientras tanto, en Quebec, la raza francesa floreció, fundando en el Bajo Canadá una de las dos grandes soledades que se convirtió en Canadá.

Entre los colonos de América del Norte con este distinguido nombre Gachet no eran ninguno. Mientras tanto, muchos de estos distinguidos apellidos Gachet fueron prominentes en los asuntos sociales, culturales, religiosos y políticos en Francia y Nueva Francia; el Honorable Maurice E. Lagace, juez del Tribunal Superior de Montreal; Jacques Lagasse es notario en Sherbrooke, Quebec; Georges-René Lagache es cirujano en Lille, Francia.

Tomado de La Casa de los Nombres.

The Ancient Arms of
Gachet

Tradición y Legado de una Familia

Datos históricos del origen de la familia, biografías y relatos de los Gachet y sus allegados reúnen los ingredientes indispensables para que su legado pase a la posteridad en un libro de las memorias de nuestra familia y sus antepasados a través de los tiempos. El objetivo primordial de esta publicación es compartir las experiencias de sus trayectorias que los formó para ser un ejemplo a seguir y proyectar esas vivencias a las futuras generaciones.

El Eslabón Perdido

Después de una breve aventura el doctor del frente de guerra durante el asedio Prusiano de Paris en 1870, Gachet trasladó a su familia y su enferma esposa a Auvers-Sur-Oise, donde se hizo amigo de Pissarro, Cezanne y Guillaumin (sin duda este hombre era del grupo de los artistas). Su esposa falleció en 1875. Su casa, jardín e hija fueron la inspiración de los pintores de la época.

CRONOLOGÍA GACHET

Año 1827

Datos
23-05-1827, nace Jean Auguste Gachet en Vienne, Isére, Rhone Alpes, Francia.

Referencia
Acta de defunción (obtenida por Monserrat Gachet en la Embajada de Francia en Quito).

Conclusiones y comentarios
Jean Auguste Gachet vivió 80 años 6 meses 24 días.
Padre: Andre Gachet.
Madre: Rose Mousset.

1861
García Moreno decreta celebrar contratos con empresarios nacionales y extranjeros para construcción de ferrocarriles o caminos de ruedas.
Santo Domingo, Historia de su integración - Patricio Velarde.

1871
Informe de Ministro indicando inicio de construcción del camino Alóag a Caráquez, camino sería construido por Arturo Rogers de 1871 a 1878.
Santo Domingo, Historia de su integración - Patricio Velarde

1871-1900
Camino de herradura de Quito a Santo Domingo.
Santo Domingo, Historia de su integración - Patricio Velarde

1873
En septiembre camino llegaba de Alóag a Guanza, pasando Tandapi.
Santo Domingo, Historia de su integración - Patricio Velarde.

1875
Ley de venta de tierras en la zona, lotes de 200 Hectáreas. a 8 reales la hectárea en la zona baja.

1875
Augusto Gachet en El Sagrario, propietario de una peluquería.
Libro Calles de Quito.
Aparece Jean Auguste Gachet.

1876
Junio 1876, técnicos franceses entregan a García Moreno estudios de camino al mar. Camino de Manabí, estudios base de la carretera construida. Alóag Santo Domingo desde 1945 Alóag a Mirador.
Santo Domingo de los Colorados - Holguer Velasteguí.

1878
Camino llegaba hasta cerro Mirador, pasando Tanti.
Santo Domingo, Historia de su integración - Patricio Velarde.

1883
Parroquia de Santo Domingo pasa a ser parte del cantón Mejía.

1883
Augusto Gachet cliente del sastre Chiriboga Alvear
CALLES CASAS Y GENTE DEL CENTRO HISTÓRICO DE QUITO TOMO III, página 49.

1884
Grabado Rancho San Nicolás de Augusto Gachet.
Dibujo de Riou, según croquis de André.

1889
03-10-1889. Consulado de Francia en Quito, Jean Auguste Gachet, comerciante de 62 años y Charles Gaston Charpentier de 36 años, declaran sobre la muerte de un amigo.
Consulado de Francia (obtenido por Juan Carlos Gachet Castro).
Jean Auguste Gachet nacido en 1827, confirmado con acta de defunción.

1892
Augusto Gachet denuncia terrenos baldíos en Santo Domingo.

1895
26-08-1895. Nace primer hijo conocido de Jean Auguste Gachet, Andrés Augusto Ceferino Gachet Baca. Jean Auguste tenía 68 años.

1897
05-03-1897. Decreto construcción y reparación camino de herradura. Contratos hechos por varios empresarios-propietarios de tierras en la zona de Santo Domingo. Constan Luciano Cadavid, Augusto Gachet, Domingo Giacometti, Edmundo Catfort, Eugenio Vidal y otros.
Santo Domingo, Historia de su integración - Patricio Velarde.

1898
Contrato de Augusto Gachet para construcción de puente río Lelia (cerca de Tanti), vecino de Alóag y casado. Edmundo Catáfora fiador personal.
Vivía en Alóag. Es empresario de la construcción.

1900
Domingo Giacometti, Augusto Gachet y otros impulsan vía férrea a Manabí.
Santo Domingo, Historia de su integración - Patricio Velarde.

1899-1906
Segunda Misión Geodésica Francesa.
Jean Auguste Gachet no fue miembro de esa misión.

1903
Expedición de Paul Rivet. En 1903 Domingo Giacometti y Augusto Gachet estuvieron con Paul Rivet en su viaje a Sto. Domingo, Domingo Giacometti era el guía, salen 01-08-1903, regresan el 23-08-1903. En su viaje fueron recibidos por Augusto Gachet en San Nicolás, Pasan por Tanti, Giacometti indica que fue su propiedad y la abandonó por enfermedades, Hacienda Santa Rosa en Santo Domingo propiedad de Giacometti, orilla izquierda del río Pove. Giacometti confirma que estuvo ahí hace 20 años, en 1883(cuando denunciaron las tierras). "La tercera etapa nos lleva a San Nicolás, una hacienda que pertenece a un francés, el Sr. Gachet," nos ofreció la más franca hospitalidad."

Augusto Gachet tiene 76 años de edad antes de 1903.

1903 o más
Inicios de siglo, San Nicolás catastrada en cantón Mejía a nombre de Adelina Baca viuda de Gachet.

Jean Auguste muere a principios de siglo, confirmado en 1907. Jean Auguste Gachet vivió algo más de 80 años. En el acta firma Edmundo Catefort y Dominique Giacometti (Domingo es originalmente Dominique).

1907
Fallece Jean Auguste Gachet 17-10-1907.
Acta de defunción.

1915
Andrés Augusto Ceferino Gachet sirve en el ejército francés durante la Primera Guerra Mundial. En la libreta militar consta como André Auguste Ceferino Gachet.

1957
Fallece Andrés Augusto Ceferino Gachet 10-03-1957.
Acta de defunción. Faltando 5 meses para cumplir 62 años.

Nota: para elaborar esta cronología existen documentos, referencias en libros, actas de defunción, actas de censos, etc. Nada de lo que se indica aquí es por referencia verbal.

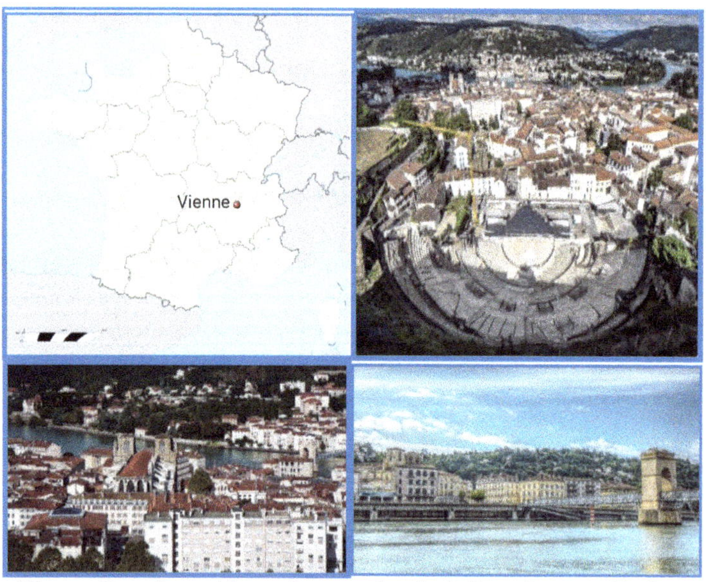

Vienne, Francia es el lugar de procedencia de Jean Auguste Gachet.

Jean Auguste Gachet

23-05-1827, nace Jean Auguste Gachet en Vienne, Isére, Rhone Alpes, Francia. Sus padres fueron André Gachet y Rose Mousset Fallece Jean Auguste Gachet 17-10-1907.

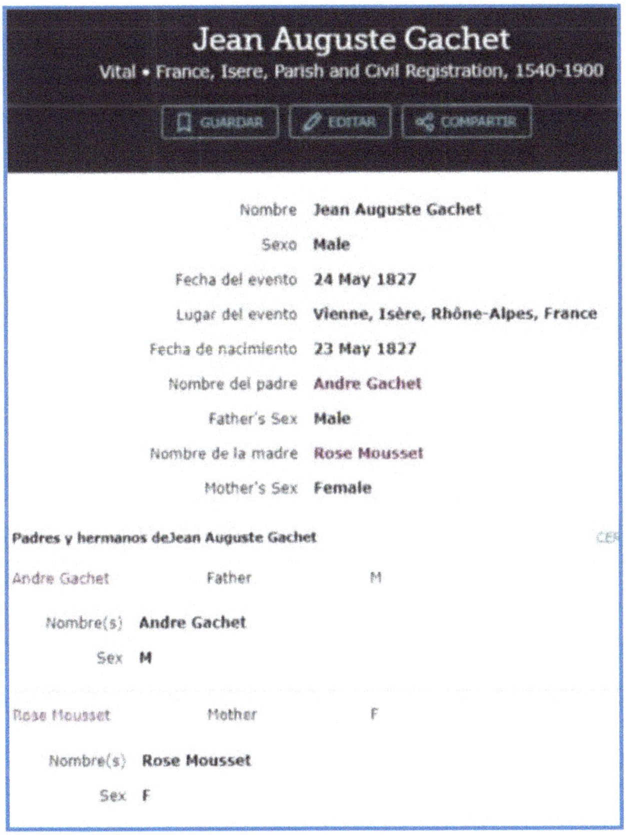

Jean Auguste Gachet

Vital • France, Isere, Parish and Civil Registration, 1540-1900

GUARDAR | EDITAR | COMPARTIR

Nombre	**Jean Auguste Gachet**
Sexo	**Male**
Fecha del evento	**24 May 1827**
Lugar del evento	**Vienne, Isère, Rhône-Alpes, France**
Fecha de nacimiento	**23 May 1827**
Nombre del padre	**Andre Gachet**
Father's Sex	**Male**
Nombre de la madre	**Rose Mousset**
Mother's Sex	**Female**

Padres y hermanos deJean Auguste Gachet

Andre Gachet	Father	M

Nombre(s) **Andre Gachet**

Sex **M**

Rose Mousset	Mother	F

Nombre(s) **Rose Mousset**

Sex **F**

Datos de Geneanet.
(23 de mayo 1827 - 17 de octubre 1907)

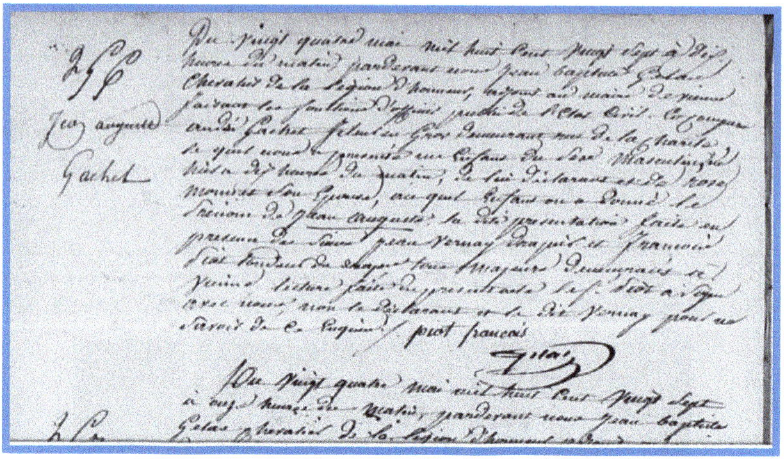

256 Jean auguste Gachet

Du vingt quatre mai mil huit cent vingt sept à dix heures du matin, pardevant nous Jean baptiste Gelas Chevalier de la legion d'honneur, adjoint au maire de Vienne faisant les fonctions d'officier public de l'état civil ... André Gachet ... lequel nous a présenté un enfant du sexe masculin né à dix heures du matin, de lui déclarant et de Rose Mousset son épouse, auquel enfant on a donné le prénom de Jean Auguste ... la dite présentation faite en présence de Sieur Jean Vernay ... et François ... lecture faite du présent acte ... avec nous, non le déclarant et le dit Vernay pour ne savoir de ce requis ...

Gelas

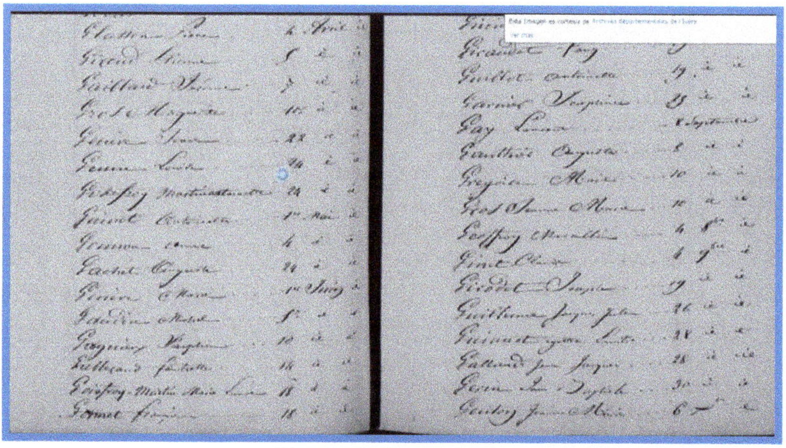

Datos de Geneanet.

Como se ve en el post del 11 de mayo, esta información ya está corregida. Luego de continuar con la investigación resultó que este no era nuestro antepasado, sino Jean Auguste Gachet Mousset, ya que este se adecua con mayor exactitud debido al segundo apellido por relaciones verbales que indicaban un apellido muy parecido, y por la localización exacta de nacimiento en Vienne Isere Francia como indica su acta de defunción, y no en Vienne Lizant. Y además es el único sitio donde aparece con el nombre Jean, tal como se ve en el acta de defunción.

AHORA TODO CONCUERDA.

Estimado Juan Carlos. He seguido investigando sobre Jean Auguste, y me temo que el que habíamos encontrado no es el nuestro. Estuve en la página de Familysearch.org, investigando por todos los lados y largamente. Me apareció un Jean Auguste Gachet En la página buscas por CATALOGO en FRANCE, ISERE, VIENNE CIVIL REGISTRATION 1793-1896 En TABLES DECENNALES 1823-1862 MICROFILME 1960325 pagina 59 aparece Auguste Gachet 24/05/1827 está en la lista de nacimientos En NAISSANCES, MARIAGES, DECES 1825-1830 pagina 580 aparece el mismo, pero como Jean Auguste Gachet 23/05/1827 nace, 24/05/1827 inscripción. Este si es de Vienne, Isere, Rhone Alpes, Francia. Pendiente traducir bien el acta de defunción, para estar seguros de la fecha de nacimiento. Pendiente traducir esta acta de inscripción, aunque en la página ya te pone fecha y nombres. De este Jean Auguste Gachet, solo hay fecha de nacimiento y sus padres son André Gachet y Rose Mousset, no hay nada más de ninguno. Tal vez en esa inscripción al traducirla se indica algo más de los padres. Por primera vez cuadra lo que nos habían dicho de que era Gachet Monet, según eso era Gachet Mousset. Ojo este es el único sitio donde en Francia se lo llama Jean Auguste, el otro no era Jean. En este caso no hay nada de Gaschet con la "s" adicional. En la misma página buscando por REGISTROS con el nombre exacto Jean Auguste Gachet, marcando que sea exacto, sin el lugar, porque si pones el lugar no aparece, y por eso no lo había encontrado. Ahí entonces aparece también con la información de arriba tal cual, entrando por CATALOGO. El Auguste Gachet que hemos supuesto hasta hoy, en los documentos franceses no se lo llama Jean, es un Augusto Gachet nacido en 1827, de Vienne, Francia, no hay fecha exacta porque el dato es de los censos. Nosotros pusimos la fecha de nacimiento exacta porque está en el acta de defunción. Este es más bien exactamente de Loudon, Vienne, Poitou-Charentes, Francia. Eso está a 400 km de Vienne Isere. De este se tienen los censos y hemos armado padres, esposa, hermano, etc. Este era el elegido porque cuadraba fechas y todo, y no existía ningún otro. Resumiendo, los dos cuadran con fechas. Ok solo el uno es de Vienne, Isere, como dice el acta de defunción. El otro sitio es a 400 km en otra provincia Poitou-Charentes. Solo al uno se lo llama Jean en los archivos franceses, y acá en el acta de defunción es el único sitio donde se lo llama Jean Auguste, solo con uno coincide la relación verbal de que el segundo apellido era Monet, según parece era Mousset. Tal vez Rosa Gachet Baca tuvo ese nombre por el nombre de su abuela francesa, aunque esto puede ser coincidencia. El que teníamos seleccionado, lo teníamos porque todo cuadraba con nuestros datos, y era el único encontrado y que cuadraba, pero al buscar en la misma página con el nombre exacto y sin indicar el sitio en la búsqueda por REGISTRO, y primero habiendo buscado casi de página en página con las fechas en los registros de nacimiento apareció este nuevo. Por lo tanto, considero que el verdadero es este nuevo, del cual sabemos que es Jean Auguste Gachet Mousett, nacido en 23/05/1827, inscrito el 24/05/1827 en Vienne, Isere, Rhone Alpes, France. Y sus padres son André Gachet y Rose Mousett. Y no se sabe más de él en Francia. Por lo tanto, no se sabe nada de él desde su nacimiento en Francia hasta que aparece en 1875 con su peluquería en Quito. Voy a cambiar el nombre exacto y fecha en el árbol genealógico y obviamente borrar esposa, padres y hermano porque eran de otro Auguste, ya que no hay nada que nos obligue a mantener al anterior con los datos de sus parientes en Francia. Al final es el mismo nombre, ya sin la posibilidad de la "s" en Gaschet, con casi la misma fecha de nacimiento que teníamos, pero con otros padres y sin ningún dato adicional de parientes ni nada.

¡Gracias por la investigación! Estos datos históricos están más certeros por Rosa y el apellido materno Mousset y parece Monet en pronunciación. Estoy de acuerdo. Gratitud primo!

Jean Auguste Gachet, empresario y contratista firmó el contrato para construcción del puente río Lelia (cerca de Tanti). Fue uno de los fundadores de Santo Domingo y propietario de la Peluquería Francesa de Quito. Augusto contrajo matrimonio con Adelina Vaca, quienes tuvieron tres hijos: Andrés Augusto Ceferino Gachet Vaca (26 de agosto,1893 - 10 de marzo, 1957), Rosa y José Hipólito.
Investigación de Xavier Gachet.

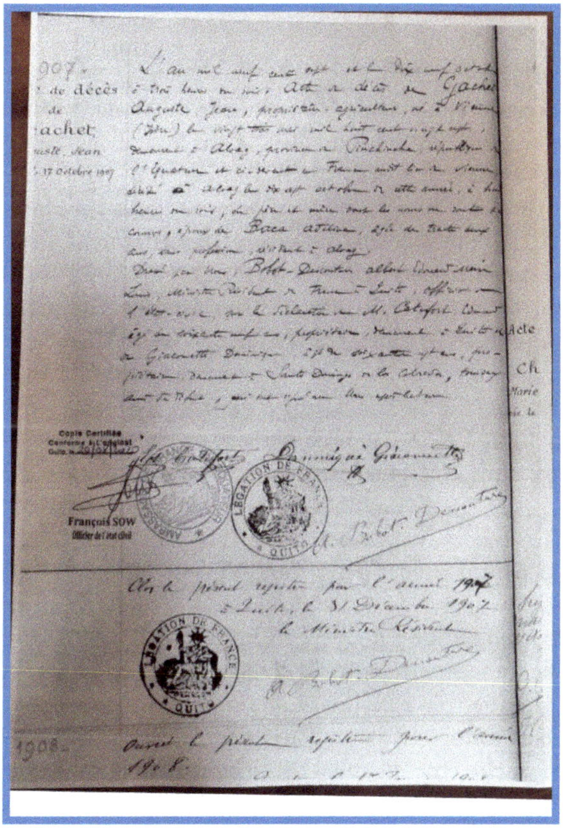

Acta de defunción de Jean Auguste Gachet, 17 de octubre 1907.
El año mil novecientos siete, es el diecisiete de octubre a las tres horas de la madrugada. Acta de defunción de Gachet Auguste Jean, propietario agricultor, nació en Vienne (Isère) el veintitrés de marzo de mil ochocientos veintisiete, fellece en Alóag, provincia de Pichincha, República del Ecuador y sesenta y... años en Vienne, fallece en Alóag el diecisiete de octubre a los ochenta años de edad a las ocho de la noche... esposo de Vaca Adelina, treinta y dos años de casados, residente de Alóag. Los nombres, Bobol Descartes Albert... ministro residente de Francia en Quito, oficio y notario público, solicita al Sr. Cateford de sesenta y nueve años, propietario y residente en Quito, o Giacometti Domingo, de sesenta y siete años... documentado en Santo Domingo de los Colorados...

Jean Auguste Gachet
deces heure: 16:00
deces âge: 42.
Archives départementales de Nevers. Ville de Marigny l'Eglise.
Extrait du registre des actes de l'Etat Civil de la Légation et Consulat Général de France à Quito, pour l'année. Du 3ème jour du mois d'octobre 1889 à 3 heures du soir, acte de décès de Octave Gabriel LEUTHREAU, mécanicien, célibataire, demeurant à Quito, Equateur (Amérique du Sud), décédé hier à 4 heures du soir, à l'hopital de cette ville, âgé de 42 ans, né le 30 avril 1857 à Marigny l'Eglise (Nièvre), sur la déclaration à nous faite par les sieurs Jean Auguste GACHET, négociant âgé de 62 ans, et Charles Gaston CHARPENTIER, restaurateur âgé de 36 ans, demeurant tous les deux en cette ville, amis du défunt, Et ont signé après lecture faite. Constaté par nous, chargé d'affaires et Consul Général faisant fonctions d'officier de l'état civil.

Archivos departamentales de Nevers. Ville de Marigny l'Eglise.
Extracto del registro de actas del estado civil de la delegación del Consulado General de Francia en Quito, por el año 1889, tercer día del mes de octubre durante la tercera hora de la noche, acta de fallecimiento de Octave Gabriel LEUTHREAU, un mecánico soltero, residente en Quito - Ecuador (América del Sur), fallece ayer a las 4 horas de la noche en el hospital de dicha ciudad, a la edad de 42 años, nacido el 30 de abril de 1857 en Marigny l'Eglise (Nievre), de acuerdo a la declaración de los señores Jean Auguste GACHET, comerciante de 62 años de edad, y Charles Gastón CHARPENTIER, restaurador de 36 años de edad. Los dos amigos del difunto de esta pequeña ciudad, quienes constatan al Cónsul encargado de las funciones de oficial de estado civil.

Jean Auguste estuvo en Vienne al menos hasta 1856, según el censo, con 30 años.
Primera aparición reportada en Ecuador, la peluquería en El Sagrario, 1875.
Y un nuevo dato de la hermana de Andrés Augusto Ceferino Gachet Baca, Rosa Gachet Baca, tuvo una hija llamada Rosa Orfelina Gachet Baca.
Según entendería el padre no la reconoció y por eso lleva los mismos apellidos. Ahí está el acta de defunción de la hija.
Y te cuento que ahí también conseguí nuevos datos de Dominique (Domingo Giacometti), padres, esposa en Francia, y un hijo que resulta medio hermano de Abraham Giacometti.
A Giacometti le nace su hijo en 1859 y muere la esposa en 1860, y luego aparece en 1866 en Guayaquil, como empresario francés, y su hotel en la calle Venezuela se llamaba Casa Francesa.
Todas las fechas, cuadran, no ha habido ningún dato que me haga dudar de que hablamos de los mismos.

Analisis:
Jean Auguste Gachet, nacido el 23 de marzo de 1827, fallece el 17 de octubre de 1907 de 80 años de edad.
Su primogénito Andrés Augusto Ceferino Gachet nació el 26 de agosto 1895, esto quiere decir que Jean Auguste Gachet tenía 68 años.
Adicionalmente con seguridad antes de irse a colonizar Santo Domingo, era amigo del Domingo Giacometti, que a una cuadra de allí era dueño o encargado de un hotel donde se hospedó Whymper luego de coronar el Sincholagua y en su libro indica estos dos párrafos hablando del francés Giacometti. "El edificio del hotel todavía está como hace 140 años". Del libro Viajes a través de los Majestuosos Andes del Ecuador, Edward Whymper.
En proceso de investigación: Resumiendo, hasta el momento sería Jean Auguste Gachet, dueño de peluquería en El Sagrario en 1875 a los 48 años, colono de los Bosques Nacionales en la zona de San Nicolás en 1883, en 1889 tenía 62 años y era hombre de negocios, cofundador de Santo Domingo en 1899 a los 72 años, en 1900 miembro de la Junta Directiva del camino hacia Manabí que se inició en 1873 desde Alóag. Xavier Gachet.
Gracias, Xavier Gachet. Lo mismo dice mi padre Juan E. Gachet, su abuelo fue dueño de la peluquería francesa.

¿Quién fue la esposa de Jean Auguste, tenía familiares? ¿Quiénes fueron sus decendientes?
XG. Para mi esta claro, es así, a menos que tengas alguna información que desvirtue lo que creo. Jean Auguste Gachet es Augusto Gachet, seguramente aquí lo llamaron Augusto y no Jean Auguste. El se casa con Adelina Vaca y tiene 3 hijos, José Hipólito, Rosa y Andrés Augusto Gachet Vaca. Así todo cuadra, fechas y lugares. Por si acaso lo de Monet como segundo apellido, no lo he visto escrito en ninguna parte, solo lo llegué a escuchar de alguna tía, pero puede ser solo eso, una referencia verbal, pero talvez un error. Jean Auguste entonces fue mi bisabuelo, pues soy hijo de Efraín Gachet Giacometti, hijo de José Hipólito Gachet Baca y Beatriz Giacometti Viteri, hija de Abraham Giacometti y nieta de Domingo Giacometti, mi tatarabuelo.
Estoy introduciendo lo que tengo en un software de árbol genealógico, pues lo tenia en uno antiguo, y cuando tenga todo te mando a ver si revisas, corriges aumentas, etc.
Los hijos de Andrés Augusto Gachet Vaca son segun entiendo 5 hombres y 5 mujeres, César, Gabriel, Juan Edmundo, Marcelo, José Hipólito, Víctor, Mariana, María Mercedes, Marina, Patricia y Augusta. Entonces me sobra un hombre, ¿cuál es el error? Creo que me sobra Marcelo.
Revisando fechas, hay algo que no me cuadra, si Jean Auguste Gachet es padre de Andrés Augusto Gachet Vaca, entonces lo tuvo a los 73 años de edad y a José Hipólito a los 77 años. ¿No será que nos falta un padre de Andrés Augusto Gachet Vaca e hijo de Jean Auguste Gachet? Debemos discutir esta duda, parece razonable.
¿Cuál sería la prueba o el texto que nos indica que no hay un personaje intermedio?
Encontré este dato de Jean Auguste Gachet, podría ser el mismo, el nacimiento casi coincide 1825, según nosotros sería 1827, casado y su esposa murió tempranamente, es todo lo que hay de información de la familia de la esposa
Xavier Gachet. Lo único que cuadra es que haya sido parte del la misión geodésica francesa, pues la misión fue en 1899 - 1906, en 1880 Augusto Gachet ya estaba en Quito, no lo encuentro en documentos que hablan de la misión, pero habrá que investigar más pues era muy cercano a Domingo Giacometti cofundador de Santo Domingo y padre de Abraham Giacometti Guzmán, comandante, ayudante de la 2da Misión Geodésica Francesa.
Aquí tengo algo, del libro Calles de Quito de Fernando Jurado Noboa, según se entiende en 1875 tenía una peluquería, en el

Sagrario, el sitio todavía existe pues era seguramente la casa parroquial. No puede ser otro.

En 1875 la actual casa parroquial del Sagrario tenía en sus bajos la peluquería del francés Augusto Gachet. En 1844 esta casa se llamó de los "Padres del Sagrado Corazón". Por 1809 arrendaba aquí unas habitaciones doña Manuela Cañizares y en ellas se reunieron los próceres de agosto. Según investigaciones de Gerardo Chiriboga esta pequeña casa perteneció, a fines del siglo XVII, a doña Luisa Góngora y a su marido Félix de Luna [77]. Para 1894 esta casa tenía tres tiendas: la zapatería Francesa y la peluquería mencionada.

Extracto del libro Calles de Quito.

Portada del libro Calles de Quito de F.J.

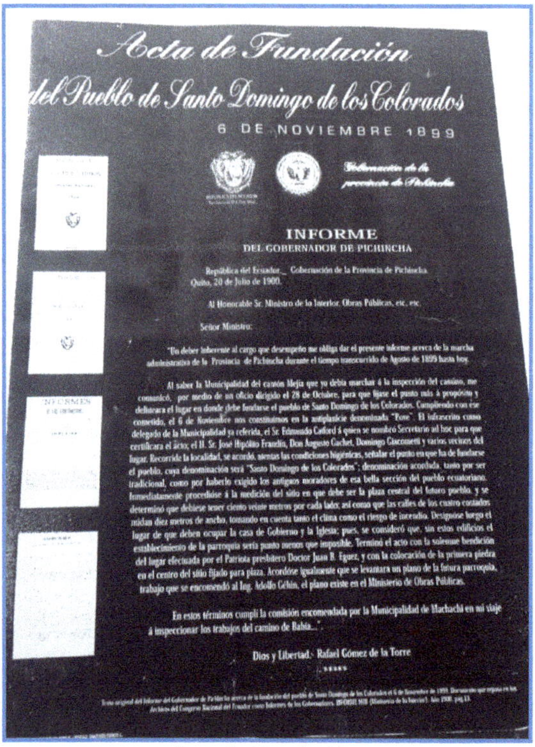

Acta de Fundación
del Pueblo de Santo Domingo de los Colorados
6 DE NOVIEMBRE 1899

Gobernación de la provincia de Pichincha

INFORME
DEL GOBERNADOR DE PICHINCHA

República del Ecuador._ Gobernación de la Provincia de Pichincha
Quito, 20 de Julio de 1900.

Al Honorable Sr. Ministro de lo Interior, Obras Públicas, etc. etc.

Señor Ministro:

"Un deber inherente al cargo que desempeño me obliga dar el presente informe acerca de la marcha administrativa de la Provincia de Pichincha durante el tiempo transcurrido de Agosto de 1899 hasta hoy.

Al saber la Municipalidad del cantón Mejía que yo debía marchar á la inspección del camino, me comunicó, por medio de un oficio dirigido el 28 de Octubre, para que fijase el punto más á propósito y delinear el lugar en donde debe fundarse el pueblo de Santo Domingo de los Colorados. Cumpliendo con ese cometido, el 6 de Noviembre nos constituimos en la antiplanicie denominada "Pove". El infrascrito como delegado de la Municipalidad ya referida, el Sr. Edmundo Cafford á quien se nombró Secretario ad hoc para que certificara el acto; el H. Sr. José Hipólito Frandin, Don Augusto Gachet, Domingo Giacometti y varios vecinos del lugar. Recorrido la localidad, se acordó, atentas las condiciones higiénicas, señalar el punto en que ha de fundarse el pueblo, cuya denominación será "Santo Domingo de los Colorados"; denominación acordada, tanto por ser tradicional, como por haberlo exigido los antiguos moradores de esa bella sección del pueblo ecuatoriano. Inmediatamente procedióse á la medición del sitio en que debe ser la plaza central del futuro pueblo, y se determinó que debiese tener ciento veinte metros por cada lado; así como que las calles de los cuatro costados midan diez metros de ancho, tomando en cuenta tanto el clima como el riesgo de incendio. Designóse luego el lugar de que deben ocupar la casa de Gobierno y la Iglesia; pues, se consideró que, sin estos edificios el establecimiento de la parroquia sería punto menos que imposible. Terminó el acto con la solemne bendición del lugar efectuada por el Patriota presbítero Doctor Juan B. Eguez, y con la colocación de la primera piedra en el centro del sitio fijado para plaza. Acordóse igualmente que se levantara un plano de la futura parroquia, trabajo que se encomendó al Ing. Adolfo Géhin, el plano existe en el Ministerio de Obras Públicas.

En estos términos cumplí la comisión encomendada por la Municipalidad de Machachi en mi viaje á inspeccionar los trabajos del camino de Bahía...".

Dios y Libertad.- Rafael Gómez de la Torre

Acta de Fundación.

Mucho se ha dicho y tejido sobre la realidad del asentamiento colono de Santo Domingo de los Colorados.Según la historia, el francés Augusto Gachet fue primero propietario de 'San Nicolás', en el descenso desde Alóag hasta Tandapi, donde llegó a poseer 400 hectáreas, que le fueron adjudicadas legalmente en 1883.

Fue también empresario de la construcción de caminos a Quito. Junto con Domingo Giacometti se interesó en la explotación agrícola, desplazándose hasta Santo Domingo en los años 80 del siglo XIX, obligado por las duras condiciones climáticas y sanitarias de la zona de arriba, tierras de 'Santa Rosa del Pove', donde se fundó años más tarde el pueblo de Santo Domingo, fundación que se produjo en el actual barrio La Carolina, sobre el margen izquierdo del río Pove, el 6 de noviembre de 1899, con el nombre inicial de Pove.

Esta denominación, eminentemente geográfica, fue descartada por presión de los moradores, adaptándose el de Santo Domingo de los Colorados.

"El 6 de noviembre de 1899, designado secretario ad hoc por el Gobernador de la Provincia de Pichincha, Sr. Rafael Gómez de la Torre, Catefort certificó el acto de fundación del pueblo de "Santo Domingo de los Colorados" en la altiplanicie denominada Pove. El acta de creación del pueblo fue firmada en la Hacienda Santa Rosa, propiedad del francés Domingo Giacometti, también participaron habitantes del lugar, como Augusto Gachet e Hipólito Frandín y contaron con la bendición del sacerdote Juan Egüez. Actualmente, la ciudad de Santo Domingo, capital de la provincia de Santo Domingo de los Tsáchilas, es una de las mayores ciudades de Ecuador (cuarta en importancia), en ella hay una calle llamada E. Catfort en el sector conocido como barrio "La Carolina".

En 1990, gracias a las primeras investigaciones realizadas Patricio Velarde, en el Archivo del Congreso Nacional de la República, se localizó el acta de fundación oficial del pueblo de Santo Domingo de los Colorados.

El documento puntualiza lo siguiente:

"El Gobernador de Pichincha, Rafael Gómez de la Torre en su informe de 1900 expone lo siguiente:

"...Cumpliendo con ese cometido, el 6 de noviembre [de 1899] nos constituimos en la altiplanicie denominada "Pove". El infrascrito como delegado de la Municipalidad ya referida, el Sr. Edmundo Carford a quién se nombró Secretario ad hoc para que certificara el acto, el H. Sr. José Hipólito Frandín, Don Augusto Gachet, Domingo Giacometti y varios vecinos del lugar. Recorrida la localidad, se acordó, atentas las condiciones higiénicas, señalar el punto en que ha de fundarse el pueblo, cuya denominación será "Santo Domingo de los Colorados", denominación acordada, tanto por ser tradicional, como por haberlo exigido los antiguos moradores de esa bella sección del pueblo ecuatoriano. Inmediatamente procedióse a la medición del sitio en que debe ser la plaza central del futuro pueblo, y se determinó que debiese tener ciento veinte metros por cada lado, así como que las calles de los cuatro costados midan diez metros de ancho, tomando en cuenta tanto el clima como el riesgo de incendio. Designóse luego el lugar de que deben ocupar la casa de Gobierno y la Iglesia, pues se consideró que, sin estos edificios el establecimiento sería punto menos que imposible".

Una rápida cronología de Santo Domingo. Según la historia, la presencia de la Orden de Predicadores Dominicos, que evangelizaron a los primeros pueblos nativos colorados hacia los años 1660, da origen al nombre de Santo Domingo de los Colorados.
En 1858, en referencia a esta zona, el geógrafo Manuel Villavicencio declara la existencia de tres pueblos nativos en los que sobresalen San Miguel de los Colorados, Santo Domingo y Cocaniguas.

En la primera administración del Presidente García Moreno se promulga la Ley de División Territorial el 29 de mayo de 1861, que incorpora los territorios de Santo Domingo como parroquia rural del cantón Quito.
Es así como Santo Domingo logra su primera jerarquía política-administrativo en calidad de parroquia rural. En el año 1883, cuando esta tierra recibía la llegada de los primeros colonos ecuatorianos y extranjeros atraídos por la aplicación de las primeras leyes agrarias, la parroquia rural de Santo Domingo de los Colorados pasaba a pertenecer al cantón Mejía. Fue el 23 de julio de 1883.
El 6 de noviembre de 1899 se institucionaliza el primer asentamiento colono y se funda oficialmente el pueblo de Santo Domingo de los Colorados, en la hacienda Santa Rosa del francés Domingo Giacometti (en la actualidad los barrios La Carolina, Florida y Santa Fe), así lo establece el informe del entonces gobernador de la provincia de Pichincha, Rafael Gómez de la Torre.
El 18 de noviembre de 1944, mediante decreto legislativo, la parroquia Santo Domingo de los Colorados pasaba nuevamente a depender política, económica y administrativamente al Municipio de Quito.
20 años más tarde, el 30 de enero de 1964, se crea la Junta de Mejoras por decreto militar, con lo cual la Junta Parroquial dio paso a una nueva forma de gobierno de mayor nivel político-administrativo.
Luego, el 8 de junio de 1967, la Asamblea Constituyente aprueba la creación de los cantones de Santo Domingo y El Carmen. El Decreto No. 079 se publicó en el Registro Oficial No. 161 del 3 de julio del mismo año.
La ansiada provincialización se logró el 6 de noviembre del 2007 con la publicación en el Registro Oficial No. 205 de la Ley de Creación de la Provincia Santo Domingo de los Tsáchilas.
En la tercera etapa nos encontramos en San Nicolás, una hacienda que pertenece a un francés, Sr. Gachet "Los antiguos propietarios de La Hesperia: A inicios del siglo, la hacienda San Nicolás asentada a orillas del río Pilatón, se hallaba catastrada como predio rústico del cantón Mejía perteneciente a la familia Gachet, específicamente a doña Adelina Vaca vda. de Gachet, entre 1920 y hasta finales de los años treinta, dicha hacienda fue propiedad del Mayor Cedeño y posteriormente de la familia de Eliat Liut, ciudadano italiano conocido como el primer aviador que llegó a Quito a bordo del monoplano El Telégrafo.
Posiblemente fue Eliat Liut quien cambió el nombre de San Nicolás a

La Hesperia (inicialmente La Hesperia debió haberse escrito con "H", que significa occidente); desde la posición de Quito La Hesperia se halla ubicada hacia el occidente y para la época, era una zona misteriosa, pues la mayor parte estaba constituida por bosques semitropicales que no habían sido explotados; sin duda la región no era como la conocemos ahora.
Cabe mencionar el significado de la Hesperia, al que me refiero en el párrafo anterior; para los griegos y romanos , hesperia era el occidente lejano a orillas del Mediterráneo, así pues, debe entenderse en el sentido de "España" o de "Occidente; Antonio Machado utiliza este término para identificar a España en su Antología Poética.

Datos de una tesis de grado acerca de San Nicolás/La Hesperia "La Reserva Natural y hacienda La Hesperia esta ubicada en el corazón del bosque protector Toachi – Pilatón, tiene una superficie de 822 hectáreas, de las cuales 700 son de bosque nublado, destinadas a la conservación de la vida silvestre y el resto al desarrollo de actividades agropecuarias.
La Hesperia pertenece a las Bio-Regiones de Los Andes Tropicales y Chocó, consideradas por la Conservation International como dos de los cinco lugares con mayor biodiversidad y endemismo del mundo.
Por encontrarse a solo 2 horas de Quito, en el Km. 58 de la vía Alóag.

La Hesperia Antes de 1971
Dos propietarios extranjeros estuvieron aproximadamente dos décadas cada uno afrontando el reto de hacer producir las tierras de La Hesperia, con la explotación de lo que mejor consideraron que se daba en sus tierrras, la caña de azúcar, la molienda y la destilación de aguardiente. Fue una tarea muy dura para ambas familias.
El doctor checo Karel Vohnout, nacido en Breno en 1895 llegó al Ecuador alrededor de 1930. Ya establecido en Ecuador y a su mediana edad, recibió de su suegro, hombre de gran fortuna, el italiano Damián Miranda, una gran propiedad subtropical, La Esperie, misma que de alguna forma pasó de las manos de otros italianos, los hermanos Liut, a las de Miranda. Particularmente, Elia Liut veterano aviador de la primera guerra mundial, es muy conocido por ser el primer aviador que cruzó los Andes ecuatorianos en el Telégrafo I.
Antes de ellos, y esto por testimonio del mismo Vohnout las tierras de La Hesperia debieron ser parte de grandes propiedades de quienes primero se establecieron en Santo Domingo como el francés Gachet.
Tomado de la sección histórica de La Hesperia.

La Gran Anécdota de San Nicolás

"¡Qué gracia! En la Hesperia triste, promontorio occidental, en este cansino rabo de Europa, por desollar, y en una ciudad antigua, chiquita como un dedal, ¡el hombrecillo que fuma y piensa, y ríe al pensar: cayeron las altas torres; en un basurero es tán la corona de Guillermo, la testa de Nicolás!" (Baeza, 1919).

"A finales de la década de los 30, La Hesperia pasó a ser propiedad de don Damián Miranda, ciudadano también italiano que llegó al Ecuador y se casó con Dolores Lalama. A la muerte de Damián Miranda fue adjudicada a su hijo Pedro Miranda, mediante escritura de participación del 14 de Junio de 1940. En la escritura de participación se hace constar que los linderos de la hacienda La Hesperia eran, por el norte el río Pilatón; por el sur terrenos baldíos; por el oriente la hacienda Guanaza del doctor Modesto Peñaherrera; y por el occidente la propiedad San Antonio de Teodulo Romero.

Pedro Lalama y varios de sus hermanos (también adjudicados), vendieron sus derechos a la señora Aída Miranda de Vonhout el 11 de julio de 1941, en esta escritura, consta "Estos lotes son aún incultos y que la zona ya cultivada pertenece al lote de la compradora, única sección de toda la hacienda que se halla en actual producción".

La señora Aída Miranda deVonhout, que quedó como propietaria exclusiva de la hacienda a partir del año 1941, vendió partes de la misma al presbítero Jorge Darío Beltrán Araque mediante escritura de 21 de marzo de 1962; el lote que compró tenía los siguientes linderos, por el norte el río Pilatón en una longitud de 400 metros, por el sur terrenos baldíos, por el oriente terrenos de la misma vendedora en una longitud de 6000 metros, terrenos que por escritura de esa misma fecha compró la señora Gloria María Naranjo viuda de Araujo.

La Hesperia había estado hipotecada al Banco del Pichincha desde el año 1956, por lo cual fue necesario que se otorgue conjuntamente con las compra - ventas, la cancelación de la hipoteca. La señora Aída Miranda vendió dos lotes de 240 hectáreas cada uno a dos diferentes personas, dichos lotes se hallan ubicados al occidente de lo que actualmente constituye la hacienda La Hesperia; posteriormente vendió un tercer lote de 400 metros de frente por 6000 metros de fondo al señor Jaime Lara.

A la muerte de la señora Miranda quedaron como sus herederos su esposo y dos hijos; y cuando falleció el Dr. Karel Vonhout, la hacienda quedó enposesión de su hijo Iván, quién la negoció y entregó, así mismo en posesión, al Dr. Mario Játiva Cevallos; para resolver el problema relativo de la transferencia de dominio iniciaron una acción ante el Instituto de Reforma Agraria y Colonización, resultado de la cual fue la sentencia del 31 de octubre de 1972. Dicha sentencia estableció que se reconocía el derecho de dominio del Dr. Karel Vonhout, del Ing. Karel Vonhout Miranda y el Lcdo. Iván Vonhout Miranda, en el área cultivada y en la zona inculta, de acuerdo a lo dispuesto en el inciso último del Art. 38 de la Ley de Reforma Agraria y Colonización. Esta sentencia no resolvió el problema y para definir la situación se constituyó "Játiva-Vonhout y compañía en Predio Rústicos". A la constitución de esta sociedad, el 11 de diciembre de 1972 y la hacienda que había sido de la familia pasó a ser parte de la sociedad, pero el Ing. Karel Vonhout Miranda había repudiado a la herencia de su madre. "Játiva-Vonhout y Compañía en Predios Rústicos", sociedad en nombre colectivo, fue liquidada con la intervención de los socios "mediante escritura pública otorgada el 26 de agosto de 1987 ante el notario Vigésimo Octavo del cantón Quito, inscrita el 14 de abril de 1988, por orden del señor Juez Noveno de lo Civil de Pichincha, en sentencia de 11 de enero de 1988 y en auto de 24 febrero 1988". En la cláusula tercera de la escritura citada en el párrafo anterior, designada como "hechos", en el punto cuarto, consta que la hacienda La Hesperia ubicada en el cantón Mejía, provincia de Pichincha, pasa a ser propiedad del Dr. Mario Játiva Cevallos. Conforme al plano planimétrico, la Hacienda tiene una superficie de 822 hectáreas. De dicha superficie el Dr. Játiva ha hecho varias donaciones e inclusive ventas de pequeños lotes para sus trabajadores; los lotes donados y vendidos se hallan ubicados junto al carretero. (Esto constituye actualmente el recinto La Esperie). Para hacer dichas donaciones y compra-ventas, en cada caso, se ha requerido autorización del Instituto Ecuatoriano de Reforma Agraria y Colonización". Tomado de una tesis de grado.

La Hesperia.

Monumento al Colono.

Calle Gachet.

Plaza Giacometti. Estos lugares en Santo Domingo.

Andrés Augusto Ceferino Gachet Vaca

Andrés Augusto Ceferino Gachet.
Paris- Francia, 1918.

De tez trigueña, pelo negro, ojos de color café, delgado, 1.60 metros de estatura, barba abultada cuando no se afeitaba seguido.
Su música favorita eran los pasillos en especial los de su suegro Víctor Valencia.
Su plato favorito, un buen pedaso de carne acompañado de pan y vino francés. Tomaba su café con un cigarrillo.

Durante la Primera Guerra Mundial, Francia enlista en sus filas a todos los primogénitos de ciudadanos franceses y por lo tanto Augusto Gachet Vaca viaja a Europa y es partícipe de esta conflagración mundial. En aquella época Philippe Pétain fue jefe de su asignamiento. Alrededor de 1930 en su viaje marítimo de retorno a Quito, uno de sus mejores amigos, Charpentier, fallece.

Augusto Gachet contrae nupcias con Laura Marina Valencia (1912-2003) y tienen diez hijos: Cesar (1931), Gabriel (1933), Juan (1935), José (1938), Mercedes, Marcelo, Marina, Patricia, Mariana y Augusta.

Augusto Gachet lloró al enterarse de la nueva agresión alemana, la entrada de las tropas nazis a Paris durante la Segunda Guerra Mundial y más que todo el final del Mariscal Philippe Pétain, quien fue declarado traidor por haber capitulado y su pena de muerte fue reducida a cadena perpetua por su protector Charles de Gaulle. El héroe de Verdún fue enterrado en un cementerio cerca de la prisión.

En la hacienda "Los Alpes" de Alóag entablo gran amistad con los suizos Thomas, María y Regina Hassler, quienes en alguna ocasión se hospedaron en su casa de Quito antes de retornar a Suiza.

Amó la agricultura y ganaderia y fue mecánico y administrador de haciendas por su afición y conocimiento. Por motivo de su trabajo sus hijos nacen en estos lugares recónditos como Pablo Arenas en Imbabura, Pintag al oriente Pichincha, alrededor de Ambato en Tungurahua, la hacienda Carrera de Cangahua, así como Quito.

(26 de agosto, 1895 - 10 de marzo, 1957)

Augusto Gachet fue uno de los pioneros en establecer los toros de pueblo en Pintag.

GAIA 9 : moteur de recherche (archives-isere.fr)

Sus hermanos fueron José Hipólito y Rosa Gachet Vaca.

Residencia Gachet en Alóag.

¿Quien fué el Sr. Gachet?

"Distinguido ciudadano nacido en Ecuador; registrado en la embajada francesa; cumplió su servicio militar en Francia entregando su contingente para la libertad del mundo;casado felizmente con Laura Marina Valencia, distinguida mujer quiteña; tuvo 5 distinguidos hijos y 5 bellas, hermozas y espirituales damitas, muchos nietos y bisnietos y miles de recuerdos nobles e imborrables. Tristeza y nostalgia por no tenerle conmigo; su nombre :Andres Augusto Gachet Vaca.
Gabriel.
P.D. Seguiré enviando memorias. Luis G. Gachet

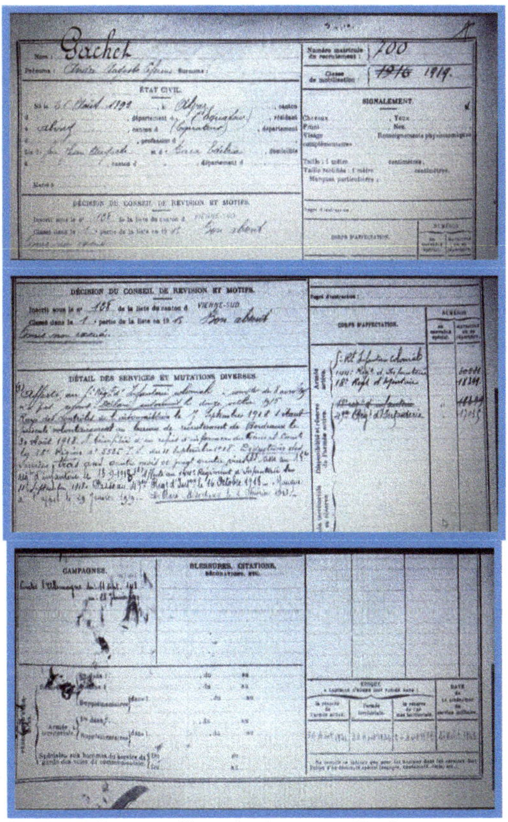

Libreta militar de Augusto Gachet.

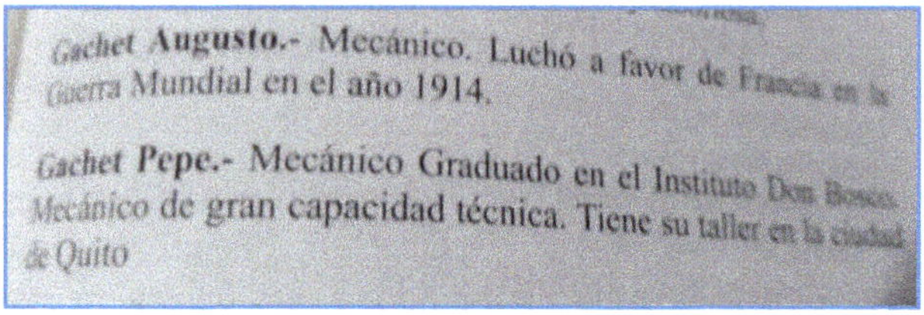

Gachet Augusto.- Mecánico. Luchó a favor de Francia en la Guerra Mundial en el año 1914.

Gachet Pepe.- Mecánico Graduado en el Instituto Don Bosco. Mecánico de gran capacidad técnica. Tiene su taller en la ciudad de Quito

Extracto de una Monografía del Cantón Mejía.

Monografía del Cantón Mejía.

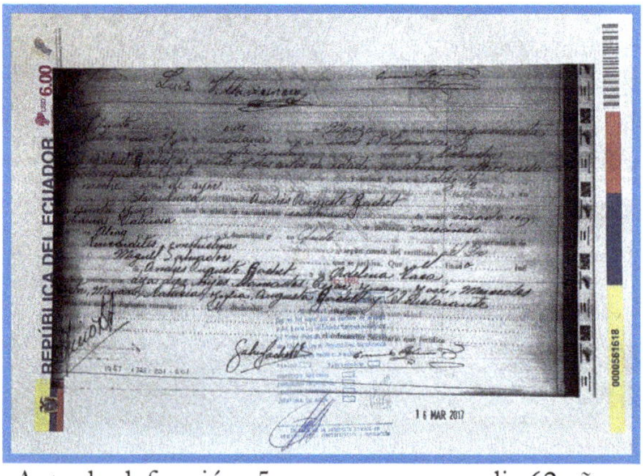

Acta de defunción, 5 meses para cumplir 62 años.

II

GACHET VALENCIA

Las hermanas con su madre y abuela.

Familia Gachet Valencia. San Francisco, EUA, 1986.

De izquierda a derecha: Gabriel Gachet Valencia, Mariana Gachet de Atchinson, Mercedes Gachet de Bonilla, Juan Gachet Valencia, Marina Gachet de Coburn, José Hipólito Gachet Valencia, Augusta Gachet de Cobar, Patricia Gachet de Natividad y Marcelo Gachet Valencia.

Tradición Familiar

Jean Auguste Gachet

Jean Auguste Gachet nació el 23 de mayo de 1827 en Vienne, Isére, Rhone Alpes, Francia. Sus padres fueron André Gachet y Rose Mousset. Falleció en Alóag, Ecuador el 17 de octubre de 1907.
"Archives départementales de Nevers. Ville de Marigny l'Eglise.
Extrait du registre des actes de l'Etat Civil de la Légation et Consulat Général de France à Quito, pour l'année. Du 3ème jour du mois d'octobre 1889 à 3 heures du soir, acte de décès de Octave Gabriel LEUTHREAU, mécanicien, célibataire, demeurant à Quito, Equateur (Amérique du Sud), décédé hier à 4 heures du soir, à l'hopital de cette ville, âgé de 42 ans, né le 30 avril 1857 à Marigny l'Eglise (Nièvre), sur la déclaration à nous faite par les sieurs Jean Auguste GACHET, négociant âgé de 62 ans, et Charles Gaston CHARPENTIER, restaurateur âgé de 36 ans, demeurant tous les deux en cette ville, amis du défunt, Et ont signé après lecture faite. Constaté par nous, chargé d'affaires et Consul Général faisant fonctions d'officier de l'état civil".
"Archivos departamentales de Nevers. Ville de Marigny l'Eglise.
Extracto del registro de actas del estado civil de la delegación del Consulado General de Francia en Quito, por el año 1889, tercer día del mes de octubre durante la tercera hora de la noche, acta de fallecimiento de Octave Gabriel LEUTHREAU, un mecánico soltero, residente en Quito - Ecuador (América del Sur), fallece ayer a las 4 horas de la noche en el hospital de dicha ciudad, a la edad de 42 años, nacido el 30 de abril de 1857 en Marigny l'Eglise (Nievre), de acuerdo a la declaración de los señores Jean Auguste GACHET, comerciante de 62 años de edad, y Charles Gastón CHARPENTIER, restaurador de 36 años de edad. Los dos amigos del difunto de esta pequeña ciudad, quienes constatan al Cónsul encargado de las funciones de oficial de estado civil".
Gachet, empresario y contratista firmó el contrato para la construcción del puente sobre el río Lelia (cerca de Tanti). Fue uno de los fundadores de Santo Domingo y propietario de la hacienda San Nicolás (La Esperia) y la Peluquería Francesa de Quito. Augusto contrajo matrimonio con Adelina Baca, quienes tuvieron tres hijos: Andrés Augusto Ceferino Gachet Baca, Rosa y José Hipólito.

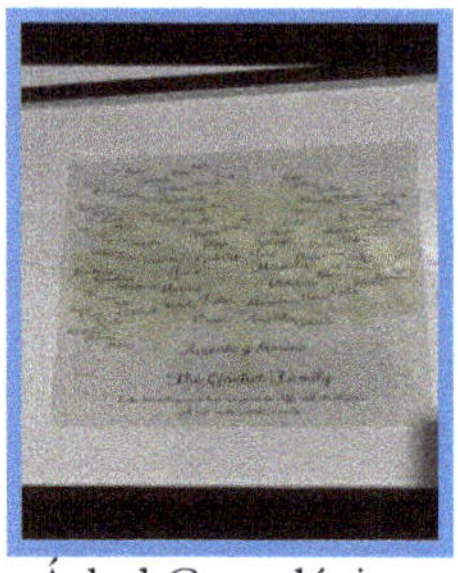

Árbol Genealógico.

Andrés Augusto Gachet. Paris - Francia, 1918.
Gachet fue militar del ejército francés durante la Primera Guerra Mundial.
Documento histórico de Augusto Gachet.
Familia Gachet Valencia. San Francisco, Estados Unidos, 1986.
Juan Edmundo, Milton Danilo, Juan Carlos y Luis Gabriel.

Jean Auguste Gachet

Andrés Augusto Gachet Monet/Adelina Vaca
Hijos: Andrés Augusto, José Hipólito y Rosa

Andrés Augusto Gachet Vaca casado con Laura Marina Valencia Quijano.
Hijos: Cesar Augusto, Luis Gabriel, Juan Edmundo, José Hipólito, María Mercedes, Marina Eugenia, Víctor Manuel, Mariana Cecilia, Patricia, Emma Patricia, y María Augusta.

Cesar Augusto Gachet/Laura Franco:
Mireya (3)

Luis Gabriel Gachet/Mercedes Páez:
Byron Augusto/Luz María Jaramillo: David, Byron.
Diego Gabriel/María Fernanda Yépez Bonilla.
Milton Danilo/Myriam Domínguez: Mercedes
Sandra Patricia Racines: Nicholas Gachet/Ana Carrión: Rafaela
Dennis/Vale Idrovo.
Elena Abril: Gabriel Wladimiro/Patricia Alexandra Álvarez Vásquez: Juan Bernardo, María Sarah.
Montserrath Elena/Raúl Iván Almeida Hernández: Isaac Sebastián, Martin Nicolas, José Mathias, y Thomas Benjamín Almeida Gachet.
Leonor Heredia: Juan Andrés/Julia: Leo Patrick.
Gabriela/Ted Herrera: Ted, Sophia, Michael. (27)

Juan Edmundo Gachet/ María Bertha Castro Vega:
Juan Carlos/Claudia Margarita Vázquez García:
Monique/Joshua Tyler: Niko, Rafael.
Lisette/Ricky Durrani: Natalia.
Jean Carlo
Andrés Augusto/Piedad Brito:
Juan Andrés, Christian Alexander.
Moreina Sánchez: Cynthia
Luis Roberto/Ximena Gordon:
Doménica, Danna. (21)

María Mercedes Gachet/Carlos René Bonilla Carrera:
Carlos Augusto/Karina: Stefano, Matías.
Karina:

Mónica/Diego Ortiz: Nicolás (Julieta Isabella Ortiz Gruanuer/Camila Valentina Espinosa Coronado: Bernarda Ortiz Espinosa, Valentina Ortiz Espinosa)
Doménica.
Paola Vanessa/Brendan Finlay: Emma (19)

José Hipólito Gachet/Leonor Herrera:
Charles Alain/Mónica: Sebastián.
Xavier Alexis.
Erika Joanna/Hugo Iván Rodríguez Delgado: Esteban Alexis.
/Luz Marina Guaycha:
José Andrés/Rangini Lal: Sahanna, Stella.
Spencer.
Scott. (16)

Marina Eugenia Gachet/Edward Powell:
Stephanie.
/Ken Coburn: Kendrick, Kimberly. (6)

Víctor Manuel Gachet/Fabiola Vega:
Juana Elizabeth/Thor Andersen: Isabella, Brianna, Sophia.
Marcelo/Paola Larcos: Barbara, Melody.
Karla/Iván Kashinsky: Nahuel, Payuma. (15)

Mariana Cecilia Gachet/Marcelo Salgado:
Katherine/Bruce Cunninham: Casey, Cameron.
Leslie Marina/Sean Bello.
Pierre.
/Larry Atchison. (10)

Emma Patricia Gachet/Noly Natividad:
Sean, Nichole, Christhopher. (5)

María Augusta Gachet/Guillermo Cobar:
Gabriela. (3)

Total: 125 y la decendencia continua.

Víctor Manuel Valencia Nieto

Fuente: Archivo Señora Margarita Valencia.

En una calle angosta de Quito, allá por los años 30, sentado en la vereda estaba un muchacho que cantaba acompañado de su guitarra con voz melancólica. "Todo lo que componía se convertía en éxito". No existe ecuatoriano en el mundo que no haya cantado o al menos escuchado el aire típico de los albazos: "Dolencias", "Ay no se Puede" y "Tormentos".

Escuchar la música de Víctor Valencia es sumergirnos en un mundo mágico de profunda inspiración.

Algunos pasillos que nos ha dejado su gran producción son: "Hacia el Ayer", "En la Cruz", "Lejos de Ti", "Oye Mujer", "Mi Voluntad", y "Es en Vano".

Los yaravíes: "Quiero, Aborrezco y Olvido", "Tu Engaño".

Algunos de sus valses son: "Escuchando", "Ave Ingrata" y muchos más.

Su formación cultural y artística es producto de una dedicada autoeducación, ejecutaba la guitarra y el piano.

Autor y compositor reconocido de más de sesenta melodías del repertorio musical ecuatoriano, hijo del Sr. Daniel Valencia y de la Sra. Eloísa Nieto.

Muchos artistas de renombre internacional han dado lustre a la música de Don Víctor con sus cálidas interpretaciones como, por ejemplo: la española María Dolores Pradera, Los Tres Ases de México, Inti Illimani de Chile, Rodolfo de Colombia, entre otros.

Carlota Jaramillo, el dúo Benítez - Valencia, Bolívar "el pollo" Ortiz; Los Brillantes; los Hnos. Miño Naranjo; las Hnas. Mendoza Suasti, Patricia González; Pepe Jaramillo; Los Embajadores; el dúo Aguayo - Huayamabe han dedicado su arte a la música de este profundo compositor.

Víctor Valencia Nieto.

Víctor Manuel Valencia Nieto nació en Machachi el 24 de diciembre de 1894 y falleció por coincidencia el día de su cumpleaños en Quito por el año de 1966. Realizó sus primeros estudios en su ciudad natal y luego en Quito donde culminó el bachillerato en el Colegio Nacional Mejía. Posteriormente continuó estudios de Calígrafo, trabajó en su profesión en el Ministerio de Relaciones Exteriores por veintiocho años en una época donde todas las cartas oficiales se hacían a mano. Ganó por dos veces la designación del mejor calígrafo de América y fue condecorado por los presidentes Dr. Carlos Alberto Arroyo del Río y Dr. Camilo Ponce Enríquez. Debe ser por esta actitud de perfeccionismo que tenía el Maestro que se trasluce en su poesía y sus partituras ese equilibrio estético. Recibió las siguientes condecoraciones: al Mérito Nacional con el grado de Oficial, al Mérito Cultural y fue condecorado por la Unión Nacional de Periodistas en el Teatro Bolívar.

México tiene como icono y modelo de rancheras al compositor José Alfredo Jiménez, quién compuso: "El Rey", "Serenata Huasteca", "La Malagueña", "Pa' Todo el Año", "Ella", "Aquel Hermoso Vals", "Me Cansé de Rogarle", entre otras. De la misma manera, con justicia, se dice que el genuino compositor de la música popular ecuatoriana es Don Víctor Valencia.

Tanto José Alfredo Jiménez como Víctor Valencia, que no estudiaron en conservatorio, son artistas en toda la extensión de la palabra. Músicos académicos estudian toda la vida para poder llegar a comprender e interpretar la música como lo ha hecho naturalmente Víctor Valencia.

(24 de diciembre, 1894 – 24 de diciembre 1966)

Fuente: Cancioneros. Biografía de Víctor Valencia Nieto.

Laura Marina Valencia de Gachet

Murió pacíficamente mientras dormía durante la noche del 29 de octubre de 2003 en Santa Rosa. Madre de cinco hijos: César, Gabriel, Juan, José y Víctor, y cinco hijas: Michita, Marina, Mariana, Patricia y Augusta. Abuela de 36 y bisabuela de 24.

También le sobreviven cinco yernos y cinco nueras, y otros primos y parientes en Quito, Ecuador. Oriunda de Quito, Ecuador, de 91 años. Una feligrés de St. Rosa Iglesia Católica.

Madre y abuela amadas por muchos, amada por todos y será pensada y recordada a diario. Se invita a los amigos a asistir a una misa fúnebre el sábado 1 de noviembre de 2003 a la 1:30 p. m. en la Iglesia Católica St. Rosa.

Los servicios de compromiso se llevarán a cabo el lunes 3 de noviembre de 2003 a las 12 del mediodía en el cementerio Cypress Lawn en Colma, CA. Los amigos también están invitados a asistir a un Rosario el viernes 31 de octubre de 2003 a las 5:30 p. m. en LAFFERTY & SMITH COLONIAL CHAPEL, 4321 Sonoma Hwy, Santa Rosa. La visita se llevará a cabo en el COLONIAL CHAPEL después de las 2:00 p. m. del viernes 31 de octubre de 2003.

Laura Marina Valencia Quijano, nació en Quito el 27 de abril, 1912 y falleció en Santa Rosa, California el 29 de octubre, 2003. Alcanzó la edad de 91 años.

Sus padres Víctor Manuel Valencia Nieto y Juana Quijano German (creo que su segundo apellido era del Castillo).

Died peacefully in her sleep during the night of October 29, 2003 in Santa Rosa. Mother of five sons: César, Gabriel, Juan, José, and Víctor, and five daughters: Michita, Marina, Mariana, Patricia and Augusta. Grandmother to 36 and great grandmother of 24. She is also survived by five sons-in-law and five daughters-in-law, and other cousins and relatives in Quito, Ecuador. A native of Quito, Ecuador, age 91. A parishioner of St. Rose Catholic Church. Beloved mother and grandmother to many, loved by all and will be thought of and remembered daily. Friends are invited to attend a Funeral Mass on

Saturday, November 1, 2003 at 1:30pm at St. Rose Catholic Church. Committal Services will be held on Monday, November 3, 2003 at 12 noon at Cypress Lawn Cemetery in Colma, CA. Friends are also invited to attend a Rosary on Friday, October 31, 2003 at 5:30pm at LAFFERTY & SMITH COLONIAL CHAPEL, 4321 Sonoma Hwy, Santa Rosa. Visitation will be held at the COLONIAL CHAPEL after 2:00pm on Friday, October 31, 2003.
(27 de abril 1912 – 29 de octubre 2003)

Lápida de Laura y Javier.
Colma, California.

Valencia Quijano

Víctor Valencia Nieto (Compositor) / Juana Quijano (Maestra).
(padres: German Quijano e Inocencia German) .
Laura Marina Valencia Quijano.

Carlos Pastor (Periodista) / María Luz Quijano.
Graciela Pastor Quijano (Inspectora Secundaria).
Emma Pastor Quijano (Psicóloga).
Eulalia Pastor Quijano (Maestra).

Daniel Maldonado (Carpintero) / Angela Quijano.
Gonzalo Maldonado Quijano (Dueño de la Radio Atahualpa y periodista de Radio Quito).
Humberto Maldonado Quijano (Mecánico en Guayaquil).
Olga Maldonado Quijano (Viajó a Chile y nunca volvió a Quito).
Sra. Maldonado Quijano (Casada con un Drash).

César Augusto Gachet Valencia

César Augusto Gachet Valencia.

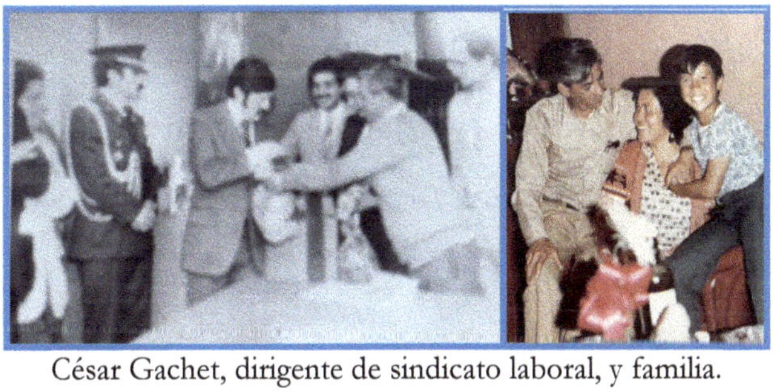

César Gachet, dirigente de sindicato laboral, y familia.

Papá siguió a Cesítar al ver que fumaba por el huerto y decidió darle un escarmiento. Papá tenía un poncho blanco y un sombrero grande, de vez en cuando se pasaba detrás de la cerca que era prácticamente un tapial, y luego se escondía. El camino más directo era de la casa de hacienda hacia la huerta, Cesítar se iba por la huerta. Papá iba directo desde la puerta trasera hacia la huerta. En cambio, César seguía el mismo camino, pero llegaba a una pesebrera donde estaban los establos y la huerta, paraba y fumaba sus cigarrillos. Mientras fumaba, papá le veía, se levantaba de vez en cuando y se escondía. Cuando logró la atención de César, botó el cigarrillo, y salió por donde había entrado. En cambio, papá se dio cuenta y regresó lo más recto a casa y como atrás llegó César, papá se metió a la cama rapidito y luego entra César asustado le comenta a mamá que había visto al "duende", y como mamá sabía del plan y le averiguaba respecto al duende, le comenta que estaba con un poncho de color azul y blanco, así como un sombrero grandote. Una vez que lo vio fumando, solamente le trataba de llamar la atención para que le viera y hacerle pasar un susto. Cuando logra verle a papá, botó el cigarrillo y corrió, pero papá ya estaba ahí en cama. Llegó César asustado y mamá le preguntó que le pasaba y le comentó que había visto al mentado duende hace unos minutos. Claro con el susto que tenía conversaba de una manera macabra y tétrica y aseguraba que vio al macabro personaje.

No era ningún duende, sino que papá viendo que se desaparecía las noches, decidió seguir a César. Era el secreto de los progenitores. Pasaría unos meses y dejó de ir a fumar en la huerta.

Decidimos comentarle la realidad y hacerle descubrir el plan. César tenía 16 años y dicho acontecimiento pasó en la hacienda de Cangahua del Cantón Cayambe, Provincia de Pichincha.

César era oriundo de Pablo Arenas, Imbabura. Falleció a los 72 años.

Relato de Juan Gachet. Febrero 2021.

También te quería comentar que César Gachet colaboró con el ejército ya que pasó una buena temporada en San Antonio de Playas y realizó el mantenimiento de varios vehículos de la unidad militar en San Antonio de Playas, en la zona Gabriel estaba de servicio en esa unidad militar en la costa. Relato de Víctor Gachet. Febrero 2021.

(2 de abril, 1931 – 24 de diciembre 2003)

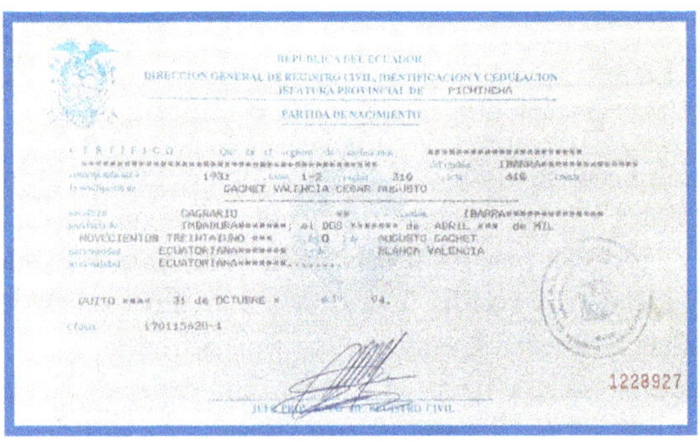
REPUBLICA DEL ECUADOR
DIRECCION GENERAL DE REGISTRO CIVIL, IDENTIFICACION Y CEDULACION
JEFATURA PROVINCIAL DE PICHINCHA
PARTIDA DE NACIMIENTO

CERTIFICO

1931 1-2 310 416

GACHET VALENCIA CESAR AUGUSTO

SAGRARIO IBARRA

IMBABURA; el DOS de ABRIL de MIL NOVECIENTOS TREINTAIUNO AUGUSTO GACHET

ECUATORIANA BLANCA VALENCIA

ECUATORIANA

QUITO 31 de OCTUBRE 94.

170115420-1

1228927

JEFE PROVINCIAL DE REGISTRO CIVIL

Acta de nacimiento.

Luis Gabriel Gachet Valencia

Quito, Ecuador. 12 de abril, 2021

Nací un 20 septiembre de 1933 en una parroquia llamada Pablo Arenas, perteneciente al cantón Ibarra de la Provincia de Imbabura en Ecuador. Por estas rinconadas geográficas trabajaba mi padre Augusto Gachet en la administración de predios predominantemente pertenecientes a la Asistencia Pública del Ecuador, en esta parroquia mi madre Laura Valencia se enferma razón por la cual mi abuela Juana Quijano me trae con ella a Quito, abuelita que me crió hasta llegar a mi graduación de Oficial del Ejército en 1959.

Mi infancia como de todo niño fue de lo más feliz, pues mi profesora y abuela comenzó con mi educación en La Escuela Pablo J. Gutiérrez de la ciudad de Quito los dos primeros años, a más de su bondad era una maestra muy exigente y en no muy pocas ocasiones me sacaba de clase y debía regresar con mi madre Laura Marina para ser recibido nuevamente. Seguí mi instrucción primaria en el tercer grado de la escuela Municipal Sucre y terminando mi primaria en el Centro Escolar Eloy Alfaro. Todos estos cambios de escuela se daban exclusivamente por el cambio de domicilio de mis padres o de mi abuela.

La educación secundaria lo inicié en el Colegio Juan Pío Montúfar de la ciudad de Quito para luego pasar al segundo curso en el Instituto Nacional Mejía donde cursé hasta el quinto año para pasar luego al Colegio Normal Cardenal de la Torre en donde me gradué de profesor de primaria.

Mi primer trabajo inicié en agosto de 1954 y fue para el Ejército Ecuatoriano en donde ingresé en calidad de secretario de una oficina de Instrucción Militar desde donde se dictaban las normas y reglamentos para el cumplimiento del servicio militar obligatorio, luego más tarde y con la llegada de los Tanques de Guerra M3A1 se fundó en Quito el Grupo Mecanizado Saraguro a donde fui dado el pase y con esta unidad desplazado a la ciudad de Riobamba en donde permanecí hasta octubre de 1955.

El paso por esta maravillosa experiencia y el conocimiento nato de lo que es el Ejército Ecuatoriano dejó en mi alma una profunda huella y el amor por esta mágica profesión, mi especial desempeño en las labores encomendadas hizo que esta unidad militar me becara como cadete Supernumerario Militar e ingresé at Colegio Militar en octubre de 1955 después de una rigurosa capacitación física, intelectual, académica y económica.

Ingresé al sexto curso y obtuve un segundo título de Bachiller, y pasé en sus aulas y campos de entrenamiento durante tres años, tiempo en cual no tuve mayores tropiezos ya que conocía cabalmente la vida miliar. Se me hizo fácil y aún más pude escoger el arma en la que me inicié, esto es FF. BB (Fuerzas Blindadas). Cursando el segundo año militar fuimos embarcados hacia Panamá al Fuerte Gulick del Ejército de Los EE. UU. en donde terminamos nuestra preparación militar y luego de mi graduación el 10 de agosto de 1959 fui destinado a mi primera unidad militar, el Grupo de Reconocimiento Blindado Machala acantonado en la comuna San Antonio del Cantón Playas en la Provincia del Guayas.

La vida militar me ha deparado muchos momentos de alegría, tristeza, dolor y llanto, pero la mayor parte de mi profesión ha sido de muchos logros y de inmensa alegría, el hecho de ser militar te obliga a tener una gran virtud de saber obedecer y de saber mandar y con tu ejemplo trasmitir la confianza que como líder debes entregar a tus subordinados, eres un ejemplo y el espejo de ellos y por eso nuestra formación es tan rigurosa y cabal.

Muchas experiencias en varias unidades militares y una de las más valiosas el haber trabajado junto a oficiales israelitas en la conscripción agraria militar que en semejanza a las fronteras de ese país se quería llenar de fincas los limites internaciones ecuatorianos especialmente con nuestro vecino del Sur, ideas maravillosas pero que los países pobres no pueden cumplir por falta del aspecto económico, la teoría funcionó a las mil maravillas pero ya en la práctica se desvanecieron por completo, de jefe en esa delegación el coronel Levi estuvo luego en la Guerra de los Seis Días contra Egipto, dando al mundo una gran lección militar de amor a la Patria.

Ya con el grado de capitán fui llamado a formar la escuela de capacitación de tropa del ejército, cargo en el cual estuve cerca de cinco años adquiriendo una experiencia inolvidable en la docencia Militar obteniendo la condecoración Vencedores de Tarqui por más de mil horas de clases dictadas a los alumnos de este instituto. En 1960 el Ejército Ecuatoriano por invitación de nuestro par americano me destinó a viajar por las escuelas militares del este de *USA*, viaje en el cual pude conocer de cerca el Fuerte Bragg de los boinas rojas de la División de Paracaidistas 82, Fuerte Knox donde se almacena el oro del mundo, Fuerte Benning y la famosa escuela de oficiales West

Point y oír los comentarios de los grandes líderes mundiales que allí se educaron militarmente como Dwight D. Eisenhower, Ulysses S. Grant, Jeff. Davis, Robert E. Lee, etc., y combatientes de la Segunda Guerra Mundial. A cuatro oficiales ecuatorianos que estuvimos en este recorrido nos entregaron un pergamino en el cual nos hacían constar como coroneles del Ejército de la Unión, un gran honor.

Seguí mi vida militar como Subcomandante y luego Comandante de varias unidades militares, una de las que más me interesó fue el Batallón de Selva No. 13 Tungurahua en la Provincia de Sucumbíos en la que tenía como misión el cuidado del Límite Político Internacional con Colombia, el río San Miguel en el cual ya estaban iniciándose las milicias terroristas y narcotraficantes de las FARC y ELN, estupenda experiencia personal y Militar.

Luego fui dado el pase a la Brigada Blindada Galápagos acantonada en la ciudad de Riobamba, como Jefe de Personal al inicio esta Unidad Militar era solamente en papeles, pero debía estar lista en cinco años con su personal de oficiales y voluntarios, el material bélico estaba viniendo de Francia y los tanques AMX 30 seguían llegando al puerto de Guayaquil, esta tarea se cumplió a cabalidad, inclusive participé en la organización de un colegio secundario para los soldados que no habían sido bachilleres para que pudieran atender las necesidades de servicio de las nuevas máquinas blindadas, fue un total éxito este establecimiento educativo, luego de lo cual fui designado a la Brigada Portete en la ciudad de Cuenca, mi última unidad militar pues estando allí más de un año fui dado el pase a una región del Oriente ecuatoriano a la cual no me integré por haber ya cumplido anteriormente mi obligación en esta área geográfica, y pedí mi baja del Ejército después de estar más de veinticinco años en servicio activo.

Transcurrieron dos o tres meses de mi separación de las FF. AA. (Fuerzas Armadas)cuando un general muy amigo me llamó para invitarme a formar parte de un nuevo sistema de movilización militar que estaba por iniciar, lógicamente estuve muy a gusto en regresar a mi profesión, pero ya como empleado civil, puesto en el cual me designaron en 1980 para ser Presidente de la Junta de Calificación Militar de Tungurahua, en el cual me mantuve por nueve años para luego ser designado como Jefe de RR. PP. (Relaciones Públicas) de la Dirección de Movilización del Comando Conjunto de las FF. AA., cargo muy elevado y de gran responsabilidad que lo cumplí hasta junio de 1994 que por insinuaciones muy especiales de mi madre decidí viajar a Los EE. UU.

Mi viaje a Estados Unidos fue lo más placentero, fui primero solo, y luego de visitar a mi hijo Diego en Madrid y recorrer algunas ciudades de Europa regresé a Ecuador para organizar el viaje con mis hijos y esposa a ese gran país del norte.

De California tengo los mejores recuerdos de mi vida, pude estar a los tiempos junto a mi madre, hermanas y hermano, y conocer a sus familias y su entorno más íntimo. Con los problemas del idioma y de las costumbres seguimos adelante y mis hijos Gabriela y Juan también tomaron sus mejores decisiones y cumplieron sus más anhelados sueños, sin embargo, disfrutamos de la ciudadanía Americana como premio a nuestros esfuerzos en el tiempo de vida por allá.

Para febrero del 2012 regresamos a Ecuador, solamente la pareja ya que los hijos formaron sus hogares y por lo tanto decidieron seguir en suelo americano.

De mi vida privada no tengo mucho que contar, de mi primer matrimonio con Michita Páez tengo cuatro hijos: Byron, Diego, Danilo y Dennis, todos profesionales, casados que llenos de ilusiones y deseos, siguen su vida con muchas virtudes conquistando sueños anhelados, además adornan mi vida dos hijos: Gabriel Wladimiro y Monsita Gachet Abril.

Con mi actual esposa Leonor hemos procreado a Gabriela Leonor y a Juan Andrés, ambos casados con Ted Herrera y Julia Buttler respectivamente.

Ahí está mi pequeña biografía, pero que la viví llena de amor y de afecto y que gracias a la voluntad de Dios estoy con vida hasta ahora cerca de los 88 años.

Teniente Coronel (servicio pasivo).
Luis Gabriel Gachet Valencia.

Cadete Luis Gabriel Gachet.

Colegio Militar, 1956.

Brigadier Gachet.

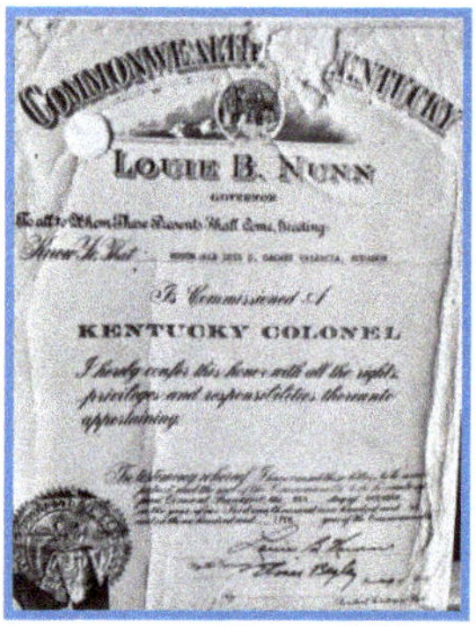

Commonwealth of Kentucky

Louie B. Nunn

Governor

To all to Whom These Presents Shall Come, Greeting:

Know Ye That

Is Commissioned A

KENTUCKY COLONEL

I hereby confer this honor with all the rights, privileges and responsibilities thereunto appertaining

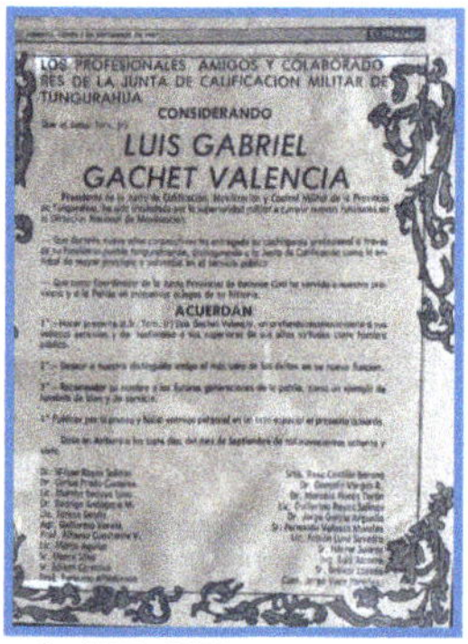

LOS PROFESIONALES, AMIGOS Y COLABORADORES DE LA JUNTA DE CALIFICACION MILITAR DE TUNGURAHUA

CONSIDERANDO

LUIS GABRIEL GACHET VALENCIA

ACUERDAN

Coronel Honorario de EE. UU.
Presidente de la Junta de Calificación Militar de Tungurahua.

Acompañando a mi madre Laura Marina.

Byron Gachet.

Byron, Diego, Danilo y Dennis.

Gabriel y Danilo.

Al fondo, tanque T3 corresponde a la foto del Stte. Luis Gachet en San Antonio Playas. Esta pintura se encuentra en el centro histórico del grupo de honor Panupali. Allá fuimos invitados padre e hijo.

Teniente Coronel (servicio pasivo),
Luis Gabriel Gachet Valencia.

Juan Edmundo Gachet Valencia

Quito, Ecuador. 28 de septiembre, 2019

Ingresé al primer curso del Instituto Nacional Mejía en 1947, mi Inspector General fue el famoso "Pupo Fierro". La primaria la cursé en la escuela Eloy Alfaro.

En el colegio fui parte del grupo de atletismo de relevo de postas. Mis compañeros fueron el general Toscano, y un médico especializado en el corazón de apellido Chacón.

En la primaria, el hermano de Oswaldo Guayasamín, el pintor más conocido, también fue mi compañero de estudios.

Me enlisté en las filas del ejército y serví honorablemente hasta el retiro 26 años después, y otros 11 años en el servicio civil.

Durante la Primera Guerra Mundial, Francia enlistó en sus filas a todos los primogénitos de los ciudadanos franceses y por lo tanto Augusto Gachet, mi padre, viajó a Europa y fue parte de esta conflagración mundial. En aquel entonces Philippe Pétain estaba al mando de su unidad militar.

Me radiqué en Los Estados Unidos, obtuve la ciudadanía y trabajé en la industria del transporte terrestre pesado por 10 años hasta mi jubilación.

Juan Gachet, 1961.

La carrera militar me dio la oportunidad de recorrer todo mi querido Ecuador, tanto la Costa, como la Sierra y el Oriente.
La mayor parte de la trayectoria militar fue en las Fuerzas Blindadas.
En 1955 hice la conscripción en el Grupo de Caballería Yaguachi de Quito y obtuve el rango de cabo de reserva. Allí pase 11 meses.
Luego estuve en el Grupo Mecanizado Saraguro de la ciudad de Riobamba en 1956. Allí permanecí 11 meses y ascendí al grado de soldado.

En 1957, me dieron el pase al Grupo Mecanizado No. 1 Machala en San Antonio de Playas, Provincia del Guayas. Realicé el curso de 6 meses para conductor de tanque de guerra de fabricación estadounidense M3A1 Stuart, (Tripulación: 4 militares, conductor, asistente de conductor, artillero y comandante. El M3 estaba armado con un cañón de 37 mm y 5 ametralladoras Browning M1919, M3 y M5, una coaxial, una en la torreta, una en el frente y dos a los costados) y estuve acantonado 1 año.

Para 1958 me trasladé al Grupo Mecanizado No. 3 Azuay de Quito, ubicado en el Fuerte Vencedores. Ascendí a cabo. Posteriormente el Grupo Mecanizado No. 3 fue reubicado en sus propias instalaciones del Fuerte Militar Eplicachima.
1959, Santo Domingo de los Colorados. Destacamento de Selva No. 1, donde realicé el curso de contrainsurgencia por 3 meses.
1961, Santo Domingo de los Colorados para el abastecimiento de maquinaria eléctrica por un lapso de 3 meses.

1963, San Lorenzo - Esmeraldas, La Toma, sector de la Boca, frontera con Colombia, misiones de contrainsurgencia por 3 meses.
En 1967, curso de Mecánica Industrial en CEMAI (Centro Militar de Aprendizaje Industrial: General Enríquez Gallo), Latacunga, 1 año.
En 1969, Centro Logístico No. 1, curso de conductor de Transporte pesado de 3 meses. Luego retorné al Fuerte Eplicachima.
1969 - 1970, pasé acantonado en el Oriente asignado al Grupo de Infantería No. 35 Putumayo, Puerto Rodríguez en la frontera entre Ecuador, Colombia y Perú. Finalmente en la Brigada de Selva Shell Mera en El Puyo, Provincia de Pastaza.
1970 – 1978, Centro logístico No. 1, Quito.
Misiones de transporte de abastecimientos para el Ministerio de Defensa, y medicamentos procedentes de Colombia. Transporte de maquinaria pesada, tanques de guerra y combustible.
Participé en la misión de apoyo logístico del año 1976 a la Cueva de los Tayos donde estuvo el astronauta Neil Armstrong.

1978 – 1981, Cuerpo de Ingenieros del Ejército, Batallón Chimborazo, Cuerpo de Apoyo Logístico (CAL).
Misión Venezuela. Curso de manejo de camiones españoles Pegaso. Viaje de 2 horas en avión (VIASA) a Caracas y por carretera en convoy por 7 días con 15 camiones Pegaso de Cumaná a Quito con 21 elementos militares al mando del Gral. René Vargas Pazzos.

Misiones de abastecimientos de nitrato de amonio para los explosivos procedentes del Perú. Distribución en los diferentes grupos de trabajo del Cuerpo de Ingenieros para la construcción de carreteras, así como el transporte de maquinaria pesada.
Abastecimiento a Grupos de Trabajo:
Baeza – Cotundo. Abastecimiento de maquinaria pesada.
Otavalo – Selva Alegre. Abastecimiento de combustible.
Rangos militares: Cabo de Reserva (Conscripción); Soldado (3 años); Cabo Primero (8 años); Sargento Segundo (6 años); Sargento Primero (6 años); Sub-Oficial Segundo (2 años).
Experiencia en vehículos militares: Jeep, Explorador blindado, tanque de guerra M3A1 Stuart, Ford 9000 (plataforma alta y baja, cajón y tanque), Internacional, Mack, Pegaso.

Experiencia en armamento militar: Mortero de Infantería 81 mm. (Pelotón de armamento pesado en el Yahuachi), Fusil Mauser, FAL (Fusil Automático Liviano), MAG (ametralladora automática de propósito general), Uzi (ametralladora), revolver calibre 38, pistola semiautomática Browning. También me desempeñé como armero.
A principios de 1984 viajé a San Francisco, California. Tuve la oportunidad de visitar a mi querida madre Laura Marina y mi familia para sentar los cimientos del viaje de mi hijo Juan Carlos por su graduación del colegio.

Anécdotas

En 1955, fui a dejar a unos compañeros para la conscripción en el Sena por el Ministerio de Defensa.
A la hora de salir, no me dejaron porque no tenía la Papeleta de Calificación, por lo tanto, me detuvieron y le pregunté al soldado López lo que tenía que hacer para salir de la instalación militar.
Soldado López: "Tiene que decir que no está calificado para la conscripción cuando le pregunte el Teniente Semblantes Polanco. Y si le pregunta si sabe leer y escribir, tiene que decirle no, y le manda de regreso a casa".
El teniente: ¿Cuál es su nombre?
Le contesté: ¡Juan Edmundo Gachet Valencia, mi teniente!
Teniente Polanco: ¿Sabes leer?

Juan: ¡No, mi teniente!
Teniente Polanco: ¿Sabes Escribir?
Juan: ¡Tampoco, mi teniente!
Teniente Polanco: ¡Quédate nomás aquí porque en el cuartel aprendes a palos!

En 1970, hubo una reunión con el general Guillermo Rodríguez Lara, en el Grupo de Artillería Mariscal Sucre, sector el Pintado al sur de Quito.
Expuse el tema de los retiros y el lento proceso el cual tardaba muchos años. Por lo tanto, pedí una solución al problema.
El tiempo de espera para retirarse era entre 14 y 15 años después del trámite de la solicitud.
El Gral. Rodríguez Lara dijo: "Anote secretario, se aumentará el fondo económico de retiro para hacer más expedito el proceso. Si en la actualidad se retiran 7 efectivos militares al mes, mi solución al problema es incrementar el número de efectivos a 20 y 40 mensuales".
Con la solución del Gral. Rodríguez Lara se redujo el proceso a un promedio de 10 años, y en la actualidad los retiros toman un año.
Trabajé en el Cuerpo de Ingenieros del Ejército después de mi retiro en 1981 como empleado civil de 1984 a 1996 prestando mis servicios como transportista al Cuerpo de Apoyo Logístico.

Serví en la Guerra del Cenepa de 1995, en la Troncal punto de reunión de la Brigada de Ingenieros para el abastecimiento de equipo caminero a la frontera, Santa Rosa, Arenillas y Huaquillas en la Provincia del Oro. Acantonado en el sector del conflicto bélico por cuatro meses.

Presté mis servicios a Transportes Gonzalo Cuello. Varios meses.
Ingenieria Andina Bromco, INA - Bromco compañía de construcción. Abastecimiento para la infraestructura de la planta de agua potable, proyecto Mica – Quito Sur.
Chaco. Abastecimiento de combustible por unos 5 años.
Segundo viaje a California, Estados Unidos en 1988 y nuevamente en el año 2000. Radicándome en Texas y California. También laboré en la industria del transporte por 10 años. Obtuve la ciudadanía estadounidense, 2007.
A finales del 2012 realicé una travesía con mi esposa Bertha, hijo Juan Carlos y nieto Jean Carlo de costa a costa (California a Virginia) para finalmente retornar a Ecuador en enero del 2013.
Felizmente casado con Bertha Castro, mi querida esposa de toda la

vida desde 1964.
Nuestros hijos: Juan Carlos, Augusto y Roberto.
Nietos: Monique, Lisette, Jean Carlo, Juan Andrés, Cynthia, Christian, Domenica, y Danna.
Bisnietos: Niko, Natalia y Rafael.

Sub-Oficial Segundo (servicio pasivo).
Juan E. Gachet Valencia.

Selección de fútbol del Cuartel Eplicachima, 1958.

Juan Gachet frente a su M3A1 Stuart. Fuerzas Blindadas, 1958.

Francotirador, 1968.

Campeonato de fútbol del Centro Logístico No. 1, 1971.

Condecoración por 20 años de servicio, 1975.

Hoy a Cueva de los Tayos

Llegó astronauta Armstrong a Quito

QUITO, 1o.— Al mediodía de hoy llegó a esta capital, procedente de Nueva York, a bordo del vuelo internacional de Ecuatoriana de Aviación el famoso astronauta norteamericano Dr. Neil Armstrong el primer cosmonauta que conquistó la Luna.

Neil Armstrong, invitado especial de la expedición científica Ecuatoriano-Británica, se trasladará mañana (hoy) por vía aérea al aeropuerto oriental de Santiago, en la provincia de Zamora-Chinchipe, para luego seguir el viaje en helicóptero hasta la famosa Cueva de los Tayos, en donde la misión científica-militar de Gran Bretaña está cumpliendo la segunda fase de investigación científica sobre las condiciones geológicas de la citada Cueva de los Tayos.

Acompañará en su viaje al oriente ecuatoriano al astronauta Armstrong, el Jefe del Estado Mayor Conjunto de las FF.AA., general Bolívar López Herman. Su permanencia en la Cueva de los Tayos será por cuatro días consecutivos, según se informó en el Ministerio de Defensa Nacional.

NEIL ARMSTRONG

Lea Hoy

—Los ricos más pobres y los pobres más ricos (Página 2)
—Se ha duplicado el producto nacional bruto per cápita (Página 2).
—Adjudican tierras en [illegible]

Misión de apoyo a la expedición, 1976.
Tomado del Diario Expreso.

Transporte, Cuerpo de Ingenieros, 1978.

Ceremonia de retiro de las FFAA,
Cuerpo de Ingenieros del Ejército.
Quito, 1981.

Medallas al servicio militar, 15, 20 y 25 años.

Placa de agradecimiento.

San Francisco, California, 1984.

Ceremonia de Ciudadania, 2007.

Juan por las carreteras de California, 2011.

Sub-Oficial Segundo (servicio pasivo),
Juan E. Gachet Valencia.
Chester, Virginia, 2016.

Juan, Juan Carlos, Augusto y Roberto.
Quito, 31 de marzo, 2017.

Bertha y Juan con los bisnietos.

José Luis Fernández.

El "Pelusa", mi compañero de juventud y vida militar. Durante mi estadía en Estados Unidos traté de localizarle, ya que él viajó a California y no se supo más. Mi hijo Juan Carlos me ayudó en la búsqueda y gracias a la tecnología lo encontramos. Pasaron 55 años para este insólito encuentro en septiembre del 2021. Luis reside actualmente en Los Ángeles, California.

José Hipólito Gachet Valencia

Santa Rosa, California, Estados Unidos. 13 de enero, 2014

Estudió los primeros años en el Colegio Mejía en la época del Pupo Fierro, quien sacaba a los estudiantes con beta del teatro Capitol. José fue un buen emprendedor tanto en Ecuador como en Estados Unidos y su pasión siempre fue por los autos de colección y por ende la mecánica automotriz. Estableció su propio taller y almacén de repuestos en Sonoma, California.

José Hipólito Gachet Valencia.

José y su hijo Javier A. Gachet.

Grato recordar una anécdota con el tío "Pepito", así lo conocíamos cariñosamente en la familia. Cuando era estudiante de tercer curso en el Instituto Nacional Mejía, al salir de una de mis clases en el edificio del Internado, veo a mi tío bien apuesto con sus canas blancas y plateadas en la parte frontal de su cabello, elegante de terno plomo y corbata roja, cadena de oro porta reloj del chaleco al bolsillo de su pantalón, y zapatos de charol, por la Inspección General, parecía otro de los profesores del plantel, así que saludamos y conversamos un rato.

Bueno me comunicó que estaba allí para justificar una de las faltas de asistencia de su hijo, mi primo justamente, y antes de despedirnos me dice "toma estos sucres para que le lleves a tu enamorada al cine", ¡era un billete de $20! Le dije tío Pepito no se preocupe, y me contestó "guarda papito para que te diviertas". Creo que ese capital me duro un mes completo. Juan Carlos Gachet.

José Gachet se dedicó a la actividad comercial desde la logística del transporte de productos agrícolas de la Provincia de Los Ríos al resto del país, posteriormente a su negocio propio distribuyendo repuestos automotrices de Colombia a todas las provincias del Ecuador hasta su viaje a Los Estados Unidos radicándose en el norte de California.
(30 de marzo, 1938 - 13 de enero, 2014)

GACHET, JOSÉ "PEPE" HIPÓLITO
1938 – 2014

Entró en reposo plácidamente en su casa en Rohnert Park – California, el 13 de enero del 2014. Muy querido esposo de Nancy Gachet de Rohnert Park, anteriomente de Leonor Herrera y Luz Marina. Padre amoroso de Charles (Mónica) Gachet, Andrés (Rangini) Gachet, Spencer Gachet y Scott Gachet, todos de Santa Rosa – California, y Erika Gachet de Ecuador. Adorado abuelo de Sebastián, Sahana y Estela. Amado hermano de Gabriel (Leonor) Gachet, Juan (Bertha) Gachet, Víctor (Fabiola) Gachet, Mercedes (René) Bonilla, Marina (Ken) Coburn, Patricia (Noli) Natividad, Mariana (Larry) Gachet-Atchison y Augusta (Guillermo) Cobar. También le sobreviven numerosas sobrinas y sobrinos. Originario de Ambato - Ecuador, de 75 años. José es precedido en la muerte por sus padres; Augusto y Laura Marina Gachet (Valencia), su hijo; Javier Gachet y hermano; César Gachet. José fue el cuarto nacido de diez hijos. Era un mecánico de automóviles cuya pasión era por los autos antiguos, a menudo disfrutando del fútbol y la cocina.

María Mercedes Gachet de Bonilla

Mercedes nació en Quito el 29 de mayo, 1940.
Graduada de profesora en el Normal Manuela Cañizares de Quito.
Formó parte del Coro de la Sinfónica Nacional.
Se desempeñó como maestra toda su vida.
Esposo: Carlos René Bonilla Carrera.
Hijos: Carlos, Karina, Mónica, Paola.

Michita y sus alumnos.

Mercedes y Carlos.

Nietos:
Carlos Augusto: Stefano, Matías.
Karina: Madelyn Bonilla Overton, Isabelle, Camila.
Mónica y Diego Ortiz: Nicolás, Doménica.
Paola Vanessa y Brendan Findlay: Emma.

Bisnietos:
Nicolás Ortiz: Julieta Isabella Ortiz Gruanuer (7 años), Bernarda Ortiz Espinosa (2 años), Valentina Ortiz Espinosa (1 año). Cayetana.

Mercedes falleció en Quito el 28 de marzo, 2017.
76 años.
(1940 – 2017)

Mercedes y Carlos.

Mónica, Diego Ortiz, Nicolás, Doménica.

Bisnietas:

Víctor Manuel Gachet Valencia

Víctor nació en Quito el 9 de septiembre, 1942.
Monet es el segundo apellido de mi abuelo Gachet. Mi papá, Andrés Augusto Ceferino Gachet Vaca, nació en Alóag, el 26 de agosto de 1895.

Mi abuelo Gachet Monet y Domingo Giacometi eran muy amigos fundaron Santo Domingo de los Colorados, en Santo Domingo hay una calle con el nombre de mi abuelo Augusto Gachet y también un monumento a los colonizadores. Yo tengo una copia del acta de fundación de Santo Domingo.

Viaje a Francia.

El abuelo Jean Augusto Gachet Monet llegó al Ecuador allá por los años de 1865-75 en la administración de Gabriel García Moreno, ya que ese presidente mantenía muy buenas relaciones con los franceses.

Cuando yo estuve en la escuela primaria en tercer grado y era alumno de mi abuelita Juanita Esther Quijano German, leí un libro en el cual se hacía relación a la llegada de Jean Augusto Gachet Monet, una familia de apellido Game le facilitó a mi abuelita ese libro. Eso debió haber sido por los años 1950 o 1951 que debí leer alguna parte de ese libro. Creo que habría que demorarse un poco para ver si ese libro podría existir en la Biblioteca Nacional. Recuerdo que yo leí por cuanto le llevaron ese libro a mi abuela en la Escuela.

Pienso que una vez superada la pandemia podríamos realizar búsquedas de más documentos.

Bueno hay mucho material que depurar, para que esas memorias sean un verdadero aporte para esta gran familia que somos.

La familia.

Correos del Ecuador.

Educación.
Secundaria: Colegio Montúfar.
Universidad Central del Ecuador, Titulado por la Universidad Católica de Quito, 1963 – 1969.
Escuela Politécnica del Ejército.
Economista. Post grado en Ingeniería Industrial.
Especialidad en Contabilidad y Finanzas, e Ingeniería Industrial.
Profesional de Contabilidad.

Marina Eugenia Gachet de Coburn

Nació en Quito el 6 de marzo, 1945.
Marina, se crio en Quito - Ecuador, en una familia numerosa con cuatro hermanas y cinco hermanos. Algunos eran mayores, en el ejército, otros eran más jóvenes, estudiando para ser maestros u otros oficios.

Marina and Ken Coburn.

Stephanie.

A finales de los 60, mamá y Pati, una hermana menor, se reunieron en San Francisco. Compartieron todos los quehaceres familiares, trabajaron, fueron a la universidad, se casaron, se mudaron al norte, criaron a sus propios hijos, y así es como la mayoría de nosotros vivimos ahora en el condado de Sonoma. (Stephanie Powell).
Esposo: Ken Coburn (Julio 2, 1935- Octubre 31, 2019+)
Hijos: Stephanie Powell. Padre: Edward Powell (+).
Kendrick, and Kimberly Coburn.

Stephanie y Marina.

Kendrick Coburn.

Familia de California.

Emma Patricia Gachet de Natividad

Nació en Quito el 12 de junio, 1949.
Después de su educación primaria y secundaria viajó a Estados Unidos y se radicó en Daly City. Trabajó en el área administrativa del municipio de San Francisco y conoció a Noly Natividad con quien contrajo nupcias para luego establecerse en Santa Rosa, California. Fruto del matrimonio son Sean, Nichole y Christhopher.

Patricia, Noly, Ken, Marina.

Patricia y Christhopher.

Katherine, Pierre, Leslie, Mariana y Larry.

La familia.

Cameron, Mariana, Larry, Kacie, Bruce.

Leslie, Mariana y la familia Bello.

Cecilia Mariana Gachet Vda. de Atchison

Nació en Quito el 5 de junio de junio, 1951.
Mariana se radicó en San Francisco, California después de los estudios de rigor tanto de primaria como secundaria en su natal Quito.
Sus hijos: Katherine, Leslie y Pierre, dos nietos, Kacie y Cameron.

Mariana Cecilia Gachet.

Hace 50 años, en noviembre, mi madre, la primera de su familia, vino a Los Estados Unidos. ¡¡¡Ahora Cecilia Gachet-Atchison se une a mí y a su yerno Sean "Hollywood" Hamilton para celebrar!!! Ser madre inmigrante de 3 hijos a una edad tan temprana no fue fácil. Y la tortura de tratar con una niña salvaje y muy fuerte como yo no ayudó. Te dije que te lo compensaría, mamá.
¡Y estoy tan alegre porque te mereces el mundo!
Marina Bello. 11 de noviembre, 2019.

Larry y Mariana.

El día 5 de Junio, es un día muy especial en Ecuador. Esta fecha es un día festivo en conmemoración de Eloy Alfaro, una figura muy importante en nuestra historia. Eloy Alfaro revolucionó y modernizó la educación ecuatoriana y los sistemas de transporte. Pero aquí se encontraba una niña muy impresionable. Para mí según mi abuelita (mamita Juana como la llamábamos) una figura muy especial en nuestra familia, especialmente para mí ya que dejó una marca muy especial en mi espíritu. Según ella, esta fecha tenía un significado completamente diferente al hacerle más personal y con un sentido del humor me decía que esta fecha es celebrada en todo el Ecuador por ser el día de mi nacimiento. Yo nací el día 5 de junio de 1951. Así que por muchos años crecí con la idea de que este día nacional era por mí cumpleaños. Desafortunadamente, mientras crecía recibí la sorpresa de que no era verdad. Pero, de todas maneras, Mamita Juana una profesora jubilada y muy enamorada de enseñar, continúo teniendo una influencia positiva y una percepción hacia la vida por medio de sus escrituras y poemas que escribía para que yo recite en sus numerosas presentaciones a las cuales era invitada muy a menudo. Yo fui educada en casa a una edad muy temprana. Por esta razón entre directamente al segundo grado de la primaria a la temprana edad de 6 años. Saltando el jardín de infantes y el primer grado. Aunque mamita Juana era una profesora jubilada, su nombre todavía era fuerte en la comunidad docente por lo cual en la escuela en la yo estaba fui muy consentida por mi profesora que terminó siendo mi profesora hasta el sexto grado lo cual me guio a tener una confianza fundamental en mi manera de ser lo cual me ha ayudado durante toda mi vida.

El año 1969, fue el año en que el hombre dio sus primeros pasos en la Luna y fue también el año en que yo daría mis primeros pasos en Estados Unidos. Apenas un año antes había contraído matrimonio a la temprana edad de 17 años. Dos años más tarde, el 21 de agosto de 1970, una noche hermosa en la preciosa ciudad de San Francisco, nace mi primera hija, Katherine Patricia. Este acontecimiento me trajo mucha felicidad en el momento en que más necesitaba esta hermosa bendición de Dios. Tres años más tarde nace mi segunda hija Leslie Marina, también en San Francisco. Una explosión desde el primer día en que nace con unos ojos muy abiertos y con mucha curiosidad de ver quien estaba alrededor. Siete años más tarde, en 1980 cuando creí que ya no tendría más pequeños nos llega una nueva bendición, un hijo al que le llamamos Pierre Marcelo.

1982 fue un año muy tumultuoso en mi vida, mi matrimonio se termina y me convierto de la noche a la mañana en padre y madre a la tierna edad de 31 años. Desde este momento tuve que trabajar muy duro para poder crecer a mis tres hijos. Pasé muchos, pero muchos largos días trabajando muchas horas con dos o tres trabajos al mismo tiempo. Pero al final, lo más importante fue que pude crecer tres hermosos seres humanos de los cuales estoy muy pero muy orgullosa.

Con todo esto, Estados Unidos me ha dado muchos retos, pero al mismo tiempo muchas más alegrías con mis tres hijos y dos nietos, Kacie y Cameron dos hermosas almas llenas de amor y compasión. Por medio de mis hijos he aprendido que el trabajo duro y la tenacidad que corre por nuestra sangre nos puede llevar muy lejos. Katherine ha trabajado muy duro para terminar su carrera en los servicios terapéuticos mentales para personas con necesidades especiales. Katherine acaba de recibir su Maestría en *Applied Behavior* mientras se recuperaba de su RCV. Mi segunda hija, Leslie Marina es una fuerte empresaria que viaja alrededor del mundo por su trabajo.

Ella es una inversionista y al mismo tiempo administra la carrera de su talentoso esposo en la radio difusora de New York que acaba de ser introducido en el Hall de Fama de la radio por todo el país. Leslie Marina continúa haciendo nuevas cosas y su nueva pasión es el cultivo de vegetales en su hermoso jardín y al mismo tiempo no pierde tiempo y sigue con su ejercicio diario. Mi hijo Pierre descubrió *surfing* a la edad de 18 años y esto le ayudo a superar retos personales. Hoy día el sobresale en el campo de la salud medica trabajando como especialista invasive cardiovascular en el Departamento de Cardiología del hospital de la Fundación Kaiser.

En 1994 conocí a la persona más hermosa de este planeta su nombre, Larry Atchison. Una persona muy caballerosa con mucho sentido del humor que al mismo tiempo tenía la manera de desafiar mi obstinada manera de ser. Nos casamos dos años después de conocernos el 3 de agosto de 1996. Su manera de ser tan tierna trajo una tierna unión de familia. Él nos dio un vínculo familiar muy fuerte.

Yo fui la mujer más feliz por casi 29 años hasta el más triste momento para nuestra familia cuando le diagnostican con la terrible enfermedad de demencia. Desde este momento la demencia fue parte de nuestras vidas, pero le aceptamos juntos con la unión de toda la familia. Todos reímos, lloramos, jugamos juntos hasta el día en que nuestro amado Larry se fue de nuestras vidas dejando un vacío inmenso. Quiero creer que fue llamado al paraíso de Dios porque su alma era necesaria allá arriba. No hay un minuto en el día en el cual no pienso en este hermoso ser y su despeinado pelo al amanecer. No hay palabras para expresar el dolor y tristeza cuando nos quedamos sin su sonrisa.

Este año serán 54 años de mi llegada a Estados Unidos. Durante todos estos años fui de regreso a la universidad mientras trabajaba y criaba a mis hijos. A cierto momento me puse al tanto de la tecnología electrónica y simultáneamente saqué mi certificación como administradora de recursos humanos y especialista en nómina. Luego de recibir estas certificaciones tuve la suerte de ir a trabajar en *Hosokawa Manufacturing* como jefe del departamento de recursos humanos, pero luego por circunstancias ajenas tuve que tomar a cargo el departamento de nómina por la salida de la persona que estaba a cargo. Le doy gracias a la vida por esta situación ya que este trabajo me llevó a otra gran compañía Lucasfilm, de George Lucas el creador de la película de "La Guerra de la Galaxias" hoy en día parte de Disney. En esta compañía trabajé por 9 años como parte de la administración de pagos a cargo de 30 millones de dólares en pagos de nómina a la semana. Luego fui a trabajar a otra gran compañía Oracle otros 9 años antes de jubilarme para estar al cuidado de mi amado Larry.

Tengo una combinación de 40 años de experiencia entre los campos de nómina y gestión de recursos humanos. En el pasado, mis deberes han incluido trabajos con pequeñas compañías (150 empleados) como también grandes empresas (entre 6300 – 30,000 empleados) haber procesado la nómina semanal, mensual, semestral para múltiples estados utilizando diferente sistema de nómina; haber entrevistado, preseleccionado; realizado verificaciones de antecedentes y negociado ofertas de empleo. He estado al cargo de ferias de salud coordinadas para promover el bienestar de los empleados; estructurado he implementado programas y políticas en las áreas de capacitación; estructuras de compensación; paquetes de beneficios, incentivos y orientación a los nuevos empleados. Participado en el desarrollo e implementación de políticas y procedimientos de la empresa; actos disciplinarios y de supervisión. Acción y gestión de registros de recursos humanos, así como entrevistas.

La jubilación que también vino con la movida de regreso a Santa Rosa significa volver al estrecho vínculo de hermanas, hijos, sobrinos, sobrinas y más familia. Todos cerca para estar al tanto de las necesidades de Larry durante esta terrible enfermedad. Para muchas personas, la lucha contra la demencia es difícil y, a menudo, silenciosa. Arrasa familias y roba nuestras conexiones. Hace que la vida se vuelva delicada y triste. Yo en realidad estoy agradecida a la vida por darme una familia tan hermosa como la familia Gachet. No tengo palabras para describir lo que toda mi familia ha hecho por mí con esta situación tan dolorosa. Siempre hay alguien que está chequeando de que necesito, de cómo estoy y mientras Larry estaba en vida siempre había un momento de alegría. Muchas veces incluyendo serenatas de mi hermana Marina con su Ukulele y haciéndole a Larry cantar con ella. Siempre tendré ese recuerdo en mi mente.

No puedo explicar lo que siento el sentir que mi Larry no está cerca de mí. Muchos días siento que me falta la respiración al sentir su ausencia. Cada día que pasa le extraño más y más, pero siento su presencia en mi corazón. Si no fuese por la ayuda de mis hijos, mis hermanas y demás familia no sé cómo me sentiría hoy.

Hoy día vivo con muchas memorias de años pasados. Muchos muy alegres y muy pocos remordimientos y me siento contenta y agradecida a mamita Juana por darme la habilidad de pensar fuera del cajón y pasar cada día pensando en algo positivo.

Hoy día puedo repetir con mucha seguridad parte de la canción "Gracias a la vida" escrita por Violeta Parra.

THE PRESS DEMOCRAT
9 de marzo de 2023, 6:17PM

Mientras Leslie Marina Bello miraba por la ventana de la casa de su madre en Santa Rosa el jueves bajo la lluvia torrencial, no podía evitar pensar en su padrastro que desapareció hace 11 días.

"Sentimos en nuestras entrañas que todavía está vivo", dijo Bello, de 49 años, sobre Lawrence "Larry" Atchison.

La búsqueda del ex camionero de 64 años con demencia continúa.

Atchison desapareció el 27 de febrero en Bennett Valley. Fue visto por última vez alrededor de las 4:45 p.m. después de salir de su casa en Leafwood Circle, mientras que su esposa, de quien no suele alejarse mucho, estuvo en el baño durante unos 15 minutos.

Continúa la búsqueda de un hombre en riesgo de Santa Rosa que ahora está desaparecido desde hace una semana.

En los últimos 11 días, las autoridades han buscado en Bennett Valley, cada cuadra, calle y varios arroyos.

La familia de Atchison también ha organizado sus propias búsquedas y ha estado rastreando incansablemente las imágenes de vigilancia y colocando volantes en todo el condado de Sonoma y más allá.

Hasta el jueves, el Equipo de Búsqueda y Rescate de la Oficina del Sheriff del Condado de Sonoma había suspendido temporalmente su búsqueda en el terreno para obtener pistas del Departamento de Policía de Santa Rosa, la familia de Atchison o la comunidad, según el policía Rob Dilion, portavoz de la Oficina del Sheriff.

"Las investigaciones todavía están sucediendo, estamos recopilando tanta información como podemos", dijo Dilion.

Las imágenes de vigilancia de la tarde en que desapareció muestran a Atchison en el área de Summerfield Road y Carissa Avenue, a menos de media milla de su casa.

La policía está revisando las imágenes de transporte en el área de Bennett Valley y buscando pistas, dijo su hijastro Pierre Gachet.

"Es un estado constante de recalibración, de retroceso, dónde podría estar, a dónde podría ir", dijo Gachet, de 42 años. "¿Qué tiene en mente? ¿Si está bien? ¿Si está a salvo? Pero también necesito tener mis botas en el suelo. Es una extraña amalgama de diferentes sentimientos y emociones".

A partir del jueves, la familia estaba rediseñando estrategias y enfocándose en el alcance comunitario. Planeaban hablar con la comunidad de personas sin hogar para ver si lo habían visto cerca de los arroyos. Están colocando volantes en áreas de alto tráfico, incluso dentro de supermercados o centros comerciales fuera del condado de Sonoma, en los condados de Lake y Marin.

Bello, quien condujo desde Idaho, a través de una tormenta de tres días este mes, para unirse a su familia para la búsqueda, señaló que Atchison ha estado conduciendo desde que tenía 18 años y recuerda sus rutas de camiones en la autopista.

"No se habría perdido en el bosque, pero puede caminar por las carreteras y recuerda sus rutas de conducción de camiones que van a Richmond", dijo Bello. "No podemos descartar que se haya subido accidentalmente a un autobús".

En Facebook, se anima a los miembros de la comunidad a ofrecer ayuda o publicar avistamientos en una página grupal que la familia comenzó: *Finding* Lawrence (también conocido como "Larry") Atchison en Santa Rosa.

Su familia también ha lanzado un Go fund Me para recaudar fondos para imprimir volantes, contratar a un abogado o investigadores, y donar recursos a la comunidad sin hogar con la esperanza de encontrar a Atchison.

Mide 6 pies de alto y lo más probable es que pese 180 libras ahora. Pierde peso rápido, dijo Bello.

Fue visto por última vez vistiendo una chaqueta negra Columbia sin capucha, jeans azul oscuro y zapatos negros sin cordones. Aunque, dijo, lo más probable es que ahora esté arrugado.

"Es una persona sociable y amorosa", dijo Bello. "Es por eso que creemos que pudo haber hablado con la comunidad de personas sin hogar en algún momento.

"Es un amor, pero es un luchador", agregó.

Se ha programado una vigilia por Atchison a las 6:30 p.m. del domingo en la Plaza del Antiguo Palacio de Justicia de Santa Rosa para crear conciencia de que Atchison sigue desaparecido.

"Necesitamos que la gente sepa que, aunque los tiempos son difíciles, tenemos esperanzas", dijo Gachet. "No nos rendiremos".

Madison Smalstig contribuyó a este informe.

Reportando Mya Constantino, mya.constantino@pressdemocrat.com

María Augusta Gachet de Cobar

Nació en Quito el 6 de octubre, 1956.
Después de los estudios primarios y secundarios emigró a Los Estados Unidos radicándose en Daly City y luego en Santa Rosa al norte de California. Se desempeñó en el área administrativa bancaria, la industria de la imprenta y finalmente jubilarse para administrar su negocio de bienes raíces con su esposo Guillermo Cobar.
Gabriela Cobar Gachet es su única hija.

Augusta Cobar.

Augusta y Guillermo Cobar.

Gabriela Cobar.

Karina, Mercedes, Marina, Gabriela, Patricia.

LOS NIETOS

Tercera Generación

Byron Augusto Gachet Páez

Nació en Quito, Ecuador el 17 de octubre, 1958.
Estudió los primeros años en el Paulo VI, Colegio Militar Eloy Alfaro y la Escuela Superior Militar para luego emprender una exitosa carrera militar hasta el grado de mayor y administrar su propia empresa de seguridad.
Byron Augusto y Luz María Jaramillo tienen dos hijos David y Byron.

MYR. (sp) Byron Augusto Gachet Páez.

Al decir nietos y tercera generación, se toma en cuenta que el primer Gachet en Ecuador fue Jean Auguste. La primera generación fueron los Gachet Vaca. Segunda generación Gachet Valencia y Giacometti.

Mercedes Páez, la querida madre.

Byron y su familia.

Diego Gabriel Gachet Páez

Madrid, España. 21 de octubre, 2019

Se radicó en ese país y se convirtió en un catedrático

Nació en Quito el 30 de agosto, 1960.
Diego Gachet es catedrático en la Universidad Europea de Madrid. Él investiga sobre big data en España.
Paciente, tranquilo y analítico. Diego Gachet Páez es un ecuatoriano que en octubre de 1989 viajó a España para estudiar. Se radicó en ese país y se convirtió en un catedrático e investigador bastante respetado y valorado.

En Madrid se especializó -desde 1993- en temas como telecomunicaciones, lenguajes informáticos, redes de sensores inalámbricos, robótica, internet de las cosas, big data, entre otros. Ya en los años noventa, por ejemplo, Gachet estudiaba redes neuronales artificiales, un término que de cierto modo antecede a lo que hoy se conoce como inteligencia artificial.

Antes de mudarse a España, Gachet era profesor de la Escuela Politécnica del Ejército, en el valle de Los Chillos, al oriente de Quito. Tenía 28 años y surgió la oportunidad de estudiar un curso en Madrid, con una beca del gobierno español en el Consejo Superior de Investigaciones Científicas.

Aprovechó la oportunidad y la convirtió en el primer peldaño de una larga carrera como investigador y académico.
Todo esto lo cuenta Gachet con un leve acento español, producto de casi tres décadas de vivir en el país europeo. De hecho, en 1994 obtuvo la nacionalidad española, sin abandonar la ecuatoriana.
La hoja de vida de este quiteño destaca sus líneas de investigación: Sistemas y arquitecturas *big data* y *cloud computing*, computación ubicua y en tiempo real, redes de sensores e Internet de las cosas, analítica de sensores e inteligencia ambiental y '*e-health*'.

Esa terminología bastante tecnológica contrasta con el carácter sencillo de este ecuatoriano que en sus tiempos libres aprovecha para pasear por lugares escondidos de Madrid y por conocer pequeños poblados llenos de historia, que se ubican en los alrededores de la capital española.

Este autor de más de 50 publicaciones tanto en revistas nacionales como internacionales recuerda que al principio fue un poco duro adaptarse a España. Dice que en esos años los laboratorios de la universidad ecuatoriana no eran tan desarrollados como ahora. "Me costó adaptarme a temas como estaciones de trabajo o software que no conocía o robots que nunca había imaginado y que ya se usaban en España".

Pero Gachet superó las dificultades, se adaptó a Madrid y obtuvo su doctorado, con un premio de por medio por su desempeño académico. Este investigador hace memoria y cuenta que a inicios de los años noventa ya había un desarrollo avanzado en robótica industrial, a escala global. Lo que no se conocía mucho era el tema de robots móviles o autónomos.

El tema le llamó la atención y decidió que su tesis doctoral sería sobre los robots móviles. De por medio estaban técnicas de inteligencia artificial, explica durante una entrevista concedida al Semanario LÍDERES, en Quito, en medio de sus vacaciones de verano.

Cuando explica sus investigaciones, Gachet utiliza palabras sencillas que permiten entender con claridad los alcances de sus investigaciones. Así lo ha hecho siempre, desde que fue Profesor visitante en la Universidad Carlos III de Madrid, hasta en sus visitas de investigación en centros de estudio como Greenwich University, Universidad de Liverpool, Universidad de California en Berkeley, Cyprus European University, entre otros.

Gary Flor, Director del Centro de Emprendimiento de la UISEK, lo conoce desde la niñez y lo recuerda como un excelente estudiante, "el número uno en la escuela". Añade que Gachet siempre estuvo preocupado por su superación intelectual. "Es una persona seria, calmada, pausada al hablar y uno de los pocos ecuatorianos que ha llegado a ser catedrático en Europa".

Manuel De Buenaga también es profesor de la Universidad Europea de Madrid y conoce a Gachet. Dice que el ecuatoriano es respetado y apreciado por sus alumnos y compañeros. Recuerda además que Gachet ha participado en numerosos proyectos de investigación y desarrollo con un foco especialmente dedicado a aplicaciones de sistemas inteligentes y *big data* en el ámbito de la salud y ciudades inteligentes.

"Es destacable tanto en su vertiente científica y técnica, como en sus valores y su trato personal y humano", dice De Buenaga.

Casado con la ecuatoriana María Fernanda Yépez, que fue su alumna en la ESPE y a la que conquistó años después, en una visita

de estudios, Gachet se declara un convencido de que los nuevos desarrollos tecnológicos traerán un mundo mejor. "Tenemos empresas gigantescas que cada vez ofrecen más servicios. Estamos ante un desarrollo exponencial".
Diego Gachet fue abanderado del Instituto Nacional Mejía, portador del estandarte de la ciudad de Quito.

Su conocimiento académico fue indispensable para asistir a sus profesores en la ardua tarea de la enseñanza a nivel secundario. A más de eso asistía a sus compañeros y familiares, quienes también eran discípulos del saber impartiendo clases de Matemáticas y Física.

Doctor Ingeniero Diego Gachet Páez.
Catedrático de Lenguajes y Sistemas Informáticos.

Diego Gachet.

Radicado en España.

Fotos Revista Líderes.

Él investiga sobre big data en España

El centro integra un grupo global

Revista Líderes.

Milton Danilo Gachet Páez

Quito, Ecuador. 14 de noviembre, 2019

Danilo nació en Quito el 23 de marzo de 1963.
Su educación primaria fue en la escuela Paulo VI.
A su paso por los dos primeros años del Instituto Nacional Mejía, fue atleta de medio fondo de 800 y 1500 metros.
Luego continuó sus estudios en el Colegio Militar Eloy Alfaro, y Escuela Superior Militar.
Eligió la caballería durante su trayectoria militar debido a su pasión por la equitación.

Subteniente de Caballería Danilo Gachet Páez, 1986.
Porta Estandarte del Grupo Escolta Presidencial.

DECRETA:

Art. 1.- ASCENDER al grado de General de Brigada de la Fuerza Terrestre, al señor **CRNL. EMC. GACHET PÁEZ MILTON DANILO**, con fecha retroactiva de ascenso de 10 de agosto de 2018, quien para efectos de antigüedad se ubicará en la Tercera Antigüedad de la Promoción 083 de Arma de la Fuerza Terrestre, por haber cumplido con los requisitos establecidos en los artículos 117 y 122 letra d) de la Ley de Personal de las Fuerzas Armadas.

Art. 2.- De la ejecución del presente Decreto Ejecutivo, que entrará en vigencia en la presente fecha, sin perjuicio de su publicación en el Registro Oficial, encárguese al señor Ministro de Defensa Nacional.

Publíquese y Comuníquese.-

Dado en el Palacio Nacional, en Quito, a 18 de diciembre de 2018.

Lenin Moreno Garcés
PRESIDENTE CONSTITUCIONAL DE LA REPÚBLICA

GRAD. (sp) Oswaldo Jarrín Román
MINISTRO DE DEFENSA NACIONAL

Fotos tomadas del Internet.

Presidente de la República Lenín Moreno en Guayaquil.

General de Brigada Milton Danilo Gachet Páez.

El uniforme se ha convertido en mi segunda piel

Función. El nuevo comandante de la II División del Ejército. Danilo Gachet no mira a los ojos hasta que agarra confianza. Es parco, algo tímido, podría decirse, pero todo eso pasa desapercibido cuando habla de la pasión que siente por el verde oliva, ese uniforme militar que lo acompaña durante ya 33 años y que, según él, y sin exagerar, se ha convertido en su segunda piel.

Cuando niño, creció entre armas, no por vivir en un barrio peligroso, sino porque su padre también es militar. Gabriel Gachet fue oficial de las fuerzas blindadas y segundo comandante en el grupo de caballería mecanizada número 16 Saraguro, en Playas. Danilo, desde pequeño, anheló ser parte de las Fuerzas Armadas.

Jugaba en tanques de guerra, acompañaba a su padre a maniobras y hasta viajaba con él cuando le daban el pase a alguna otra ciudad que no era Quito, donde nació en los sesenta.

Esto es pasión, repite a EXPRESO, como convenciéndose de aquello, solo minutos después de ser ascendido a comandante de la II División del Ejército Libertad, en la base del Fuerte Huancavilca.

Gachet estudió en el Colegio Militar Eloy Alfaro e hizo estudios de tercer nivel en la Escuela Superior Militar, donde obtuvo una especialización en armas de caballería blindada.

Caballería. Esa es otra palabra que saca brillo de su mirada, un brillo más impecable que el de sus botas. "Soy amante de los caballos, practico equitación, juego polo…", confiesa. De ahí que en la ceremonia de cambio de mando haya invitado a algunos. De hecho, un jinete llegó en un enorme equino color café a leer el acta de su ascenso firmada por el presidente Lenín Moreno. Su ascenso. ¡Vaya logro! "Uno de mis más grandes objetivos de vida se cumple con este ascenso", comenta.

Danilo Gachet ha sido ya comandante del grupo de caballería 16 Saraguro , en donde también estuvo su padre; comandante del grupo de caballería General Dávalos, en Cuenca y, entre otros cargos, agregado militar de defensa y aéreo en Chile.

Tiene muchos objetivos en este nuevo cargo, pero solo un camino. "Marchar adelante con el ejemplo", expone antes de un brindis.

El comandante Gachet está casado con Miriam Domínguez, quien tiene dos maestrías en Planificación Estratégica. Tiene dos hijos. Nicolás y Mercedes Gachet, de 24 y 11 años, en ese orden.

General de Brigada Danilo Gachet Páez.

Fuente: Hernán Porras Medina. El Expreso. Abril, 2020.

El Ejército busca afianzar su apoyo – Entorno Inteligente.

Diego, Fernanda, Myriam, Danilo, Gabriel y Byron.

Concurso Hípico Nacional de Salto.
Campeón nacional militar oro en salto.
Plata por equipos salto.
Plata por equipos adiestramiento.
Bronce por equipos polo.
Parcayacu, Quito. 20 de febrero, 2022.

Exposición Desminado Humanitario.
ONU. Ginebra, Suiza. Noviembre, 2022.

Dennis Omar Gachet Páez

Nací en Quito un domingo 22 de febrero de 1976 a las 8 de la mañana en el hospital Eugenio Espejo.

Estudié en la escuela Paulo VI, el Colegio Militar Eloy Alfaro, y me gradué en el Ecuatoriano Bilingüe.

Soy ingeniero comercial graduado en la Universidad Internacional del Ecuador.

Estado civil, soltero. Vivo en Cuenca.

Me gusta la equitación y la pesca de alta montaña.

Recuerdos familiares tengo muchos, la familia es puro amor, recuerdos hermosos del tío Pepe, la abuela Marina, ustedes, en fin, muchos.

Dennis Gachet. 19 de junio, 2023.

Byron, Diego, Danilo Gabriel y Dennis.

Equitación mi pasión.

Gabriel Wladimiro Gachet Abril

Mi nombre completo es Gabriel Wladimiro Gachet Abril.
Mis padres son Luis Gabriel Gachet Valencia y Melba Elena Abril Olivo. Mi mama fue el 2do matrimonio de mi papa. Mi madre es originaria de Ambato y fue la 4ta hija de un total de 8 hermanos en su familia Abril Olivo.
Nací el 5 de Agosto de 1970 en Quito. Mi hermana Montserrath Elena nació 4 años después, el 1ro de Diciembre de 1974.

Te cuento que un hecho que marco nuestras vidas desde la niñez fue el divorcio de nuestros padres. Mi madre tuvo que tomar las riendas de nuestro hogar y sacar adelante a sus hijos, Lastimosamente no crecimos con una figura paterna, sin embargo, nuestro abuelo materno tomo en varias circunstancias ese rol.

A pesar de que teníamos muy poco contacto con mi papa, las muestras de cariño por parte de mis tíos paternos siempre fueron visibles. Mi tía Michita, por ejemplo, mi tío Marcelo y sus hijos estuvieron presentes en días importantes para nosotros. Lo mejor de todo eran las visitas de mi abuelita Laura. Ella ya vivía en los EE.UU. cuando éramos pequeños así que, en cada visita de ella al Ecuador, pasaba por nuestra casa. Recuerdo que en una de sus visitas vinieron las tías Coca y Patty con sus hijas. Mi mami decidió llevarlas a conocer el Panecillo en la noche por lo bonito que se veía al estar iluminado... El problema era que no teníamos un automóvil sino una camioneta... Cuando uno es niño, no importan las comodidades, sino estar con los primos ... Adecuamos unas cobijas en la parte trasera de la camioneta y nos fuimos al Panecillo... La verdad es que poco vimos de la ciudad en la noche, pero la gozamos cada minuto en compañía de las primas... debajo de las cobijas en la cajuela de la camioneta... Ellas hablaban en inglés, ¡¡nosotros con mi hermana en español y nos entendimos de lo mejor!! Fue genial...

Yo fui primero a una escuela cerca de mi casa en el sur de Quito, la Fernández Salvador. En 5to. grado gane una beca y entre al Colegio Alemán de Quito. Ahí me gradué en el año 1988. Mi hermana se graduó en el Colegio de América más tarde... Como yo hablaba alemán, fui a vivir un año en Berlín aprovechando la amable invitación de un primo de mi mami que vivía allá desde hace años. Fue en el año después de mi graduación. En ese año pude perfeccionar el alemán y el inglés.

De regreso en Ecuador, me decidí por una profesión en la que pudiera utilizar mis idiomas. Después de 2 años de estudios me gradué de GUIA NACIONAL DE TURISMO. Profesión a la que amo y en la cual me he mantenido por alrededor de 29 años ya... Esta profesión me ha dado la oportunidad de viajar muchísimo en el país y fuera de él. En el año 2002 decidimos crear nuestra agencia operadora de turismo NATIVE ECUADOR. Esta empresa organiza viajes en todo el Ecuador (Incluyendo Galápagos por supuesto) y Sudamérica en cooperación con nuestros socios comerciales en cada país.

En el año 1994 me case con mi actual esposa, Patricia Álvarez con quien tenemos ya más de 26 años de matrimonio.

Tenemos 2 hijos: Juan Bernardo Gachet Álvarez de 25 años que se graduó en el Colegio Alemán de Quito de bachiller y luego de la Universidad San Francisco de Quito en Administración Ambiental. Él trabaja actualmente para la WWF y es Oficial de coordinación para la protección de la cuenca amazónica de los países sudamericanos.

Mi hija María Sarah Gachet Álvarez se graduó el 2020 del Colegio Alemán de Quito y espera comenzar sus estudios universitarios de Periodismo en agosto de este año.

Te cuento primo que vivimos en las afueras de Quito, cerca de Sangolquí, en un lugar que se llama Club Los Chillos, un lugar lleno de bosques, lagunas y mucha naturaleza. A todos nosotros nos encanta la naturaleza y vamos a la ciudad solo para cosas muy específicas...

La pandemia ha sido dura en el área de turismo y por eso nos hemos reinventado.

Un departamento de nuestra empresa es NATIVE LANGUAGES y se especializa en el aprendizaje de idiomas, principalmente inglés y alemán... Así que mira, por el momento soy profesor de idiomas... el 70% de mi tiempo lo invierto en esta actividad mientras esperamos que el turismo vuelva a despegar...

Te envío unas fotos de nuestra familia y del lugar donde vivimos...

Quiero agradecerte por tu iniciativa y comprometerte a que nos veamos la próxima vez que vengas o que nosotros vayamos para allá... ¡¡¡Hay tanto que conversar y conocer de nuestras familias!!!

Te mando un fuerte abrazo y ... gracias por estar pendiente de la salud de mi papa...

Saludos Cordiales, Warm Regards, Viele Grüsse

Gabriel Gachet
Cel: + 593 (0)996856632
Dirección: Alhelies 555 y Av. De Las Rosas, Urb. Club Los Chillos
Sangolqui, Prov. Pichincha, Ecuador, South America
Por favor, considere el medio ambiente antes de imprimir este correo

Gabriel Wladimiro Gachet y Patricia Álvarez.

Juan Bernardo Gachet Álvarez.

María Sarah Gachet Álvarez.

Montserrath Elena Gachet Abril

Mi nombre es Montserrath Elena Gachet Abril, tengo 46 años, nací en Quito Ecuador, Sur América el 1 de Diciembre de 1974, mis padres Melba Elena Abril Olivo y Luis Gabriel Gachet Valencia, hoy de 80 y 87 años respectivamente. Mis 12 años de escuela y colegio los hice en el Colegio de América, de Quito, en donde me enseñaron materias académicas pero lo más importante fueron valores, costumbres, estándares que los mantendré siempre conmigo. Soy Ingeniera en Contabilidad y Auditoría de la UIDE de Ecuador, universidad en la que cursé mis 5 años de educación superior con excelentes maestros, tengo estudios en Ingeniería Bursátil y Marketing también de la UCE, en donde aprendí que estudia quien realmente quiere avanzar, quien quiere superarse y dar un paso adelante, sin esperar presiones o recordatorios constantes de los maestros, sino que existe solamente la perseverancia propia del estudiante. Valiosa enseñanza.

Estoy casada con un hombre maravilloso, Raúl Almeida H., Analista de Sistemas, graduado en la ESPE de Ecuador, siempre además autodidacta, en tecnologías de la información, desarrollador de sistemas y pionero en nuestro país en el uso de tecnología RFID, artista pintor por vocación. Tenemos 4 preciosos hijos: Isaac Sebastián de 26 años, Administrador de Empresas; Martín Nicolás de 25 años, Ingeniero de Sistemas de Computación e Informática, amante de la música, autodidacta en instrumentos, formando parte de bandas de música en Quito como Tempus Vitae y algunas otras; José Mathías de 16 años, estudiante de 5to curso, creo que el más artista de nuestra familia, dibujante, escritor y sobre todo músico, ama en verdad la música, escribe sus letras, sus notas, tiene un don único, toca el instrumento que le pongan al frente, y Thomás Benjamín de 11 años, estudiante de 6to grado, definiendo aún su gusto por el dibujo y la escritura. Bellos hijos y hermosos hombres que llenan mi vida día a día con sus logros, sus aprendizajes y sus hazañas; todos amorosos, generosos, honorables, de carácter fuerte que saben llevar a cabo sus metas y sueños. Vivimos en un sector rural de nuestro Quito, se llama Alangasí, lindos paisajes, en donde tenemos una hermosa casa, tiene amplios espacios verdes, y lugar para todos, ya que además tenemos unos bellos perros de raza collie, Lucas, Lula, Jack, Chester y Aisha, hoy solo nos quedan dos vivos, Chester y

Aisha, pero los otros serán siempre parte de nuestra familia.
Desde hace 13 años me he involucrado en el desarrollo social y urbano de mi sector, me gusta mucho la política y el accionar a favor de quienes no tienen voz, siento que tengo fuerza para lograr proyectos que benefician a muchos y que nos hacen vivir en un lugar mejor día a día.

Tengo un hermano de padre y madre, se llama Gabriel, mi hermano amado, tiene hoy 50 años, casado con Patricia, tienen dos hijos, Bernardo y María Sara.
Además, tengo 6 hermanos de padre... Byron, Diego, Danilo, Dennis, Gabriela y Juan Andrés, increíblemente los conocí ya en mi edad adulta, a los 35 años más o menos, y desde entonces ha crecido entre los 8 hermanos una relación de amistad sincera, de cuidado por nuestro padre Gabriel.

En esta época de conocerlos, hubo sentimientos encontrados, fuertes, sin sentido, expectativas, temor, preguntas, pero con la certeza de que algo más grande que eso nos uniría desde ese día para siempre. En efecto hoy por hoy tenemos siempre todos juntos la consigna de velar por el bienestar de mi papi, por su salud tanto física como espiritual.

Siempre he sentido curiosidad por saber de dónde vengo, el origen, la ruta de camino que tuvo nuestro apellido, como llego a mi Ecuador, siempre pienso que llegaré a Nantes en Francia para poder ver el lugar de donde nació y creció nuestro bisabuelo, entender varias formas de ver la vida, que a veces no concuerdan solamente con una parte de la historia, sino que se debe unir todo el rompecabezas para poder captar la dimensión de lo que soy hoy en día. Creo que las raíces son lo más importante para poder crecer y avanzar.

Montserrath Gachet.

Raúl Almeida y Montserrath.

Disfrutando en familia.

The Ancient Arms of
Gachet

Gabriela Gachet

El Teniente Coronel Luis Gabriel Gachet Valencia y su esposa Clara Leonor Heredia Miñaca tuvieron dos hijos. Gabriela Leonor Gachet Heredia nacida el 10 de agosto de 1983 y Juan Andrés Gachet Heredia nacido el 25 de febrero de 1985. La familia Gachet Heredia emigró desde Quito Ecuador a los Estados Unidos en julio del 1995, dejando toda una vida de logros y familia en Ecuador. La familia llego a Santa Rosa, California y dedicaron esta época a su familia y al crecimiento de sus dos hijos.

Gabriela Gachet se graduó del colegio en 2001. En mayo del 2010 recibió su título universitario en Psicología. En mayo 2020 recibió su Maestría en Ciencias en Consejería. Hoy trabaja como terapeuta y consejera educacional en el Condado de Sonoma. Gabriela se casó con Ted Martin Herrera Jr., en Julio del 2010 y tienen dos preciosos hijos Ted Martin Herrera III, y Sophia Marina Herrera.

Gabriela y su familia.

The Ancient Arms of
Gachet

Juan Andrés Gachet

Walnut Creek, California, Estados Unidos. 5 de abril, 2021

Juan Andrés Gachet se graduó del colegio en 2002. Después de una breve vacación en Ecuador, Juan decidió regresar a Quito y restablecer su idioma y cultura latina en 2002. Al llegar a Quito, Juan tuvo que revalidar sus estudios secundarios como prerrequisito de entrada universitaria, y escogió al Instituto Nacional Mejía.

En 2003 Juan comienza su carrera universitaria en la Escuela Politécnica del Ejército (ESPE). En 2004 después de un año y medio de estudios y reflexión, Juan regresa a EE. UU. dándose cuenta del tremendo sacrificio que sus padres Gabriel y Leonor hicieron casi una década atrás.

Unos pocos años después Juan conoce a su futura esposa Julia Butler y en 2008 se muda permanentemente a San José, CA a continuar sus estudios académicos.

En 2011 Juan se gradúa con título de Economista en San José *State University*. Juan comienza su carrera en finanzas en el banco estadounidense JPMorgan Chase Bank, y en 2014 alcanza su sueño de llegar a la firma Morgan Stanley como asesor en finanzas personales, donde actualmente es director executivo de servicios financieros.

Juan y Julia Gachet se casan en agosto del 2014, nace su primogénito Leo Patrick en enero del 2022 y actualmente viven en Walnut Creek, California.

Economista Juan Andrés Gachet.

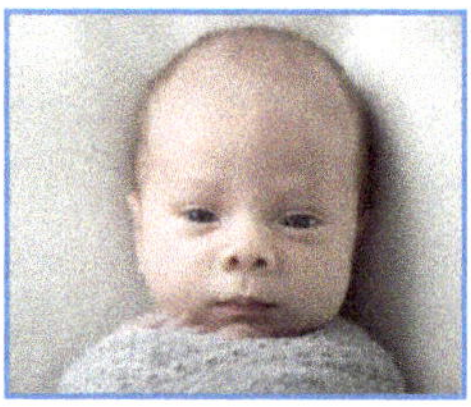

Leo Patrick Gachet

Juan y Julia Gachet.

Juan Carlos Gachet Castro

Chesterfield, Virginia, Estados Unidos. 6 de diciembre, 2014

Nací el 24 de julio de 1965 en Quito.
Después de la vida estudiantil de primaria en la escuela Estados Unidos, secundaria en el Instituto Nacional Mejía, un semestre en la Politécnica Nacional viajé a estudiar en Estados Unidos donde decidí establecerme. Actualmente resido en Chesterfield, Virginia.

La trayectoria estudiantil por el Instituto Nacional Mejía

Su lema "*per aspera ad astra*" latín que significa "por el camino áspero a las estrellas" establece un hito importante y la inspiración por mis esfuerzos académicos que me llevaron al mundo de la educación postsecundaria, pero es importante mencionar que la tradición de ser Mejía corre por las venas de mi familia. Mi padre, hermanos, tíos, y varios primos han pasado y egresado del Coloso de la Vargas.

Apuesto a que todo el mundo extraña la vida colegial hasta cierto punto. Seis años, los mejores de mi vida, los pasé en el Mejía, donde la transición de niñez a juventud tuvo lugar. Tres años dedicados a la secundaria, al aprendizaje de las materias tradicionales, y los tres últimos aprendiendo Matemáticas y Física como materias principales.

Mejía es el centro de enseñanza a nivel secundario más grande. Varios líderes políticos y celebridades ecuatorianas experimentaron y compartieron sus actividades académicas.

Al terminar la primaria en la escuela Estados Unidos de Norte América del sector de la Villaflora de Quito, tuve tres opciones para la secundaria, el colegio San Pedro Pascual, el Montúfar y el Instituto Nacional Mejía.

La transición de la vida escolar primaria a la secundaria tuvo sus efectos y el primer curso me hizo despertar a la realidad cuando me quede suspenso en Matemáticas, Inglés y Dibujo Técnico. ¿Vacaciones? ¡Para nada! Todo el verano tuve que pasar estudiando y asistiendo a cursos vacacionales para pasar estas materias y no repetir en año.

¡Santo remedio! No tuve problemas académicos hasta cuando me encontré con el ingeniero "Toro" Custode, profesor de Matemáticas en cuarto curso y el primer examen saqué ¡cinco sobre veinte! Y tuve la osadía de preguntarle que puntaje necesitaba para pasar el año en su asignatura. Me quedó viendo fijamente a los ojos y me dijo "conmigo ya estás tirado el año". Ese fue el valde de agua fría que me despertó para estudiar a conciencia. Por lo tanto, tuve que sacrificar el fútbol de la tarde con mis amigos del barrio por casi tres meses. Llegaba a casa, almorzaba y a darle con fe y alegría al Álgebra de Baldor, cuya portada era la del árabe con turbante.

Aprendí a factorear en un dos por tres cuando el Toro hacía pasar a los compañeros a resolver los problemas frente a todos en el pizarrón. Ya llegaba mi turno y mi compañero no pudo resolver un caso de factoreo, y el profesor le dice "ahora si encomiéndate a la virgencita para que te haga el milagro", el muchacho no pudo así que se acercó y le empujo la cabeza contra el pizarrón. Ahí paso por mi mente que la letra con sangre entra. ¡Siguiente! A ver Sr. Gachet resuelva este caso de factoreo, la adrenalina corría por mis venas y resolví el mismo en cuestión de segundos. ¡El árabe del turbante fue mi gran amigo durante esos meses de estudio y dedicación al Álgebra…ja, ja, ja!

A la final logré el veinte sobre veinte en todos los exámenes de matemáticas y no me quedé ni suspenso ni aplazado. De ahí en adelante me dediqué a estudiar a conciencia. Para las pruebas y exámenes sacrificaba los fines de semana, las tardes, noches, llegaba la media noche y repicaba el reloj de pared de mi casa como el campanario de una iglesia. Tenía sueño…mucho sueño, la solución lavarme la cara en agua fría o tomar una taza bien cargada de café. Mi familia salía el fin de mes para algún lugar lejano y yo me quedaba en casa estudiando y cumplir mi cometido como estudiante.

Todo esto dio resultado y mis calificaciones eran excelentes. En los exámenes trimestrales había que colaborar al compañero más necesitado de vez en cuando, más que nada al que se sentaba detrás de mí y justo el instante que ya entregaba mi examen escuchaba que alguien tosía, lo veía de reojo y tosía, pero este muchacho tosía tres veces queriéndome decir que le faltaba la respuesta a la pregunta tres. No había más que colaborarle. ¡Me acorde del apellido, pero mejor no digo…ja, ja, ja!

Sexto curso, año de graduación, era el más pesado. Me dediqué desde un principio, pero en alguna ocasión me fugué la primera hora de clases con el "Bombillo" Lara profesor de filosofía. Había que dar la lección de memoria y como no estudié a fondo el día anterior, decidí echarme la pera. No entré a la clase y mejor me fui a la biblioteca a leer la historia de George Washington, quien había cortado el árbol de su padre y lo ocultaba. Me sentía tan culpable como George, pero así es la vida. De todas maneras, tuve que dar la lección de memoria al siguiente día.

De cincuenta estudiantes del sexto curso - sexta sección, nos graduamos tres compañeros sin quedarnos ni suspensos, ni aplazados de grado. Lovato, Tobar y yo. No lo podía creer cuando salieron los cuadros y Juan Carlos Gachet Castro estaba entre los graduados... ¡Qué alivio!

La principal motivación fue el viaje a Estados Unidos, si no me graduaba en la primera llamada, simple y sencillamente dicho proyecto no se hubiera realizado.

Era dedicado al deporte, más que nada fútbol, básquet y gimnasia. Mis compañeros me decían "goleador" y en realidad, me pasaban el balón, pateaba duro y hacía gol. No es por demás mencionarlo, pero siempre les ganábamos a los guambras del Montúfar, ¡y por goleada! Se quedaban picados, pedían la revancha, y también ganábamos. Recuerdo que Patricio Tobar, Jorge Freire, Geovanny Palacios, Oscar Albán, Jorge Rodríguez, Pablo Sánchez, Kléver Proaño y yo, la gallada del Mejía, armábamos un buen partido contra los muchachos del Montúfar; Kruger Salazar, hijo de mi profesor de primaria, Kirman Obando, y otros.

En los campeonatos intercolegiales siempre fuimos los primeros... ¡el básquet del Mejía campeones del 70 y seguiremos siendo hasta el año 2000!

En atletismo, en fútbol, y otras disciplinas deportivas siempre quedamos campeones. ¡Por eso el orgullo de ser Mejía!

El Mejía siempre ha participado en la lucha del pueblo por diferentes razones, más que nada medidas económicas antipopulares. Por lo tanto, estábamos en medio del fuego cruzado en manifestaciones antigubernamentales que se tornaban bulliciosas y luego violentas cuando éramos reprimidos con gas lacrimógeno por la fuerza pública y no quedaba más que gritar y lanzar piedras para que la voz del pueblo sea escuchada y se garanticen nuevas políticas a favor de los más necesitados sin causar daño ni mucho menos destrucción.

En una ocasión sin ser partícipe de las bullas, los estudiantes del Edificio Sur quedamos atrapados entre manifestantes y fuerza pública, había humo por todo lado, las bombas lacrimógenas rompían los vidrios de nuestras aulas, la reacción era salir corriendo al patio y botarse a la hierba para neutralizar la fuerza y ardor de los gases. Al tratar de salir a la calle que separa los edificios del colegio escuche un disparo cercano y la multitud estudiantil gritaba cayó un estudiante, ¡está herido! ¡ayuden llevémoslo a la enfermería! Vi algunos estudiantes llevando al herido que se desangraba con el trajín al ser traslado, cruzando la calle, bajando las gradas y corriendo hasta llegar a la enfermería. Acto seguido, el doctor del colegio informa que Patricio Hermann había muerto. Los manifestantes continuaron con las protestas tiñendo una camisa con la sangre de Hermann que estaba por todo lado y exhibirla hasta llegar a la Universidad Central. Fui testigo de estos acontecimientos y nunca los voy a olvidar.

Todas estas experiencias vividas durante la trayectoria por el Glorioso Instituto Nacional Mejía me forjaron como hombre de bien con el afán de seguir una carrera universitaria y lograr lo más anhelado...un título universitario para servir a la comunidad profesionalmente, sustentar a nuestra familia y enseñar a nuestros hijos que la educación es fundamental en todo sentido.

Hace 32 años nos graduamos de bachilleres, no hubo ceremonia de incorporación ya que el colegio estaba clausurado por un tiempo. Fuimos partícipes de las protestas en contra de la injusticia social de aquel tiempo por lo tanto el gobierno suspendió las clases indefinidamente y este acontecimiento fue uno de los ingredientes para que no se realice la ceremonia oficial de incorporación.

Recuerdo que el último día de clases de 1983 hicimos el juramento al pie del monumento a José Mejía Lequerica, nuestro patrono, de reunirnos en el futuro después de unas décadas.

Aquel juramento se hizo realidad en diciembre del 2014, 31 años después al encontrarnos en las gradas del Patrón Mejía y de allí nace el sentimiento del acto simbólico de incorporación que llegó a concretarse el 21 de agosto, 2015.

Fui estudiante del Instituto Nacional Mejía durante los siguientes años lectivos: 1977 - 1978, 1er Curso 5ta Sección; 1978 - 1979, 2do Curso 15va Sección; 1979 - 1980, 3er Curso 2da Sección; 1980 - 1981, 4to Curso 6ta Sección; 1981 - 1982, 5to Curso 6ta Sección; y 1982 - 1983, 6to Curso 6ta Sección.

Doctor Juan Carlos Gachet Castro.

Juan Carlos Gachet.

Mis padres, Juan y Bertha, tía Susana.

San Francisco, 1984. En París con mi familia, 1996.

Incorporación de UMUC en
Heidelberg – Alemania, 1999.
Susana, Juan Carlos y Augusto.

Monique, Lisette, Jean Carlo, Juan Carlos, Claudia, Ricky, Josh.

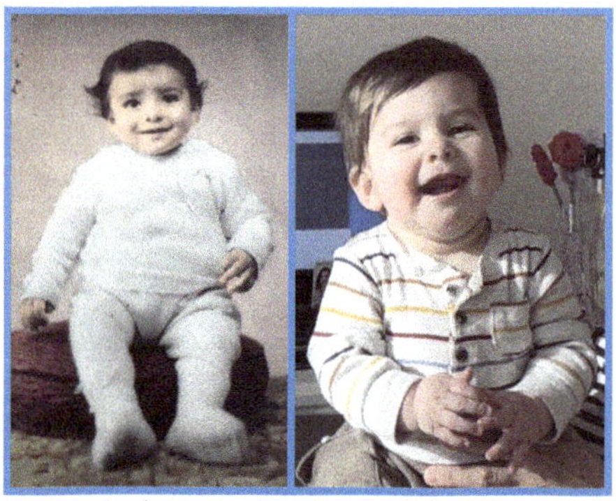

Juan Carlos, 1965. Mi nieto Niko Declan.

Todos los nietos: Niko, Natalia y Mateo. Septiembre, 2021.

Familia

Padres: Juan E. Gachet y Bertha.
Hermanos: Augusto y Roberto.

Carnet de Claudia.

Juan Carlos, Jean Carlo, Monique, Claudia y Lisette.

Mis padres Juan E. Gachet y Bertha Castro han dedicado con mucho cariño gran parte de su vida a sus hijos; Juan Carlos, Andrés Augusto y Luis Roberto, quienes a su vez correspondieron a dicho sacrificio en su formación académica. Augusto es Profesor de Cultura Física y Roberto es Economista. Nuestros padres en esencia han sido una inspiración a lo largo de todos estos años.

Lisette Gachet.

Mi esposa, Claudia Gachet, Profesora de Educación Preescolar, ha dado todo por nuestros hijos, Monique, Lisette, y Jean Carlo. Ellos han respondido a dicho sacrificio y Monique se graduó de Licenciada de Ciencias en Contabilidad, Lisette se graduó de Licenciada en Ciencias de Informática en Sistemas.
Jean Carlo Gachet, el menor, es *Marine*, obtuvo su título Asociado en Administración, continúa con sus estudios universitarios en Administración de Empresas, y actualmente trabaja en la industria del transporte.

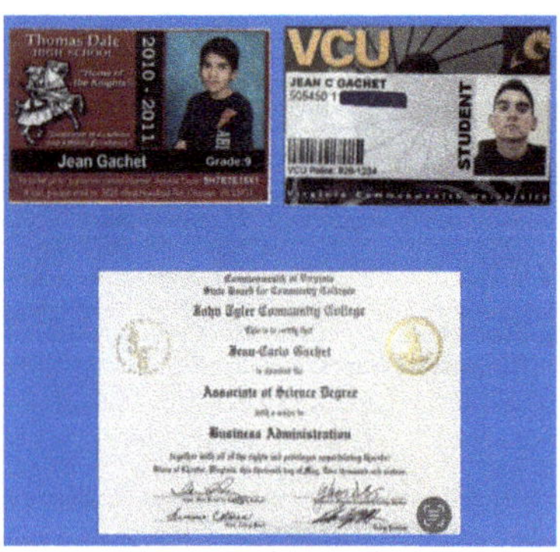

Jean Carlo Gachet

Jean Carlo Gachet.

Marine Jean Carlo Gachet.

Ceremonia de ascenso. Octubre 2020.

Saludamos al Marine quien brindó desayuno caliente a los conductores estancados en el I-95

Si das algo recibes algo. En este caso, son un suministro anual de salchichas, huevos y queso. El microondas de Jean-Carlo Gachet estará funcionando en 2022.

Gachet, un transportista y reservista del Cuerpo de *Marines* de Virginia, comenzó en 2022 ayudando a sus vecinos temporales mientras estaba varado en la I-95 durante una ventisca. Gachet había estado atrapado durante más de ocho horas fuera de Woodbridge, Virginia, cuando puso en práctica sus habilidades culinarias. La ventisca, que comenzó en las primeras horas de la mañana del lunes, dejó a algunos automovilistas de la zona varados durante todo un día.

Cuando no conduce su camión, Gachet está haciendo su servicio militar con Hotel *Battery*, 3er Batallón, 14o Regimiento de Infantería de Marina, Richmond, Virginia.

"Me importa mucho más que mi suministro", dijo Gachet, sobre la donación.

Eso significa muchas calorías para Gachet y los beneficiarios de la organización sin fines de lucro *Feeding America* (Alimentando América).

Una rara ventisca dejó gran parte de la región del Atlántico medio nevado a principios de esta semana, con algunas personas varadas en el tráfico durante casi un día entero en carreteras heladas. En Virginia, un transportista y reservista del Cuerpo de *Marines* se tomó el tiempo para preparar un desayuno improvisado para sus vecinos temporales en la Interestatal 95, que se extiende desde la costa de Florida hasta el noreste de Maine.

Estar atrapado en un coche durante horas en una helada mañana de invierno podría hacer que cualquiera busque una tortilla de queso y verduras *MRE* (comida lista para consumo), pero Jean-Carlo Gachet, un cabo de las Reservas del Cuerpo de *Marines*, tenía algo mejor: un plato de desayuno Jimmy Dean y una taza de ponche de fruta.

"Tenemos muchos más recursos en un camión: alimentos, agua, una cama", dijo Gachet. "No hubiera querido estar en un automóvil en esa situación".

"Así que me acerqué y señalé a la puerta, le dije que había preparado algo de desayuno", dijo Gachet. "Fue él y su madre, estaban muy agradecidos, fue un buen momento".
En las primeras horas de la mañana, Gachet había visto a algunos conductores simplemente abandonar sus vehículos, caminando hacia las rampas en busca de refugio. Algunos tramos de la I-95 se cerraron durante casi dos días, dejando a los conductores varados en las carreteras conservando energía de la batería en sus automóviles y teléfonos. Entre ellos estaba Tim Kaine, Senador de Virginia, que terminó proporcionando actualizaciones sobre la situación mientras estaba atrapado con otros.
Cuando no conduce un camión, Gachet es un operador de radio en la Reserva del Cuerpo de Marines, asignado a Hotel *Battery*, 3er Batallón, 14o Regimiento de Infantería de Marina, Richmond, Virginia. ¿Su *MRE* favorito? La empanada de salchichas con sabor a cerdo, algo no muy lejos de un plato de desayuno Jimmy Dean, y ciertamente algo que cualquiera apreciaría, ya sea varado en una carretera nevada o en el campamento de entrenamiento del Cuerpo de *Marines*.
Es parte de una larga tradición de marines ayudando a los necesitados, desde remojar sus uniformes de vestir para ayudar a los conductores varados hasta rescatar a una mujer atrapada debajo de un vehículo en Washington, D.C.
A partir del miércoles por la mañana, las carreteras se estaban despejando y Gachet estaba al sur de Richmond, Virginia, en camino para su entrega y buscando lugares para desayunar en Savannah.
Si das algo recibes algo. Algunos, en este caso, como un suministro anual de salchichas, huevos y queso...
Max Hauptman. Publicado el 6 de enero de 2022.

Lo Bueno: Transportista comparte su desayuno con los conductores atrapados en la I-95.

(*NewsNation Now*) - Un transportista que compartió su desayuno con dos personas mientras estaban varadas durante una tormenta de invierno en una de las carreteras interestatales más grandes del país es reconocido por su buena acción.
Jean-Carlo Gachet quedó atrapado durante la noche en el estancamiento de la Interestatal 95 en Virginia la semana pasada.
"Fue solo un mal atasco de tráfico. Ambos estuvimos atrapados

durante ocho horas y media", dijo Gachet durante una aparición en "Mañana en Estados Unidos". "Lo menos que pude hacer es ofrecerle un desayuno caliente con un vaso de jugo".

Gachet compartió su desayuno Jimmy Dean con dos personas que estaban varadas cerca de su semirremolque. Su camión estaba equipado con un microondas donde pudo calentar la comida. Scott Glenn, director de Jimmy Dean, dijo que cuando se enteró del acto desinteresado de Gachet a través de las redes sociales, sabía que tenía que actuar.

"Me enteré un par de días después de que todos se acercaran, diciendo, oye, dale a esta persona un patrocinio o algo así", dijo.

En respuesta a la buena acción de Gachet, la compañía de alimentos lo recompensa con un año de suministro de desayuno junto con una donación de 100.000 desayunos a *Feeding America.*

Glenn dijo que el pequeño acto de bondad de Gachet ha dejado una gran impresión en la empresa.

"Cuando tienes a un tipo como Jean-Carlo diciendo: 'Estoy en esta situación'... tarde tratando de hacer una entrega y mira a través de su experiencia y dice: 'Hay alguna manera para hacer que esto sea un poco más ideal. Todos estamos atrapados en esto juntos, pero voy a hacer de esto un comienzo perfecto para esta persona con un desayuno caliente'... Y eso nos tocó el corazón".

Glenn dijo que era importante recompensar a Gachet porque sus acciones en el atasco de tráfico muestran la bondad de las personas.

Gachet dijo que se sintió honrado por la recompensa de Jimmy Dean.

"Estoy muy agradecido por la donación que Jimmy Dean ofreció. Significa que el mundo para mí pueda proporcionar alimentos a las personas hambrientas".

También compartió un consejo para aquellos que buscan hacer el bien en sus comunidades.

"Sigue siendo amable con los demás. Comunicarse cuando otros necesiten ayuda en situaciones, especialmente esa. No sucede demasiado a menudo".

En cuanto a su gran recompensa, Gachet dijo que planea compartir con su familia y amigos.

"Ya tenía mucha familia y amigos diciendo: 'Oye, ¿dónde está mi Jimmy Dean? ¿Están completos los desayunos? Así que definitivamente les voy a dar eso. En gran parte, comeré uno aquí y allá, pero definitivamente no puedo, ya sabes, guardar todo un año de suministro. Eso es seguro".(NNN: Adrienne Bankert, Tom Palmer).

Entrevista de Adrienne Bankert con Scott Glenn y Jean Carlo Gachet.

Jean Carlo Gachet entrevistado por John Hood, Alisyn Camerota, Anderson Cooper, David Muir, Adrienne Bankert, and Ryan Seacrest. Su acción de buen samaritano dio lugar a la donación de 115.000 desayunos a los necesitados.

Entrega de la donación a nombre de JC.

La iniciativa de Jean Carlo de ayudar a los demás también dio lugar a que se la habran más puertas en el campo laboral y tendrá un contrato para marzo del 2022 como administrador de 40 transportistas en una terminal de su empresa en Savannah, Georgia.

Negli USA lo chiamano "Il Buon Samaritano": La storia di Jean Carlo-Gachet

Storie di eroi. Storie da raccontare. No, non stiamo parlando dei classici personaggi da fumetto. Parliamo di uomini e donne che vivono la quotidianità esattamente come tutti noi, il cui unico superpotere è il desiderio di fare del bene.
Questa è la storia di **Jean-Carlo Gachet**, un (super) camionista. Ne abbiamo già parlato in varie occasioni su goliaweb. **L'autista può e deve essere visto come un punto di riferimento, se consapevole dell'importanza del suo ruolo e se formato adeguatamente.**
Ma andiamo con ordine: Siamo in Virginia, costa est degli Stati Uniti. Il clima, soprattutto in inverno, non è dei migliori, ma non ci sono nemmeno le ghiacciaie del Wisconsin. Ad inizio gennaio **l'Interstate 95**, la principale autostrada dell'East Coast americana che parte da Hulton Town, nel Maine, e arriva fino al cuore di Miami, per un totale di quasi 3.000 chilometri (la distanza che separa Roma da Mosca), **si blocca a causa di una tormenta di neve.** Stiamo parlando di un tratto di circa 80 chilometri, paralizzato per 24 ore in quanto i camion, tra ghiaccio e neve, non riuscivano a muoversi.
Tra i tanti autisti e automobilisti fermi all'altezza di Dale City, sempre in Virginia, c'era **Jean-Carlo Gachet**, partito dalla sua casa vicino a Richmond con un mezzo pieno di cibo da portare in Georgia e immobile, nel traffico, dall'una di notte. Arriva il mattino e dopo una nottata passata all'aperto, il suo pensiero è unico: portare una colazione calda al suo "compagno di traffico". Un gesto semplice ma non assolutamente scontato, soprattutto per l'automobilista che ha ricevuto un panino ed un bicchiere di succo di frutta, come racconta lo stesso Jean-Carlo ai microfoni della CNN: *"Il conducente era scioccato quando ho aperto la porta e gli ho detto che volevo offrirgli semplicemente la colazione, scaldata con il forno a microonde che avevo sul camion".*
Al termine di questo episodio, nel primo pomeriggio l'Interstate-95 ha riaperto e tutti sono stati in grado di riprendere tranquillamente il viaggio.
Quello di Jean-Carlo è la storia di ogni camionista. In viaggio, lontano da casa. Con ogni condizioni climatica. Ma con un cuore grande così e con la possibilità, quotidiana, di essere eroe.
Fuente: Goliaweb.it

Recuerdo de Italia.

Andrés Augusto Gachet Castro

Walla, Washington, Estados Unidos. 21 de octubre, 2019

Anécdotas de mi colegio el Patrón Mejía

Cruzando la década de los años 80s que marcaron los mejores de mi vida, cabe mencionar entre tantas vivencias en el transcurso de dichosos tiempos y formando parte de los educandos de esa época, nosotros los respetuosos saludadores temerosos, pero orgullosos de formarnos en esta institución tan prestigiosa mezcla de muchas clases sociales con la mayoría del pueblo, gente humilde y muy apasionada por lucir ese uniforme que nos resaltaba de los demás, el verde oliva y negro.

Los domingos solíamos en la noche arreglar el uniforme y lustrar los zapatos, para lucir el lunes con orgullo y cantar las sagradas notas de tan noble institución donde adquirimos muchos valores y disciplinas. Tiempos de nostalgias y reminiscencias de pulcritud y de estudio donde aprendimos a resolver los problemas por nuestra propia cuenta, donde asumíamos retos casi imposibles, donde no alcanzaba ni la noche ni la madrugada para llevar el conocimiento a plasmar en los exámenes y amanecidos con tanta información, un poco o casi nada sin dormir, reto que tenía su recompensa con una calificación.

El examen de Física con Gualberto Paredes, o un examen de Historia, con mucha recolección de anotaciones para el estudio, o Química con algún profesor que no entendía que eran muchas hojas de cuaderno para estudiar.

Pero bien, eso formó nuestra disciplina y valores para ser hombres de bien, y para poder defendernos en esta sociedad. En algunas materias por lo extenso de las mismas recurríamos a las notas, en algún lugar las famosas pollas… ¡Ja, ja, ja! Qué tiempos aquellos, cuando te descubren que pánico. Un compañero fue visto con una de estas y se la puso en la boca el profesor López me acuerdo, lo registró y él tuvo que tragársela, no quedó la evidencia. Y no pasó nada, y si te cuento cada cosa, no acabaría nunca. Muchas cosas.

Esperábamos con ansia que suban los precios de cualquier producto de primera necesidad para estar en las calles paralizando el tráfico y echar piedra a los represores. Y bueno muchos recuerdos también los grupos de los guapos en recreo, de los basquetbolistas, de los deportistas. No pasamos desapercibidos, de los aniñados... ¡Ja, ja, ja! Dan risa aún esas personas, por suerte eran pocas. También el cúmulo en el bar para comprar la colación, una fila interminable, pero algún ocurrido se subía a la biblioteca con un profiláctico lleno de agua y desde allí lo lanzaba y no quedaba ni un muerto de hambre... ¡Ja, ja, ja!

El temor a las materias de Ciencias Exactas, de Biología, de Historia, etc. Un esfuerzo total para poder pasar el año en el majestuoso "Mejía". Soy del Mejía Guambrita y nos miraban y admiraban. Quien no quería pasar por esta gran institución. No todos lo lograban. La banda de guerra, un orgullo cuando lideraba los desfiles de las fiestas de Quito, o cerraba los mismos. La selección de baloncesto en las finales del famoso Coliseo Julio César Hidalgo. Pasión de todas las personas que cruzamos por aquellas aulas.

Un saludo cordial a mis profesores, formadores que ahora agradecemos por la conducción hacia el camino y la senda del bien, por formarnos seres pensantes y profesionales en la mayoría de los casos.

Andrés Augusto Gachet Castro.

Esto pasó al ingresar a la escuela militar al curso de cadetes, desde luego éramos aspirantes los primeros días de entrados, luego pasaríamos a ser reclutas y así continúa el ascenso, después vendría el grado de cadete, pero siempre hay uno o dos que ya se creen con grado y para mala suerte me tocó de *body* un compañero pastuso de apellido Benavides. Al mencionado le asignaron el segundo piso de mi cama litera y siempre hacia sus payasadas. Por eso llaman la atención los pastusitos, bueno este ciudadano Benavides, desde luego estuvo poco tiempo por sus falacias.

Estábamos llenando la carta con los datos de ingreso los primeros días, ya en el curso a una semana de llegados, entonces nos convoca un teniente Pozo para el casino de oficiales y llenar los documentos correspondientes y le pregunta al pastuso, ¿vos recluta de dónde eres?, y le responde rapidito con voz cantada, ¡de Quito mi teniente!

¿De Quito de que parte?

Y seguía cantando con su acento inconfundible del gran caballo de Tulcán.

Bueno segunda vez, ¿de dónde eres pastuso? - le preguntó el teniente.

Y volvió a decir de Quito.

El teniente enojado le dijo, ¡pastuso animal aquí tengo todos los registros y dice que eres de Tulcán!

¡Pero del barrio Quito mi teniente!

El teniente solo movió la cabeza y le dijo, ¡te anotas hoy a la sección de castigados, vos pastuso bestia y tu *body*!

Siendo yo también el afectado por el gran caballo.

Bueno nos garrortearon al Benavides y a mi, la viveza criolla hay en todo lugar, pero te delata el hablado o el acento que tienes.

Bueno pasaron varias semanas y aún no éramos cadetes y teníamos unas cajas cuarteleras donde guardas todos tus artículos, sea ropa, botas, etc.

Entonces este personaje escribió CDT Benavides, y el teniente Pozo va directo a las cajas y lee CDT Benavides y me dice, ¿quién le dio grado a este recluta mamarracho?, ¿dónde ascendería? - dijo furioso.

Benavides estaba haciendo limpieza en los baños en ese momento, y me grita ¡¡¡Gacheeeet…lárgate a traerle al supuesto cadete y tú pagas cien de pecho!!!

¡Su orden mi teniente!

Y recibí dos garrotazos por los errores de este muchacho lleno de prejuicios.

Luego le traje a Benavides y le dije, "oye el Pozo te va ha sacar el sucio".

¿Por qué? - me dice.

Porque ya estás con grado, entonces me cuadre y le dije "mi cadete venga a los dormitorios"… ¡Ja, ja, ja, ja!

Y el muchacho dice, ¿qué pasa?

Le dije ¿qué escribiste en tu caja cuartelera muérgano?

Benavides contesta nada ya medio nervioso.

Le dije "si sigues con la mentira pronto marcharás a tu casita". Sorprendido a sabiendas que éramos reclutas, CDT Benavides está escrito en mi caja.

Luego le llevé donde el teniente Pozo, ahí le garroteó un sábado... ¡ja, ja, ja, ja!

Hasta que declare porque era tan falacioso, entonces dijo me aleccionaron que cuando entre a la escuela nunca diga que soy de tal parte… ¡ja, ja, ja, ja!

Y siguió recibiendo palo, ¿pero quién te dio grado? le dijo Pozo.

Desde luego después de la garrotiza, borró el nombre, pero que necio el Benavides y así aprendió la lección.

Momentos muy duros que pasamos, pero a la vez forman el carácter. De 800 aspirantes nos graduamos 130 cadetes, y había solamente plaza o vacante para 22 oficiales, entonces se volvió guerra campal a diario para poder seguir en dicho curso. Desde luego me gustaba mucho ser uniformado, pero ya en la realidad fue otro cantar.

Todo lo que pasamos, solo dormíamos dos o tres horas al día, la consigna era de hacer desertar a la gente. Estos tenientes apostaban para ver cual hace desertar a más gente en el transcurso de las garrotizas que nos daban.

3 años de cadete y eres oficial, Ahora son 4 años.

Y bueno así paso el tiempo de la Escuela Militar Aduanera.

¿Aduanero quieres ser? decía un coronel.

¡Mariguanero ha de ser! - respondía el mismo.

Alguien gritaba: ¡Ya se largan todos así estén haciendo sus necesidades reclutas!... ¡ja, ja, ja, ja!

¡Felicidades promociones de los 80s!

Nací el 21 de octubre de 1966 en Quito.

Después de la vida estudiantil de primaria en la escuela Estados Unidos, secundaria en el Instituto Nacional Mejía, educación superior en la Universidad Central del Ecuador, viajé a Estados Unidos donde decidí establecerme. Actualmente resido en Walla, Washington.

Atentamente,
Licenciado Andrés Augusto Gachet Castro.
Ciencias de la Educación.
Cultura Física.

Juramento a la bandera. 26 de septiembre, 1987.

Con los amigos del colegio.

Con todos los compañeros del sexto curso.

Graduación en la U.C.

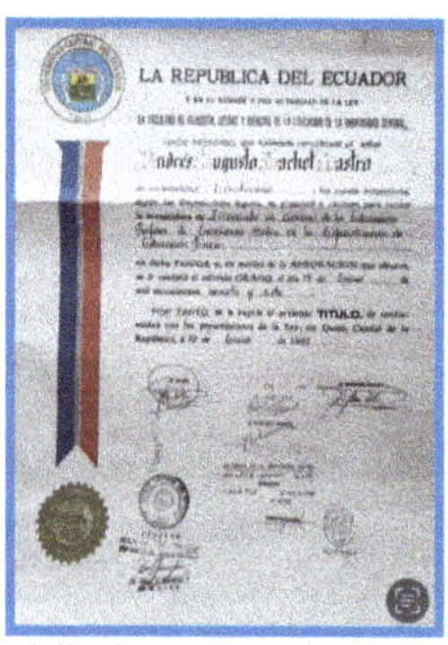

Título universitario.

Mis hijos: Juan y Christian.

Mi hija: Cynthia.

Augusto y familia. Washington D.C., 2018.

Andrés Augusto Gachet, 2020.

Luis Roberto Gachet Castro

Walla, Washington, Estados Unidos. 21 de octubre, 2019

La época del Mejía es la más bella

La época del Mejía es la más bella, nunca me olvidaré de tantas aventuras desde que me inicié como cachorro en el Edificio Sur en primero y segundo curso, el paso por el famoso Internado del tercero y cuarto y finalmente los dos últimos años de quinto y sexto en el Edificio Principal.

Primeramente, los docentes en su gran mayoría eran exigentes y prácticamente ellos nos formaron para ser sobresalientes en todo nivel tanto académico como de la misma vida. A lo mejor eso no se tomaba en cuenta, pero después todo cayó por su propio peso, me refiero a las herramientas necesarias para egresar del gran Mejía y proyectarme a la educación universitaria.

…Recuerdo a mis compañeros, allí nacieron las primeras amistades que hasta ahora perduran. La única diferencia es que ahora pintamos canas y ya la mayoría con sus responsabilidades de trabajo, hogar, algunos ya son abuelos inclusive, pero señores en todo sentido.

Como olvidar la época de campeones a todo nivel, nosotros gritábamos en las barras por las diferentes selecciones de atletismo, básquet, fútbol y otras más, las cuales nos daban solo triunfos. Ese espíritu fue el que nos impulsó a ser sobresalientes en todos los campos de la vida.

…Todo lo aprendido en el transcurso de los seis años por el Mejía ha sido aplicado a la misma vida. Las bases de las ciencias exactas me dieron la pauta para ser analítico y por ende emprender una carrera en Economía en la cual me desempeño actualmente.

Nací el 29 de mayo de 1968 en Quito.
Después de la vida estudiantil de primaria en la escuela Estados Unidos, secundaria en el Instituto Nacional Mejía, educación superior en la Universidad Central del Ecuador, viajé a Estados Unidos donde decidí establecerme. Actualmente resido en Walla, Washington.

Un saludo afectuoso a todos.
Economista Luis Roberto Gachet Castro.

Juramento a la bandera.
Incorporación de Economista.
Roberto y familia. Virginia, 2018.

Charles Alaín Gachet Herrera

Nací en Latacunga, Cotopaxi el 30 de enero de 1965.
Estudios de primaria: San Pedro Pascual.
Secundaria: Instituto Nacional Mejía.
Santa Rosa Junior College de California, especialidad Bookkeeping.

Me consideraba ya todo un señor

Mi amor por el colegio Mejía, creo que nació, el mismo instante en que cursaba yo sexto grado y el profesor nos decía que nosotros éramos los llamados a pedir a nuestros padres a qué colegio nos gustaría ir.

A través de palancas yo tenía asegurada ya una matrícula en el colegio Montúfar, pero justo antes una semana de empezar clases en el nuevo año lectivo y ya estando registrado en el Montúfar se me ofreció la matrícula en el Colegio Mejía y la verdad no lo dude ni un solo instante, escogí al Patrón Mejía porque era el Colegio de Quito y del Ecuador todito y por siempre sería campeón.

Cuando estaba en primer curso.-. primera sección, justo atrás mío se sentaba un muchacho más grande que yo y la verdad como yo era costeño, me molestaba a cada rato, me pateaba el pupitre, me llamaba mono y cosas por el estilo, así que yo no me podía defender porque era muy pequeño y el más grande, convenció a su mejor amigo de pegarme... este chico de apellido Vizuete era más o menos de mí tamaño y por lo tanto decidimos irnos de quiños, nos hizo que nos peleemos, y de esa manera quedamos para vernos en la cancha de fútbol del edificio de los cachorros y allí después de clases nos citamos... mi pelea era la preliminar, ese día eran cuatro peleas.

Yo jamás había tenido una pelea, la verdad estaba con mucho miedo, un niño de 12 años en su primera pelea callejera, llegó el día del box... muchos compañeros haciéndonos círculo y cuando empezó la contienda, recuerdo que me pegó no tan duro en la cara, pero no sé cómo yo saqué mi mano derecha, avancé a llegarle, y le pegué en la nariz. Lógico que comenzó a sangrar... pues que creen la pelea se acabó ese momento y yo resulté el vencedor. Todos los amigos que estaban ahí coreaban mi nombre y me llamaban mono, mono, mono.

Como anécdota les diré que no recuerdo haber alzado mi mano, no recuerdo haberle tocado, no recuerdo haberle llegado, solo cerré mis ojos y levanté las manos, las lancé por aquí por acá, la sangre le corrió la pelea se acabó, y gané.

En primer curso - primera sección, éramos 53 alumnos y había huelga, lo típico, los cachorros adelante, tira y tira piedras en La Alameda, entre la avenida 10 de Agosto y la Gran Colombia, tipo altura del cine Capitol, y en eso pasa por allí mi papá en su furgón que tenía y de alguna manera me alcanza a ver, paró, se bajó y me agarró de las patillas en frente de todos los panas, y pasar esa vergüenza. Yo ya era todo un señor y papá me metió en el carro, al llegar a casa mamá se encargó de rematarme. Me consideraba ya todo un señor, y me pegaron. El dolor más grande fue que en frente de mis panas me metió en el carro. Eso no tenía perdón.

También recuerdo a los chinos del FAM, me enseñaron a decir Frente Amplio del Mejía CARAJO.

Perdí el tercer año y ¿cómo logré pasarlo?, bueno en tercer curso yo llegué a tener más fugas que días de clase, pues había 185 días laborables en el año escolar, ya tenía como 205 fugas, pero pasé de año porque en tercer curso el "Palanqueta" Andrade, era Inspector General, él conocía a mi familia, me llama a la oficina y me dice... tienes más fugas de los días que hay clases en el año lectivo, son 185 días y tú tienes 205 fugas ¿¿¿¿cómo es posible???? El "Palanqueta" Andrade me arregló un poco esas fugas y me pude presentar a los exámenes, claro de septiembre, pero pasé el año. Me quedó una buena experiencia. Nos fugábamos con unos amigos de Valencia e íbamos al Manuela Cañizares porque en la mañana funcionaba dicho colegio y en la tarde el Idrovo, y a ver que caía ...

Fuimos con algunos compañeros al bar del Chulla Pérez, nos acompañó el profesor de Literatura, no me acuerdo su nombre, ya era viejito, y allí ya nos enterábamos de los resultados del puntaje, todo esto aconteció en sexto curso.

En cambio, lo que más me gustó en dicho sexto curso fue la clase de Matemáticas con el ingeniero Silva, un gran profesor. No me gustaban las Matemáticas, pero este profesor me llegó hacer comprender por su manera de explicar la clase sin necesidad de golpearme la cabeza contra el pizarrón, pues me exoneré en dicha materia, y la tabla de logaritmos fue tan sencilla para mí en este último año de la vida colegial.

Recuerdo las tiendas de música, allí justo al frente de donde era el sexto - tercera, ponían una música para llorar, pero a un buen volumen.

Siempre critiqué el tener que escoger a la edad de 14 y 15, si seguir esta especialidad o la otra. Finalmente descubrí que no podía disecar algo, y esa es una anécdota inolvidable cuando nos llevaron al anfiteatro de la universidad, donde todo olía mal, a formol y era muy insoportable.
La historia de Inglés me hace recordar la mía de cuarto curso cuando yo ya había asistido al PRALI (*Public Relations And Language Institute*), que era una academia de dicho idioma, tenía mis conocimientos del idioma, el día de exámenes yo les hacía el examen de Inglés y cambiábamos los papeles, yo me sentaba al lado del compañero que me iba a hacer el de Matemáticas, del que me iba hacer el de Historia y Literatura. Era en cuarto curso, ellos me pasaban los papeles y yo les daba el mío y el día de Matemáticas igual… ja, ja, ja. Fueron cuatro exámenes y les hice el de Inglés a cuatro personas.
Mi esposa Mónica fue abanderada del colegio Espejo… lo que es la vida.
En la actualidad soy Coordinador de Operaciones en el Santa Rosa *Junior College.*

Señor Charles Alaín Gachet Herrera.

Santa Rosa, California, Estados Unidos. 23 de enero, 2020

Mi hijo Sebastián, Mónica mi esposa, y mi persona.

The Ancient Arms of
Gachet

Javier Alexis Gachet Herrera

Nació en Quevedo, Ecuador el 8 de marzo de 1966. Falleció en San Francisco, California el 10 de junio de 1985.

Javier Gachet y José Hipólito.

Tatiana y Javier Gachet.
El Camino High School.
Senior Ball. May 14, 1983.

The Ancient Arms of
Gachet

Ericka Johana Gachet Herrera

Nació el 3 de agosto de 1980 en Quito.
Estudió en el Colegio Anderson y es licenciada en Ciencias Políticas graduada en le Universidad Central del Ecuador.
Casada con Hugo Iván Rodríguez Delgado.
Su hijo es Esteban Alexis.

Ericka Johana Gachet Herrera.

Ericka, Hugo y Esteban.

The Ancient Arms of
Gachet

Carlos Augusto Bonilla Gachet

Nació en Quito por el año 1966.
Se educó en el Colegio Benalcázar, Politécnica Nacional, Santa Rosa Junior College y Universidad de California en Chico.
Su esposa se llama Karina, y tienen dos hijos, Stefano y Matías.
Profesional de Informática completo con vasta experiencia en ingeniería, fabricación, gestión de negocios y operaciones con sólida formación en gestión de proyectos, gestión de programas, análisis de datos comerciales, metodología Six Sigma, introducción de nuevos productos, marketing de productos y gestión de proveedores. Sobresale en la implementación de productos de ingeniería y fabricación, adquisición de talento, gestión de proveedores, unificación de procesos, gestión de cartera de clientes, excelencia y mejora de operaciones con enfoque en Calidad y Servicio al Cliente. Líder e influyente en ingeniería de operaciones globales y Service Cloud, estrategia comercial y gobierno en entidades globales, proveedores, clientes finales y organizaciones multifuncionales a lo largo del ciclo de vida del producto, desde el ciclo de compromiso del concepto hasta el apoyo posterior a la entrega. (LinkedIn).

Carlos Bonilla Gachet.

Carlos, Stefano, Matías y Karina. Diego Gachet en el centro.

Juana Elizabeth Gachet Vega

Nació en Quito, 8 de julio de 1967.
Primaria:
Secundaria: Colegio Los Pinos.
Universidad: Sonoma State.
Maestría en Psicología.
Trabaja en Kaiser Permanente, terapeuta familiar de matrimonio.
Casada con Thor Aksel Andersen.
Hijas: Isabella de 25 años, Brianna de 22 y Sophia de 20.

Elizabeth Gachet.

Elizabeth y su familia.

The Ancient Arms of
Gachet

Alexis Marcelo Gachet Vega

Nació en Quito, 12 de Diciembre de 1970.
Primaria: Borja 3.
Secundaria: Colegio Americano.
Universidad de Las Américas.
Título de Ingeniería en Sistemas.
Casado con Paola Larcos.
Hijas: Bárbara y Melody.

Marcelo Gachet.

Marcelo y familia.

The Ancient Arms of
Gachet

Karla Valeria Gachet Vega

Nació en Quito el 27noviembre de 1977.
Primaria: Americano.
Secundaria: Colegio Americano.
Universidad: San Jose State.
Título de Fotoperiodismo.

Karla Gachet.

Karla y su familia.

La entrevista se interrumpe unas dos o tres veces. Todo el mundo quiere hablar con Karla Gachet. ¿Por qué? Porque el 12 de febrero ganó el tercer lugar en la categoría Arte y Entretenimiento del World Press Photo 2009.

Hoja de vida

Karla Gachet

Tiene 32 años, de los cuales más de 10 los ha pasado tomando fotos. En la pared de su cuarto está pegado el mapa de Sudamérica y señalados con marcador y 'post-its' los sitios que fotografió con Iván. La premiación será el próximo mayo, en Ámsterdam, y quiere juntar fondos para poder asistir.

Lo mejor de todo es que ella no se lo toma con solemnidad ni poses. Obviamente sabe que es un honor: la primera ecuatoriana en ganar un premio en este concurso; el más importante del mundo en fotoperiodismo… "Es algo que sabes que algún día puede pasar, pero que no esperas que sea ahora", cuenta mientras toma su café con leche, frente a una vista espectacular del valle de Tumbaco.

Como ya había hecho algunas veces antes, Karla envió sus fotos, sobre todo para que los organizadores le envíen el libro oficial del concurso. Se ríe mucho cuando lo confiesa y se da cuenta de que terminó con un premio de esta magnitud en su currículum.

Karla no baila tango, ni siquiera intentó aprenderlo. Lo que sí intentó, cientos de veces, fue captar con su lente la esencia de este baile. Por eso ella y su esposo, Iván Kashinsky (también fotógrafo), convivieron una semana con Ceci y Meme, bailarines de tango, en Buenos Aires. Con esa historia se llevó el tercer lugar, que ahora le vale tantas entrevistas. Esa historia es una de las 14 que forman parte del libro 'Historias Mínimas' (Dinediciones), que fue el producto de sus siete meses de viaje con Iván por Sudamérica. Y a través de esa historia cuenta quién es ella y cómo vive la fotografía.

¿Se identifica con Ceci?

Sí. Ella es apasionada con lo que hace y yo también. Había muchas similitudes en cómo veíamos la vida. Ella tiene una pasión muy grande en la vida, pero igual tiene un plan B, por ejemplo. O en que ella hace algo que sus papás no entienden y, claro, no lo ven muy serio.

¿Eso le pasa también a estas alturas de su vida?
Al principio se desubicaron (Iván, que está buscando algo en la computadora del pasillo dice: "todavía"). Bueno, ya no tanto. Creo que desde que regresé a Ecuador (2004), ya no.
¿Qué querían sus papás que haga?
Por ejemplo, me preguntaban por qué no escribía; no entendían que también podía expresarme con la fotografía. Ahora son mis fans número uno.
Y como Ceci, que cuando no está bailando por trabajo, baila por placer, ¿Ud. hace fotos fuera del trabajo?
A veces me canso y no tomo fotos por algún tiempo. Después del viaje con Iván fuimos a EE.UU. y llevé mi cámara, pero no tomé ni una foto. Todo el mundo estaba a la expectativa, pero yo sentía tanto cansancio; no me daban ganas. Eso sí, siento como que me falta algo cuando no estoy tomando fotos.
¿Algún paralelismo entre su relación con Iván y la de Ceci con Meme?
Ellos se divierten mucho más que nosotros (risas), pero sí hay parecidos. Ceci es volátil y Meme le vuelve a la tierra, que es nuestro caso también.
¿En qué más?
En la pasión compartida.
¿Pasan hablando de fotos?
Sí, somos 'nerds'. Con el Iván hacer algo chévere es sentarnos a ver libros de fotos.
Después de ver se en las fotos, Ceci escribió un texto en el que habla de lo que significa bailar. Siguiendo con los paralelismos, si cambiamos la palabra 'bailar' por 'fotografiar', ¿Ud. concuerda con ella? Probemos. Ceci dice: Bailar para vivir… ¿Fotografiar para vivir?
Para mí sí… fotografiar es vivir. No sé si es que siempre lo va a ser, pero hasta ahora es así.
Fotografiar para comer… ¿Vive de la fotografía?
Ahorita sí; pero es difícil vivir de la fotografía, incluso ahora que ya llevo años haciendo esto.
Fotografiar con los ojos bien cerrados, en todos lados, a toda hora… Una paradoja para quien toma fotos.

¡Qué bien! De ley. Porque más que tener los ojos abiertos, para hacer fotografía hay que sentir… quizá cuando mejor te sientes con alguien o en algún lugar es cuando te salen cosas chéveres.

Fotografiar hasta sangrar por dentro, por los pies.

También. Me acuerdo cuando ya regresábamos del viaje y nos faltaba Napo. Ya no dábamos más; yo solamente quería ir a mi casa. Veíamos el letrero: a Quito o a Napo, y fuimos a Napo. Esa fue la historia más bacán.

Fotografiar por placer y para dar placer.

De ley. Sé que la fotografía puede dar placer, porque a mí me da placer ver fotos buenas. Es increíble ver un libro que te encanta; saber que hay gente que está haciendo cosas hermosas.

Fotografiar para mostrarte

Sí, claro…

¿Por vanidad?

También.

Fotografiar para que te admiren y para que te detesten y para que te amen.

¡También! (risas largas).

¿Quién la detesta, la admira o la puede amar a causa de su fotografía?

No sé, pero sé que yo admiro y detesto a otros a través de su trabajo; supongo que es universal.

Fotografiar para callar, para decir, para entender todo lo que te estimula y te desconcierta...

Definitivamente sí, la fotografía no es solo una manera de decir, sino también de callarte. Porque cuando tienes una cámara es muy fácil no ser parte de…, dejas de ser el centro de atención. Estás, pero no estás. Y desapareces cuando quieres.

Fotografiar para saber quién eres.

Por supuesto.

Ivonne Guzmán. Editora de Siete Días

Michelle Nichole Gachet Vega

Nació en Quito, 11 de octubre de 1988.
Primaria: Americano.
Secundaria: Colegio Americano.
Universidad: San Jose State.
Título de Fotoperiodismo.

Michelle Gachet.

Michelle, Elizabeth, Fabiola y Karla.
Las hermanas y su mamá.

The Ancient Arms of
Gachet

Nicholas Gachet

Soy estudiante de doctorado en Economía en la Universidad de Manchester. Mi interés en la investigación son: el desarrollo a largo plazo, la economía política empírica, la evaluación de las políticas públicas, el crecimiento económico, la historia económica y la econometría aplicada.
Soy originario de Ecuador.
He estudiado Economía en la Universidad de Manchester (MSc) y en la Universidad de San Francisco de Quito (BA). También tengo una maestría en Historia Económica de la London School of Economics.

Nicholas Gachet.

Nicholas Gachet, Ana Carrión y Rafaela.

Nicholas Gachet: El país necesita cambios laborales. En menos de un año, el Gobierno prepara una nueva ley para fomentar la productividad.

¿La primera Ley de Fomento fue insuficiente?

Las medidas de la primera Ley de Fomento estaban en la dirección correcta, pero eran insuficientes. La productividad es algo que se debe pensar a largo plazo. Son procesos largos, sostenidos en el tiempo. Cuatro años de un Gobierno no bastan. Una ley o dos leyes no son la solución.

¿Qué puntos claves debe atender el Ecuador para encaminarse en la productividad de largo plazo?

Se quiere fomentar la productividad bajando impuestos a las nuevas inversiones, eso es muy común. El problema es que si bien se va a atraer inversionistas por el lado tributario, los inversionistas ven otros temas como la estabilidad política y económica, quieren proyectarse a largo plazo. El problema principal de Ecuador es político y eso tiene repercusiones económicas. Se necesita llegar a un consenso que permita generar políticas económicas que se mantengan. Uno de los grandes obstáculos para no poder pensar en productividad de largo plazo es la barrera del déficit fiscal y esto no es más que el reflejo de la situación política del país. Cuando se intenta cerrar la brecha fiscal con las medidas como las tomadas ahora se ataca el síntoma antes que la causa, que es netamente política. Los desacuerdos políticos generan incertidumbre y no sabemos cuánto tiempo durarán las medidas adoptadas. Puede que solo sea cuestión de un cambio político para modificar el tipo de medidas tomadas. El Gobierno ha venido reduciendo el déficit cortando la inversión y con atrasos.

¿Era esa la mejor alternativa?

Si se va a bajar el déficit fiscal definitivamente se debe tomar ciertos costos y esos van a ser desde el punto de vista de la inversión. Al cerrar la llave de la inversión se va a tener una baja del crecimiento económico. La baja deriva en menos dinamismo económico, menos personas consumiendo o queriendo invertir. Todo esto le pega a las expectativas de crecimiento y eso va teniendo un efecto cadena. A los economistas les encanta atacar el síntoma de los problemas. Es decir, si tiene déficit, lo reduce, pero no van a la causa.

¿Qué temas prioritarios en productividad debería abordar la segunda Ley de Fomento Productivo?

El mercado laboral debe ser incluido. Por un lado puede provocar conmoción social, pero por otro lado es esa llave que necesita Ecuador. Ser dolarizado tiene sus repercusiones y una de ellas es que el mercado laboral tiene que ser dinámico, si no lo es, se va perdiendo competitividad automáticamente. Tenemos países vecinos que producen con costos menores que los de Ecuador. Uno de los costos de producción altos de nuestro país es el de los salarios, que tienen un nivel por encima de la productividad.

¿Qué tipo de cambios puntales se necesitan en lo laboral en el país?

Los cambios no deberían venir por el lado de reducir salarios sino de flexibilizar el movimiento que puede tener un trabajador. Ecuador es muy rígido.

¿Qué atrae más una inversión? ¿Los beneficios tributarios o que te digan que podrás contratar con facilidad a tus trabajadores, garantizar que no será un dolor de cabeza generar empleo y que la inversión se mueva? ¿Los países vecinos, Colombia y Perú, son más competitivos y productivos que Ecuador? ¿Por qué?

Hay algunos factores que fomentan la productividad, entre ellos, la tecnología, instituciones eficientes, buen aprovechamiento de los recursos naturales, el tema cultural. Los países mencionados han demostrado ser más productivos que nosotros debido a la sostenibilidad que ha tenido su crecimiento en el tiempo. Perú además ha avanzado mucho en temas sociales. En Ecuador uno de los argumentos era decir que si bien no crecemos tanto económicamente, estábamos avanzando en reducción de la pobreza y desigualdad. Pero Perú pudo hacer las dos cosas. Además, encontró ciertos acuerdos desde el ámbito de la política pública, tiene un esquema interesante de descentralización y es algo a lo que nos tenemos que mover también. Además de lo laboral, ¿qué otras prioridades debe atender el Gobierno este año para crecer económicamente?

Encontrar un modelo de endeudamiento adecuado y atacar la causa de la inestabilidad macroeconómica, que es la política. Estoy seguro de que el Ministro de Finanzas no quiere tener un estado tan grande, la pregunta es cómo cortar esa atracción a seguir gastando. En algún momento Ecuador debe dejar de discutir sobre la macroeconomía porque lo que cambia la vida de un país son las políticas educativas, seguridad social, salud. Pero eso suele ir a un plano secundario porque seguimos enfocados en la estabilidad macroeconómica. Países con macroeconomía estable pueden dedicarse a pensar en otras cosas. Chile, por ejemplo, se da el lujo de conversar de la gratuidad de educación porque lo macrofiscal no es un problema. En el Gobierno anterior los empresarios se quejaban de que demasiados cambios regulatorios generaban incertidumbre. ¿Lanzar una nueva ley económica puede generar un efecto de incertidumbre?

El Gobierno no ha promocionado de la mejor forma posible ciertos temas positivos en la primera Ley de Fomento Productivo. No sé hasta qué punto será positiva la nueva ley, pero los gobiernos deberían presentar el impacto de lo que proponen antes. Estamos acostumbrados en el país al ensayo y error. Una de las exigencias como ciudadanos que debemos hacer al Gobierno es conocer los impactos de las leyes. Las proyecciones de crecimiento de los multilaterales han sido revisadas a la baja para Ecuador.

¿Estamos viviendo un estancamiento?

Ecuador está en etapa de estancamiento, creo que tuvo el impulso de querer fomentar cosas con la Ley de Fomento, pero si hacemos un análisis generalizado del Gobierno, este ha sido un régimen que intenta navegar, es decir, no irse a aguas profundas ni tampoco a la orilla y ver a dónde llega.

Hoja de Vida Formación.

Es economista por la Universidad San Francisco de Quito (USFQ), hizo un máster en Historia Económica en la London School of Economics en el 2016.

Academia.

Actualmente se desempeña como profesor a tiempo completo en la USFQ en el departamento de economía.

Experiencia.

Fue consultor para el Banco Mundial en temas de desarrollo y protección social entre 2016 y 2017.

Fue consultor del Banco Interamericano de Desarrollo en el 2018 en tema de evaluación de impacto.

Sus áreas de especialización son: Econometría aplicada, historia económica, evaluación de políticas públicas y desarrollo económico.

Este contenido ha sido publicado originalmente por Revista Líderes en la siguiente dirección:

https://www.revistalideres.ec/lideres/pais-cambios-laborales-economia-

II

GACHET GIACOMETTI

Familia Gachet Giacometti.

CRONOLOGIA GIACOMETTI

1832
DATOS.
09/09/1832 Nacimiento de Domingo Giacometti (Domínique), isla de Córcega, Francia. Más exactamente Grosseto, Corse-du-Sud, Corse, France.

REFERENCIA.
El Sabor de la Memoria, Historia de la cocina quiteña -Julio Pazos Barrera página 262.
Árbol genealógico Family Search.

CONCLUSIONES, COMENTARIOS.
Padre Giacomo Giacometti, madre María Giuseppa Arrighi. Casado en Francia, con un hijo.

1856
Dominique Giacometti se casa con Marie Nicolette Ambrosine PAOLANTONACCI.

1859
1859 Nace primer hijo de Domingo Giacometti, Joseph Antoine GIACOMETTI.

1860
1860 Muere la primera esposa de Domingo Giacometti, Marie Nicolette Ambrosine PAOLANTONACCI.

1861
García Moreno decreta celebrar contratos con empresarios nacionales y extranjeros para construcción de ferrocarriles o caminos de ruedas.
Sto. Domingo, Historia de su integración - Patricio Velarde.

1865
Giacometti iniciador de la hotelería en la capital.
Documento 853 Academia Nacional de Historia (documento por conseguir).
Fernando Jurado (El primer siglo de hotelería en la capital del Ecuador).

1865
Domingo Giacometti propietario del Hotel Casa Francesa.
El Sabor de la Memoria, Historia de la cocina quiteña -Julio Pazos Barrera pag262.

1864 o 1865
Nacimiento de Abraham Giacometti Guzmán, segundo hijo de Registro defunciones La Catedral Tulcán (Familysearch.org) Domingo Giacometti.
Vivió 80 años. Domingo Giacometti tenía 35 años al nacer Abraham segundo hijo.

Nombre completo Abraham Gregoire Giacometti Guzmán.
Imágenes de Identidad I, acuarelas quiteñas del siglo XIX pág.15 Gregoire Giacometti Territorio solar (índice del libro) segundo apellido Guzmán.

1866
15/06/1866 Domingo Giacometti, francés, socio de Albertini Hnos. en Guayaquil, empresarios franceses.
Revista No.60 Instituto de Historia Marítima pág. 78.
Aparece empresario francés Domingo Giacometti, Abraham tenía 1 año de edad.

1869
1869 Domingo Giacometti, Luis Breilt y Alfredo Albertini crean Sociedad Albertini Breilt, luego sociedad Albertini y Giacometti.
Revista No.60 Instituto de Historia Marítima pág. 78.

1871
Informe de Ministro indicando inicio de construcción del camino Alóag a Caráquez, camino sería construido por Arturo Rogers de 1871 a 1878.
Sto. Domingo, Historia de su integración - Patricio Velarde.

1871-1900
Camino de herradura de Quito a Sto. Domingo.
Sto. Domingo, Historia de su integración - Patricio Velarde

1873
En septiembre camino llegaba de Alóag a Guanza, pasando Tandapi.

Sto. Domingo, Historia de su integración - Patricio Velarde.

1875
Ley de venta de tierras en la zona, lotes de 200 hectáreas a 8 reales la hectárea en la zona baja.

1876
Junio 1876, técnicos franceses entregan a García Moreno estudios de camino al mar. Camino de Manabí, estudios base de la carretera construida Alóag - Santo Domingo desde 1945 Alóag a Mirador.
Santo Domingo de los Colorados - Holguer Velasteguí.

1878
Camino llegaba hasta cerro Mirador, pasando Tanti.
Sto. Domingo, Historia de su integración - Patricio Velarde.

1880
1880 Whymper cuenta anécdota de Domingo Giacometti en el Hotel de Giacometti.
Viajes por los majestuosos Andes del Ecuador-Edward Whymper.

1883
Domingo Giacometti, Augusto Gachet y otros denuncian terrenos en camino Alóag - Sto. Domingo.
Sto. Domingo, Historia de su integración - Patricio Velarde.
Domingo Giacometti y Augusto Gachet colonos.
Domingo Giacometti, Augusto Gachet empresarios de la construcción de caminos a Quito.

1883
Giacometti confirma en 1903 a Paul Rivet que estuvo ahí hace 20 años 1883.
Tsáchila, Los clásicos de la Etnografía sobre Los Colorados.

1883
Parroquia de Santo Domingo pasa a ser parte del cantón Mejía.

1884
Grabado Hda. Tanti de Domingo Giacometti.
Alexander de Bar, según una fotografía.

1887
Domingo Giacometti propietario de Tanti, pide reubicar categoría para pago de contribución fiscal.
Santo Domingo, Historia de su integración - Patricio Velarde.

1897
5/3/1897 decreto construcción y reparación camino de herradura. Contratos hechos por varios empresarios-propietarios de tierras en la zona de Santo Domingo. Constan Luciano Cadavid, Augusto Gachet, Domingo Giacometti, Edmundo Catfort, Eugenio Vidal y otros.
Santo Domingo, Historia de su integración - Patricio Velarde.

1899
6/11/1899 Fundación de Sto. Domingo, Domingo Giacometti, Augusto Gachet y otros certifican el acto.
Santo Domingo, Historia de su integración - Patricio Velarde Informe del Ministro del Interior 1900.
Augusto Gachet 72 años, confirmado con su acta de defunción.

1899
Domingo Giacometti teniente político.

1900
Pérez & Giacometti contratan construcción camino Santo Domingo a Pupusá.
Informe del Ministro del Interior 1900.

1900
Domingo Giacometti, Augusto Gachet y otros impulsan vía férrea a Manabí.
Santo Domingo, Historia de su integración - Patricio Velarde.

1899-1906
Segunda Misión Geodésica Francesa.
Abraham Giacometti, hijo de Domingo fue Adjunto Militar de la Segunda Misión Geodésica francesa, en la que estuvo Paul Rivet.

1899-1906
Abraham Giacometti, Adjunto Militar de la Segunda Misión Geodésica francesa, la cual le concedió medalla de honor. Sabe bastante de matemáticas y arquitectura.

El nuevo Santuario de Las Lajas.

Abraham Giacometti, segundo apellido Guzmán. Y su casa era en la Loma Grande. Antes de morir reconoce a unos hijos que había criado.
Guía temática sobre los hitos de la misión geodésica. Tiene 7 hijos en Carchi y dejo 3 en Pichincha. Lo llaman Capitán, pág. 74, 144 y 150.
Rosa Elena Fuentes, esposa.

1903
Expedición de Paul Rivet. En 1903 Domingo Giacometti y Augusto Gachet estuvieron con Paul Rivet en su viaje a Santo Domingo, Domingo Giacometti era el guía, salen 1/8/1903, regresan el 23/8/1903. En su viaje fueron recibidos por Augusto Gachet en San Nicolás, pasan por Tanti, Giacometti indica que fue su propiedad y la abandonó por enfermedades, Hda. Santa Rosa en Santo Domingo propiedad de Giacometti, orilla izquierda del río Pove. Giacometti confirma que estuvo ahí hace 20 años, 1883 (cuando denunciaron las tierras). "La tercera etapa nos lleva a San Nicolás, una hacienda que pertenece a un francés, el Sr. Gachet, "nos ofreció la más franca hospitalidad."
Tsáchila, Los clásicos de la Etnografía sobre Los Colorados.

Augusto Gachet tiene 76 años, 4 años antes de morir.

1910
Abraham Giacometti recomienda que el monumento se traslade del Panecillo a La Alameda.
Cartógrafos y Clérigos - Misiones geodésicas pág. 174.

1911
Abraham Giacometti en inauguración monumento de la misión geodésica en La Alameda.

1916
3/1/1916 Capitán Abraham Giacometti a cargo de la obra de la Iglesia de las Lajas.
El nuevo Santuario de Las Lajas.

1923-1924
Contratos para el camino San Juan - Río Saloya, Santo Domingo (Chiriboga).
Santo Domingo, Historia de su integración - Patricio Velarde.

1930
Camino San Juan - Río Saloya Santo Domingo (Chiriboga).
Sto. Domingo, Historia de su integración - Patricio Velarde.

1943
Mapa de Santo Domingo.
Santo Domingo, Historia de su integración - Patricio Velarde.

1945
27/2/1945, fallece Abraham Giacometti en Tulcán a los 80 años, esposa Rosa Elena Fuentes.
Registro defunciones, La Catedral - Tulcán (Familysearch.org).
Abraham Giacometti nace en 1865.

Nota: para elaborar esta cronología existen documentos, referencias en libros, actas de defunción, actas de censos, etc. Nada de lo que se indica aquí es por referencia verbal.

José Hipólito casado con Beatriz Giacometti, Rosa tuvo una hija llamada Edelina de apellido Bueno. Los Gachet Giacometti fueron también bastantes: Georgina (+), Efraín (+), Inés, Nelson José (+), Iván (+), Gema, Rosa (+), Mario y Paul. Fueron 10, un niño falleció de cortísima edad.

Abuelos paternos José Hipólito Gachet Baca
y Zoila María Beatriz Giacometti Viteri. (Xavier Gachet).

Álbum de mamá. Foto 117.

Familia Gachet Giacometti.

Los primos Gachet Valencia y Gachet Giacometti.

Mario Fernando Gachet Giacometti

Nací en Quito el 16 de octubre de 1947.
Educación primaria: Escuela El Cebollar y el Instituto Fernández Salvador.
Educación secundaria: Colegio San Luis Gonzaga. 1969.
Educación Superior: Universidad Central del Ecuador, Facultad de Ingeniería Agronómica. Me gradué de Ingeniero Agrónomo, especialidad Fitopatología.
Estado civil: Soltero.

Mario Fernando Gachet.

María Oleas Gachet , Ghemma Gachet y su sobrina.

Gachet Giacometti.

Paola y Dolores Gachet Otáñez.

Iván Francisco Gachet Otáñez

Mi padre fue Iván Luis Gachet Giacometti, hijo de José Gachet Baca y Beatriz Giacometti. Mi madre es Dolores Otáñez.
Tengo tres hermanas: Salomé, Paola y Dolores.
Soy Economista. Tengo dos maestrías: una en Desarrollo Económico del London School of Economics and Political Science y otra en Economía de University College London.

Iván Gachet.

He trabajado como consulto del Banco Mundial y el Instituto Nacional de Estadística de Ecuador, como economista en la dirección de investigación del Banco Central del Ecuador y también como consultor en temas de competencia para el sector privado.
Soy amante de los viajes. He estado en cerca de treinta países y contando.
Me gustan los deporte como el fútbol, el squash, correr y el buceo.
Asesor en The World Bank.

Logros importantes.

Research Award: Demographic and Technology Trends, Labor Markets and Health Care and Pension Systems in Latin America
Grant: Labor Share and Inequality in Latin America and the Caribbean.

Grant: Trust Measures and Interventions in Latin America and the Caribbean.
Grant: The Political Economy of Trade Policy in Latin America and the Caribbean.
Grant: Income Taxation in Latin America and the Caribbean: Constructing a New Dataset Based on Household Survey Datasets.
UNU-Wider Grant: Group-based inequalities: patterns and trends within and across countries.
Japan - Scholarship

Publicaciones:

Vertical and Horizontal Inequality in Ecuador: The Lack of Sustainability.

The rise of the middle class in Ecuador during the oil boom.

Hechos Estilizados de la Economía Ecuatoriana: El Ciclo Económico 1965-2008.

Determinants of Inflation in a Dollarized Economy: The Case of Ecuador.

Efectos Multiplicadores y Encadenamientos Productivos: Análisis Input-Output de la Economía Ecuatoriana

María Salomé Gachet Otáñez

Soy María Salomé Gachet Otáñez, la segunda de cuatro hermanos. Nací el 3 de enero de 1979 en Quito, cuidad con el centro histórico colonial mejor conservado de Latinoamérica. Luego de haber terminado mis estudios de Química Analítica en Quito, me mudé a Zúrich, Suiza, para trabajar en un proyecto de investigación en el campo de la contaminación ambiental. Sin embargo, mi interés siempre fueron los productos naturales, así que me trasladé a Graz, Austria, para estudiar mi doctorado, un proyecto multidisciplinario que investigaba plantas usadas tradicionalmente en Ecuador para tratar una enfermedad tropical conocida como Leishmaniasis. Después de dos post doctorados en farmacia y bioquímica en Innsbruck (Austria) y Berna (Suiza) me mudé a Milán, Italia, donde ahora vivo. Aquí trabajo en proyectos relacionados con educación en la naturaleza, soy ahora una divulgadora científica.
Ver enlace. (www.mytruefood.com e www.milanosmartpark.it).

La anécdota familiar que quiero compartir habla de mi padre Luis Iván Gachet Giacometti, el quinto de 9 hermanos. El padre de mi padre murió cuando él era muy pequeño, así que la abuela con sus 9 hijos, por las dificultades económicas, cambió muchas veces de casa. Papá me contó que vivieron en la Mama Cuchara, un barrio muy tradicional en el casco colonial de Quito. Papá era un quiteño muy orgulloso y nos enseñó a mí, a mis hermanas y hermano la siguiente poesía:

Si me preguntan quién soy,
les diré que soy Quiteño,
nacido en la Loma Grande.
Mama cuchara fue el rezo de mis primeras palabras.
Allí aprendí de guambra
lo que el Timbushca no enseña:
que no hay mejor choclo tierno
que el que se dora en la sierra,
ni caucara más sabrosa
si la sirve una quiteña,
con ojos de capulí,

sonrisa de chicha fresca,
hermosa como el Ejido,
gentil como la Alameda.

Me bautizaron con sal,
en la capilla del Robo,
y regaron mi cabeza
con agüita del Machángara
traída de cierto modo
por un indio capariche.

Por eso hierve en mis venas
este sentir tan Quiteño,
y las calles se me entrecruzan
como las venas a un cuerpo.

Pero hay una cosa amigo,
una verdad y no le duela,
que yo si nací en Quito,
¡viva Quito carajo!

Escribiendo la poesía descubrí con mi hermana Paola que el autor se llama Danilo Cevallos, y que la versión original es distinta de la versión de papá. A nosotros nos guasta más la versión de papá.

María Salomé Gachet Otáñez
Via Montegani 14
20141 Milano, Italia
salomegachet@gmail.com

La abuela Beatriz, en el centro, mi padre,
mi hermano a la derecha, algunos primos y tías.

Con la abuela Beatriz Giacometti, María Salomé, Iván Francisco y la pequeña María Dolores.

De izquierda a derecha: Paola, María Salomé, María Dolores e Iván Francisco jugando en el jardín de la casa.

De izquierda a derecha: María Salomé Gachet Otáñez,
María Dolores, Iván Francisco, Dolores Otáñez Peñaherrera,
Iván Gachet Giacometti, Paola Cristina Gachet.
Foto antes del sensible fallecimiento de mi padre en el 2016.

Con algunos Gachet en el 2019. De izquierda a derecha: Sebastián, Paúl, Paola, María Salomé, María Dolores, Gina, María José, Gabriela, Iván Francisco, y el esposo de Gina.

José Xavier Gachet García

José Hipólito Gachet Baca era mi abuelo, padre de mi papá Efraín Hipólito Gachet Giacometti.
Profesión: Ingeniero civil.
Adicionalmente con seguridad antes de irse a colonizar Santo Domingo, era amigo del Domingo Giacometti, que a una cuadra de allí era dueño o encargado de un hotel donde se hospedó Whymper luego de coronar el Sincholagua y en su libro indica estos dos párrafos hablando del francés Giacometti. El edificio del hotel todavía está como hace 140 años. Del libro Viajes a través de los Majestuosos Andes del Ecuador, Edward Whymper.
En proceso de investigación: Resumiendo, hasta el momento sería Jean Auguste Gachet, dueño de peluquería en El Sagrario en 1875 a los 48 años, colono de los Bosques Nacionales en la zona de San Nicolás en 1883, en 1889 tenía 62 años y era hombre de negocios, cofundador de Santo Domingo en 1899 a los 72 años, en 1900 miembro de la Junta Directiva del camino hacia Manabí que se inició en 1873 desde Alóag.

Conversación con Juan Carlos Gachet.

Lo mismo dice mi padre Juan E Gachet, su abuelo fue dueño de la peluquería francesa. ¿Quién fue la esposa de Jean Auguste, tenía familiares? ¿Quiénes fueron sus descendientes?
XG. Para mi está claro, es así, a menos que tengas alguna información que desvirtúe lo que creo. Jean Auguste Gachet es Augusto Gachet, seguramente aquí lo llamaron Augusto y no Jean Auguste. Él se casa con Adelina Baca y tiene 3 hijos, José Hipólito, Rosa y Andrés Augusto Gachet Baca. Así todo cuadra, fechas y lugares. Por si acaso lo de Monet como segundo apellido, no lo he visto escrito en ninguna parte, solo lo llegué a escuchar de alguna tía, pero puede ser solo eso, una referencia verbal, pero tal vez un error. Jean Auguste entonces fue mi bisabuelo, pues soy hijo de Efraín Gachet Giacometti, hijo de José Hipólito Gachet Baca y Beatriz Giacometti Viteri, hija de Abraham Giacometti y nieta de Domingo Giacometti, mi tatarabuelo.
Estoy introduciendo lo que tengo en un software de árbol genealógico, pues lo tenía en uno antiguo, y cuando tenga todo te mando a ver si revisas, corriges, aumentas, etc.

Los hijos de Andrés Augusto Gachet Baca son según entiendo 5 hombres y 5 mujeres: César, Gabriel, Juan Edmundo, José Hipólito, Víctor, Mariana, María Mercedes, Marina, Patricia y Augusta.
Revisando fechas, hay algo que no me cuadra, si Jean Auguste Gachet es padre de Andrés Augusto Gachet Vaca, entonces lo tuvo a los 73 años de edad y a José Hipólito a los 77 años. ¿No será que nos falta un padre de Andrés Augusto Gachet Vaca e hijo de Jean Auguste Gachet? Debemos discutir esta duda, parece razonable. ¿Cuál sería la prueba o el texto que nos indica que no hay un personaje intermedio?
Encontré este dato de Jean Auguste Gachet, podría ser el mismo, el nacimiento casi coincide 1825, según nosotros sería 1827, casado y su esposa murió tempranamente, es todo lo que hay e información de la familia de la esposa.
Ver enlace.
http://gw.geneanet.org/lboutin2?lang=fr&m=S&n=gachet&p=.

Lo único que cuadra es que haya sido parte de la misión geodésica francesa, pues la misión fue en 1899 - 1906, en 1880 Augusto Gachet ya estaba en Quito, no lo encuentro en documentos que hablan de la misión, pero habrá que investigar más pues era muy cercano a Domingo Giacometti cofundador de Santo. Domingo y padre de Abraham Giacometti Guzmán, comandante, ayudante de la 2da Misión Geodésica Francesa.
Aquí tengo algo, del libro Calles de Quito de Fernando Jurado Noboa, según se entiende en 1875 tenía una peluquería, en el Sagrario, el sitio todavía existe pues era seguramente la casa parroquial. No puede ser otro.

Zoila María Beatriz Giacometti Viteri.

Giuseppe Gachet Baca

Nací en Manta, Ecuador el 26 de abril de 1969. Nosotros vivimos en Manta hace más de 50 años.
Me dedico al comercio y soy proveedor de víveres para los barcos del puerto.

Padre: José Gachet Giacometti.
Hermanos de mi padre: Inés, Georgina, Polo, Iván, Mario, Ghemma, Rosa y Efraín.
Madre: Cecilia Baca Estrella.
Hija: Nayeli Gachet.
Hermano: Renato Gachet Baca.
Esposa: Leyla Párraga.
Sobrina: Trisha Abigail Gachet.
Mi abuela: Beatriz Giacometti.
Mi papá era marino en Guayaquil, luego vino con mi mamá y fue profesor de Mecánica Industrial en el Colegio Técnico. Mamá también fue profesora de Castellano.

Giuseppe Gachet Baca y Leyla Párraga.

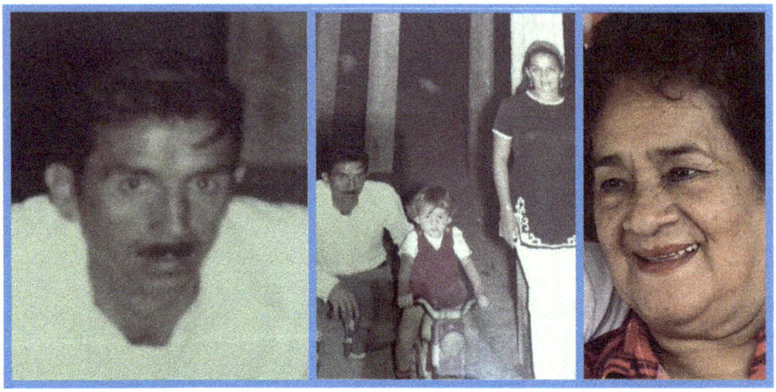

José Gachet Giacometti, Giuseppe Gachet, y Cecilia Baca.

Cecilia Baca y Nayeli Gachet. Paúl y Ghemma Gachet Giacometti.
Paul, Ghemma, Giuseppe y Renato.

Renato Gachet Baca. Nayeli Gachet.
Trisha Abigail Gachet. Giuseppe y Nayeli.

V

LADO MATERNO

Bertha Casto de Gachet en el colegio.

Familia Vega en Quito y Baumholder.

Familia Castro.

Nancy Esmeralda Gavilánez Theermann

Nací el 13 de julio de 1950 en Quito, me crié una parte en Quito y lo demás en Santo Domingo, de ahí me fui a la escuela fiscal hasta el cuarto grado y después hice dos años, y luego donde las religiosas del Colegio de Madre Laura para aprender costura por dos años.
Mi primer hijo Washington, nació el 27 de julio de 1968.

Nancy Gavilanes.

Mis gemelas, Bettina y Susana nacieron el 23 de enero de 1972, en Alemania.
La menor, Lilian nació en 1986 y ella también tiene una hijita que se llama Chanella.

Nouhad es mi esposo, médico de profesión, nos conocimos en el hospital.
Washito contrajo nupcias con Petra.
Susana se casó con un alemán y se mudó a Canadá, Tuvieron 4 hijos. Paso ahí 14 años. Regresó a Alemania y nació el ultimo hijito.

Betina también casada y tiene 2 hijos varones y una mujercita.

Trabajé con los niños discapacitados por 35 años, a pesar de que me jubilé después de 30 años de trabajo en enfermería. Continúo laborando y ya tengo 5 años como ayudante. Ellos fueron los que me dieron bastante valor y fuerza para seguir adelante en este país extraño sin familia, he visto en estos niños la necesidad de todo mi cariño que yo también les he podido dar. Estos pobres niños, no pueden ni hablar ni decir lo que quieren, y estas vivencias con ellos me han inspirado mucho en mi vida actual.

Cuando me establecí en Alemania en noviembre del 72 tenía 22 años, Washito venia de 4 años. y en enero nacieron las gemelitas, Yo no sabía ni una palabra en alemán. Así que fue bien difícil el comienzo aquí.

Mi familia.

Recuerdos de familia.

Susana Gavilanes Prinz

NO HAY DISTANCIAS PARA EL AMOR

EL ENCUENTRO DE DOS ALMAS

Esta es una hermosa historia de amor que merece ser contada.

Corría el año 1973, yo era una jovencita de 21 años, de 49 kilos, con un cabello larguísimo que me llegaba hasta las caderas y con todo un bagaje de sueños e ilusiones. Siempre fui así, desde pequeñita creaba mi mundo y lo moldeaba a mi antojo.
Mientras cursaba mis estudios de secundaria en el pueblo de Santo Domingo de los Colorados, vi cierto día que frente al lugar donde vivía colocaban una gran valla de una empresa alemana que anunciaba la venta de motores DEUTZ, así que me acostumbré a mirar ese rótulo sin saber que ese nombre pasaría a ser algo muy especial en mi vida.

En ese entonces Santo Domingo de los Colorados era un lugar en una zona semi- selvática, de casas de madera y calles de tierra por donde los días domingos especialmente, salían cientos de indígenas de la selva a hacer sus compras, les llamábamos los indios Colorados por su cabeza cubierta de una pasta roja de achiote, muchos de ellos de piel blanca, altos y fornidos.
Allí pasé mi niñez y juventud hasta que salí a la gran ciudad, Quito, a realizar mis estudios universitarios.
Cierto día me llegó una carta de la universidad de Bonn en la que me decían que había sido admitida para cursar la carrera de pedagogía, en una de las universidades más antiguas y tradicionales de Alemania. Mis estudios comenzarían en el mes de agosto del año 1973.

Era el mes de marzo de ese año, estaba leyendo el diario El Comercio, el diario de mayor circulación del país, y de pronto encontré una propaganda de la línea aérea Lufthansa, en la que anunciaban que el próximo vuelo hacia Alemania saldría a fines de esa semana. En esa época eran tan escasos los vuelos que cualquier salida de un avión era todo un acontecimiento.
-¡Mamá, yo quiero irme en ese vuelo! Mi mamá me quedó mirando, y sé lo que habrá pensado….
-¡Vaya, esta es otra de las locuras de mi hija!
Mi equipaje sólo se componía de un maletín de mano, eso era todo lo

que tenía. Este era mi primer vuelo en avión así que no despegué mi nariz de la ventana durante todo el vuelo, por suerte me tocó ventana. Miraba el mar, miraba los ríos, las montañas, las hermosas islas del Caribe ya que hicimos escala en Curazao, luego en New York. Hasta que llegamos a Alemania un país lleno de pueblitos de preciosas casas.

Aterrizamos en Frankfurt, en uno de los aeropuertos más grandes de Europa, donde tenía que tomar otro avión que me llevaría a la ciudad de Colonia.

Mientras yo recorría muy alegre los larguísimos pasillos de ese aeropuerto en mi mente iba repitiendo constantemente la frase – AQUÍ VOY A ENCONTRAR A MI FUTURO ESPOSO.

Llegó el momento de abordar el avión que me llevaría a la ciudad de Colonia. Yo ya estaba en la sala de embarque donde vi que los pasajeros se amontonaban para que les realicen la revisión del equipaje de mano. Así era en ese entonces.

Yo me coloqué detrás de un señor que al regresar a ver me miró sorprendido y me dijo en inglés que estaba en la fila equivocada. Yo si sabía hablar Inglés, pero le contesté muy molesta en Español

-No le entiendo! A lo que él me contestó también en español – ¡Ah! Habla español.

Abordé el avión y me senté junto a la ventana. Como era un vuelo interno no había reserva de asientos. Los pasajeros pasaban y pasaban y nadie se sentaba a mi lado, cuando de pronto apareció mi anterior interlocutor y se sentó a mi lado.

El vuelo hacia Colonia duraría no más de media hora y en ese lapso de tiempo pudimos conocernos un poco más, le dije cuál era mi nombre y el motivo de mi viaje a Alemania, me dijo que se llamaba Juan Prinz, que era alemán y que pasó su niñez y juventud en Buenos Aires. Venía desde Singapur, en el sudeste asiático, un país- ciudad al otro lado del mundo, donde trabajaba en una empresa alemana que se llamaba Kloeckner Humboldt DEUTZ. Su jefe le había dicho que debe ir inmediatamente a Alemania a resolver asuntos urgentes de la empresa, así que tomó el primer vuelo que pudo. Cuando hizo escala en Roma se le ocurrió preguntar en la counter de Lufthansa si había algún otro vuelo a Alemania ya que el suyo saldría tres horas después.

– Mire, ese vuelo sale en media hora, así que corra por ese pasillo que ya están embarcando.

Ahora entiendo por qué cuando me puse en la fila equivocada me habló en inglés, ya que me había confundido con una chica filipina por mis rasgos un poco asiáticos.

Pasaron los días hasta que llegó una carta al buzón de la casa de mi hermana que vivía en Bonn cuyo remitente era Juan Prinz.

Boda de Susana y Juan en Singapur.

Esa carta se había demorado muchos días en llegar ya que venía desde Singapur. Abrí el sobre con mucha indiferencia y apenas leí la carta. En los meses subsiguientes llegaron más y más cartas a las que nunca contesté ya que me acordaba siempre del consejo de mi mamá antes de mi partida,

-Cuidado mijita, que allí vas a encontrar a muchos bandidos internacionales.

El tiempo pasó, yo estaba muy concentrada en mis estudios hasta que cierto día timbraron en la casa de mi hermana y cuál no sería mi sorpresa al ver parado en la puerta a mi amigo Juan. Fue para mí una gran sorpresa.

Allí empezó una hermosa historia de amor, digna de los cuentos de hadas.

Estando en su trabajo en Singapur y para poder visitarme, Juan se inventó no sé cuántas cosas para que el jefe le permita viajar a Alemania. Si sumo el tiempo en el que nos conocimos hasta que nos casamos, creo que no fueron más de dos meses.

Recuerdo que cada vez que venía a Alemania se quedaba por lo menos una semana hasta arreglar asuntos de su empresa y por supuesto me venía a ver todos los días. Lo que me llamaba muchísimo la atención era que cada vez que venía conducía un auto de último modelo, siempre de la marca Ford. Yo pensaba para mis adentros

–Dios mío, ¿acaso no será un mafioso o algo por el estilo? Pero no, tiene una linda mirada y tiene buenos sentimientos. Y claro, unos hermosos ojos azules.
Resulta que su mejor amigo era nada menos uno de los altos jefes de la fábrica Ford en Alemania así que le prestaba los autos de último modelo que estaban a disposición.
En 1975 nos casamos en el registro civil de Singapur.
El certificado de matrimonio era como un papiro, muy hermoso, incluso la envoltura era algo muy especial.

NUESTRA MISIÓN

Juan y Germán.

En enero de 1985 nació nuestro hijo Germán luego de 10 años de infructuosas tentativas con todos los tratamientos médicos de ese entonces.
Lo más maravilloso que pudo haberme sucedido en la vida fue sentir el momento en que se unió el óvulo con el espermatozoide, intuí que

fue así, ya que una bellísima y amorosa energía ingresó por mi cabeza y yo sólo supe que ESO ERA DIOS. Por eso decimos que Dios es amor.

Fui la mamá más feliz del mundo criando al ser más bello que Dios pudo darme.

Mi hijo falleció a la edad de 22 años en mayo del 2007.

En junio de ese año viajamos a Estados Unidos.

Estando en la ciudad de Las Vegas en un hotel del lugar, cierta mañana al despertarme escuché clarísima la voz de mi hijo que me pedía ir a Sedona en Arizona.

Sedona es un hermoso pueblito enclavado en medio de un verde oasis del desierto de Arizona y de donde sobresalen montañas rocosas de un inconfundible color rojizo. Allí se concentran la mayor cantidad de personas que pertenecen al movimiento de la nueva era.

Además este lugar es famoso por la cantidad de vórtices de energía.

Cuando me dirigí a un quiosco de información turística que se encontraba junto a un hermoso arroyo en el camino de ingreso al valle, la señora que atendía sin preguntarme nada, simplemente me dijo.

-Vienes en un viaje espiritual, mañana puede atenderte Ángel, ella está libre.

Conocí a Ángel Lightfeather (pluma ligera de Ángel), una síquica quien en su tarjeta de presentación decía recibir mensajes desde el más allá, además de tener dones de clarividencia y clariaudiencia.

Yo no había pedido nada de esto, simplemente deseaba que alguien hablara con mi esposo ya que se encontraba sumido en honda tristeza por la pérdida de nuestro hijo.

Cuando Ángel terminó la sesión con mi esposo le dije que deseaba conocer uno de estos sitios energéticos a lo cual accedió. Cuando ingresábamos al lugar donde se encuentran unas pagodas tibetanas sentí de pronto una energía que venía desde arriba, como una electricidad, supe claramente que era mi hijo, pero no se lo dije a Ángel.

Cuando de pronto Ángel muy exaltada me dijo,

-¡Tu hijo, no tenía por qué venir a este plano, él es un espíritu evolucionado. Sólo vino a recordarles a ustedes dos la misión que tienen que cumplir!

Y la energía volvió a subir mezclándose quién sabe con LA SINFONÍA CÓSMICA EN PERPETUA ORACIÓN, según una frase de el un poema de mi hijo que me escribió luego de su partida, desde ese otro estado de conciencia, para explicarme lo inexplicable.

¿Y cuál era nuestra misión?
En noviembre del año pasado 2020 sentí que una voz me hablaba y me decía –Tu misión recién comienza. Y qué puedo decir de mi esposo quien ha dedicado los 48 años de su vida a ayudar a los más necesitados a través de los Clubes Rotarios, que son personas líderes en la comunidad quienes a más de reunirse por motivos de amistad y compañerismo, se dedican a realizar programas de ayuda social en los diferentes países del mundo.

Hace ya algunos años recibió una invitación muy especial de líderes indígenas de la provincia de Chimborazo en Ecuador, para una ceremonia de agradecimiento por su ayuda a las comunidades de esa zona de los Andes.

Yo ya sabía de lo que se trataba así que invité a Rafael Calderón quien fue mi instructor del curso de las 24 prácticas y a quien tengo mucho agradecimiento. Quería que también participara de este acto muy significativo, ya que gracias a él di los primeros pasos en Misión Rahma y este homenaje a mi esposo era la culminación de una serie de ayudas a esas comunidades. Pero Rafael no asistió lo que me dio mucha pena.

Y todo esta labor de ayuda comunitaria empezó con la recepción de un mensaje de los Guías Extraterrestres por el grupo Rahma Mintaka de Quito.

Dos años antes, el grupo Mintaka, me había invitado por varias ocasiones a la zona del Chimborazo, la montaña más alta del Ecuador, ya que los Guías extraterrestres les habían dicho que deben encontrar y trabajar en un muro de piedra cerca de la montaña.

Era fascinante verles recibir comunicaciones, no sólo de los Guías, sino también de los Apus, guardianes del gran coloso.

Cierta vez recibieron una comunicación en la que les decían que deben ayudar a la gente del lugar, pero donde se encontraban apenas había una cabaña que parecía abandonada. Cuando ya decidieron retirarse y cruzar la carretera para abordar los autos, miraron hacia una quebrada y descubrieron una escuelita a donde acudían niños indígenas. Muchos de ellos caminaban por varias horas, atravesando las montañas andinas, para llegar a su lugar de estudio.

Allí empezó la ayuda a esa escuelita por el grupo Mintaka formado mayormente por mujeres.

Cierta vez, en la época de Navidad, el grupo Mintaka nos invitó a mi esposo y a mí para que les acompañásemos a repartir juguetes, ropita, y víveres.

Antes de ir a la escuelita fuimos al lugar aledaño al muro de piedra donde realizamos irradiaciones y una ceremonia de agradecimiento a la Pachamama. Desde allí la vista del Chimborazo era espectacular, pero ese día estaba completamente nublado.

En medio de nuestras prácticas, Rocío, una inmejorable antena receptora, canalizó el mensaje que decía que el profesor de la escuelita nos pediría a cada una de nosotras que les dirijamos la palabra a los niños. Además que el Chimborazo se despejaría sólo por dos minutos.

Éramos 8 mujeres y me pareció muy ilógico que todas hablásemos, además yo no me había preparado. Cuando de pronto sucedió algo inexplicable, se empezaron a mover las nubes que cubrían a este coloso de los Andes hasta quedar completamente descubierto. Incluso una pequeña franja de cielo azul quedó dibujada alrededor de él, encerrándolo en un primoroso cuadro digno de un hermoso lienzo de un gran artista.

Mientras tanto yo miraba el reloj para comprobar lo recibido en la comunicación y exactamente a los dos minutos comenzaron a bajar las nubes cubriéndolo como si se tratara de un telón al final de una gran obra teatral.

En la escuelita nos esperaban los niños con un pesebre viviente que habían preparado amorosamente. Danzaron y cantaron como agradecimiento por nuestros regalos. Luego nos hicieron pasar a un cuarto donde nos esperaba un festín vegetariano para nuestro deleite.

Al final nos pidieron que cada una de nosotras les dirijamos unas palabras. Mis amigas se explayaron con lindos discursos. Pero yo no soy muy elocuente. Cuando me tocó mi turno, simplemente les dije.

-Miren, yo no voy a hablar mucho, solamente quiero decirles que les he traído un gran regalo !A MI ESPOSO!

Mi esposo Juan se levantó de un brinco y sólo atinó a decir,

-Bien, díganme ¿En qué puedo ayudarles? ¿Cuáles son las necesidades de esta escuelita?.

Para no alargarme, les cuento que después de un año esta escuelita disponía unas hermosas baterías sanitarias para niñas y niños, incluso tenían duchas de agua caliente, calentadas con gas.

Gracias al trabajo tesonero de un Club Rotario de la ciudad de Ambato se benefició no solo esta escuelita, sino muchas más de esa provincia. A todas les construyeron baterías sanitarias, les obsequiaron computadoras, en fin, allí empezó una hermosa labor de ayuda a todas las comunidades de la provincia de Chimborazo.

Ahora nos encontrábamos en una gran planicie a unos 4.000 metros de altura en medio del viento y el frio inclemente del páramo. En la

tarima construida para el homenaje se encontraban autoridades de los diferentes cantones así como también mandatarios de los pueblos nativos.
Miles de indígenas con sus mejores galas y con sus caballos ataviados con hermosos adornos de plata estaban allí para colocarle a mi esposo el famoso poncho rojo, que sólo otorgan a personas muy especiales y altos mandatarios en señal de agradecimiento, ya que gracias a sus gestiones, miles de familias se beneficiarían con el agua que se traería desde el del volcán Carihuairazo.
El grupo Rahma Mintaka y yo pedimos a los organizadores que nos concedan unos minutos para dirigirles unas palabras. Esto lógicamente estaba fuera del programa, pero nos fue concedido.
Empezamos a hablarles sobre el cuidado al medio ambiente y del respeto que se debe tener a la Pachamama para luego finalizar con la oración a la Madre Tierra. Cuando dijimos la oración a la Madre Tierra, el silencio fue total.

NUESTRAS EXPERIENCIAS COMO PAREJA EN RELACIÓN AL CONTACTO EXTRATERRESTRE

Aunque mi esposo no ha pertenecido a los grupos Rahma, ha amado lo que yo hago. Siempre ha estado pendiente de que yo no falte a ningún compromiso relacionado con la Misión. Nuestra casa ha estado abierta para cualquier evento de los grupos Rahma.
Recuerdo cuando estuvimos en Cambodia donde yo sentía que debía ubicar al disco solar para activarlo para lo cual debía quedarme sola dos días más ya que esposo debía retornar a Tailandia con una pareja de amigos. Pero lógicamente él nunca me iba a dejar sola con mis aparentes locuras y en un país totalmente desconocido.
Le dije a Juan que debía quedarme para ubicar el disco solar de Cambodia, a lo que él me preguntó...
-¿Y dónde está ese disco solar? -¿Acaso tienes una foto para verlo?
-Mira, el disco solar es una herramienta de poder que abre las puertas entre las dimensiones, a veces refleja, otras veces refracta. Y continúe explicándole con mucha emoción mis conocimientos sobre esta herramienta de poder.
Cuando le miré de reojo para ver si me estaba escuchando, vi que él tenía la mirada perdida en el horizonte.
Mi esposo es muy racional, no entiende de planos de conciencia, dimensiones o de herramientas de poder, solamente cree en lo que pueda ver y palpar.
Pero todo puede cambiar según las circunstancias.

Hace algunos años estuvimos en el pueblo de Salisbury, cerca de Stonehenge, Inglaterra, donde se me ocurrió ingresar a una oficina de turismo para preguntar sobre los agro glifos que suelen formarse en los campos de cultivo de cereales de esa región. Allí un chico de una agencia de viajes nos explicó que debíamos viajar más hacia el norte y que en medio del campo existía un pub donde se reunían las personas a hablar de este tema.

Mi esposo manejaba un auto que habíamos alquilado en Alemania con el que viajamos hasta Inglaterra. Este auto lógicamente tenía el volante en el lado izquierdo, pero imagínense ustedes lo que es conducir un auto en un país donde los autos tienen el volante en el lado derecho, es decir donde se conduce al lado contrario. En vez de ir por la derecha, hay que ir por la izquierda.

Mientras nos dirigíamos en busca de ese famoso pub por un carretero muy estrecho, yo sólo miraba el camino mirando que mi esposo no se pase al lado derecho.

Perdido en medio del campo estaba el pub y los clientes estaban todos afuera tomando sol y cerveza. Yo no me sentía con ganas de acercarme a alguien para preguntarle si había visto algún agro glifo, así que decidimos preguntarle al chico que atendía en el bar sobre las últimas apariciones en los campos de cereales, a lo que nos contestó.

-Miren por ahora no se ha formado ningún agro glifo, el último fue hace dos meses, pero si desean, aquí tenemos un pequeño salón donde se exhiben las fotos de muchos agro glifos.

En la parte trasera del pub había efectivamente un salón con muchas fotos y leyendas sobre los círculos de las cosechas. Miramos lo que pudimos y cuando ya nos disponíamos a retirarnos ingresó una pareja. Él era un hombre bastante alto, de pelo obscuro y ella era muy pequeñita. El hombre se paró frente a una de las fotos y la miró detenidamente a lo que yo me acerqué para preguntarle si alguna vez había visto algo así, a lo que él me respondió.

-No sólo que los he visto, he visto cómo los hacen desde las naves…

Bien, allí empezó una conversación sumamente interesante. Me habló del acelerador de partículas que se encuentra en un túnel entre la frontera de Francia y Suiza y el peligro de que se forme un agujero negro con los experimentos que allí hacían, lo que podría hacer desaparecer a la tierra.

Mientras él hablaba yo le miraba a los ojos y me llamaba muchísimo la atención que lo blanco de sus ojos no era blanco, era transparente como el agua. Era una persona sumamente inteligente y al mirarme sentía que veía todos mis pensamientos. Me dijo que le estaban persiguiendo y yo enseguida le relacioné con la desaparición de los archivos extraterrestres de manos del ejército británico, noticia que la había escuchado casualmente en una radio alemana que suele dar el estado del tráfico de las autopistas. Esto fue antes del viaje a Inglaterra.

Me concentré tanto mirándole a los ojos y en un momento yo ya no estaba allí, sino en otro lugar, en algo así como un estanque de agua cristalina. Cuando volví, me percaté de que mi esposo estaba detrás nuestro, muy atento a nuestra conversación, entonces le dije a este señor,

-MI esposo no cree en nada de esto.

Este "ser" le regresó a ver y en sus ojos se formaron unas chispas especiales, para mí claramente era la señal de tener una inteligencia muy superior.

Le dijo a Juan, señalando una de las fotos donde se veía un círculo.

-Mire, aquí está la fórmula del diámetro de la circunferencia.

Empezó a explicarle, en un perfecto Inglés Británico, la fórmula matemática de la fotografía, en un lenguaje técnico y con términos científicos fuera de lo común y muy complicados para mi entendimiento. Mi esposo si podía captar su explicación ya que él es ingeniero naval y mecánico.

¿Quién era este señor, que hasta me habló con lujo de detalles sobre una experiencia que tuvimos con una nave en Paredones, Ecuador, en un balcón natural de la cordillera andina, desde donde se puede divisar hasta el mar?

Bien, esto fue un acontecimiento fuera de lo común lo que no contaré en su totalidad.

En nuestro camino de retorno a Salisbury, mi esposo de pronto me dijo,

-Escribe, (yo saqué mi libreta de notas), las casualidades no existen, ¿por qué debimos permanecer más tiempo en Salisbury? -¿Por qué no continuamos nuestro viaje hacia el sur, según lo planificado?

Y así continuó empleando terminología que nunca antes le había escuchado.

Esta experiencia marcó su vida o por lo menos desde ese entonces logró comprender de la existencia de otras realidades y de la vida en otros planetas, temas de los que yo infructuosamente había tratado de explicarle durante tantos años sin conseguir resultados.

Yo sé que después de esto ya no volvería a hacerle preguntas a Sixto Paz Wells, como esta, ¿Y por qué yo no veo naves? A lo que Sixto tuvo el acierto de responderle, ¿Acaso viste esa flor pequeñita que

acabamos de pasar?
En estos momentos, siento que todos formamos parte de un plan hermosamente diseñado.
La vida nos unió como pareja estando los dos en lados opuestos del planeta para cumplir una misión, que la vamos comprendiendo conforme avanzamos en el camino de la vida y que quien sabe al final miraremos hacia atrás y diremos. ¡MISIÓN CUMPLIDA!

Juan y Susana.

Siempre recuerdo las mágicas palabras de Sixto y Marinita cierta vez que estuvimos en su casa en Lima con Jeaneth Andino y Daysi Montaño, donde a cada rato cortaban la conversación y nos decían
-DÉJENSE LLEVAR…
Desde ese entonces, este es mi lema. Me dejo llevar por la vida hasta que las cosas ocurran. Pero también me esmero en que las cosas ocurran.

Mi compañero de vida, Juan, a pesar de no pertenecer a los grupos Rahma, ha sido cómplice de mis aparentes locuras. Indirectamente ha sido el artífice de mi desarrollo en los grupos de Misión. Silenciosamente ha caminado a mi lado compartiendo conmigo y tratando de entender cosas que no comprendía, por ser muy mental.

Este es mi esposo Juan, y esta es mi historia.

El 20 de noviembre del 2021 cumpliremos 47 años de feliz unión.

Lucrecia Vega.

Como autor de esta publicación al mencionar lado materno, me refiero a la familia de mi madre, Bertha Castro de Gachet.
Lucrecia Vega es mi abuela materna y varios de sus descendientes constan en estas páginas.
Juan Carlos Gachet.

VI

OTROS FAMILIARES

The Ancient Arms of
Gachet

Bertha Margarita Vázquez Haro

Guadalajara Jal. 27 de Enero de 2021

Breve Reseña Autobiográfica

Soy Bertha Margarita Vázquez Haro originaria de Guadalajara Jalisco México, nacida el 3 de agosto del año de 1958, en el seno de una familia de fuertes raíces cristianas, ejemplar en el trabajo, con una tendencia formativa rígida, con múltiples factores protectores y un afecto moderadamente manifiesto. Fui la tercera de cinco hermanos de la primera esposa de mi padre llamada Bertha Guadalupe Haro Hernández, quien falleció cuando yo tenía cinco años de edad. Al año siguiente de este suceso, mi padre José de Jesús Vázquez Aguayo, contrae nuevas nupcias y de esta segunda esposa cuyo nombre es Camerina García Servín, tengo otros cinco hermanos.

Bertha Vázquez.

Un evento memorable tanto para la familia nuclear como para la familia extensa que quiero compartir, es la celebración de los 50 años de vida matrimonial de los abuelos paternos: Silvano Vázquez Padilla y Petra Aguayo Quintero, pues en este mismo evento, se decidió reunir también mi XV aniversario de vida y la primera comunión de mi hermano Mario Alberto Vázquez García.

Puedo recordar con claridad los preparativos en los que Camerina participó activamente, gracias a su habilidad para confeccionar prendas de vestir, tomó la batuta en esta área con suficiente antelación para la selección de las telas y los modelos de las 6 mujeres del núcleo familiar.
Se mandaron hacer invitaciones impresas que posteriormente fueron distribuidas en las diversas localidades donde habitaban los hijos de mi abuelo, quien también fue viudo de su primera esposa y medios hermanos de mi padre, único hijo de la segunda esposa que era mi abuela Petra.
Era la primera vez en mi vida que yo participaba en una celebración de tal envergadura, pues el tío sacerdote primo hermano de mi padre, se encargó de dar el toque solemne en una iglesia nutrida de asistentes en la misa que se gozó en presidir.
Posteriormente la fiesta que se llevó a cabo en las instalaciones del taller de herrería, oficio del abuelo y de mi padre; parecía como si mi hermano mayor, José Edelberto, hubiese calculado "seleccionar" una parte de dicho taller, para los jóvenes donde contrató un grupo musical versátil que resonaba en todo el espacio. Hubo una gran cantidad de invitados y familiares que veía por vez primera y me ayudó a percatarme de las dimensiones de una familia realmente mayúscula.
Deseo concluir expresando la gran importancia de haber convivido de forma tan estrecha con los abuelos, pues ellos tuvieron un papel protagónico en nuestra formación y los considero como unos segundos padres. También mi admiración por mi papá, sé que realizó un gran esfuerzo para cubrir los gastos que se generaron para la realización de este magno evento que quedará en mi mente por todo el tiempo que Dios me permita vivir.

Bertha Vázquez es mi cuñada.
Juan Carlos Gachet.

VII

INFLUENCIA DE FRANCIA

The Ancient Arms of
Gachet

INFLUENCIA DE FRANCIA EN EL ECUADOR

Ninguna nación ha ejercido en diversos aspectos tan decisiva influencia en la América hispana como Francia y la ha ejercido y la ejerce en el Ecuador.

El Ecuador adoptó las instituciones republicanas de Francia y aún en la época colonial un quiteño, quizá el primero en América, tradujo la DECLARACION DE LOS DERECHOS DEL HOMBRE promulgada por la Revolución Francesa.

Bolívar, el Libertador de gran parte del Continente americano, le censura un escritor europeo porque su filosofía es el Contrato Social de Rousseau, su evangelio, la Declaración de los Derechos del Hombre y su principio de gobierno, la soberanía del pueblo.

El nombre de Francia está en los labios y en el corazón de los ecuatorianos que adoptaron las instituciones republicanas de esa gran nación, que se inspiraron en las enseñanzas de sus grandes escritores y estadistas.

El Código Civil del Ecuador, en gran parte, tomó por base el de Francia; porque adoptó el que para la República de Chile formuló el sabio don Andrés Bello que no prescindió ni quiso prescindir del monumental Código que lleva el nombre de Napoleón el Grande. Por eso el más notable de los jurisconsultos ecuatorianos dijo con tanto acierto que "el primer cónsul ejerce la dominación universal que el Emperador no pudo alcanzar por medio de las armas".

Un egregio ecuatoriano, el eminente Arzobispo González Suárez, en elocuente elogio sostiene que Francia es la parte más civilizada del mundo, la más culta de Europa, que otras naciones le harán ventaja en otras cosas; pero que en cultura tiene indudablemente el principado sobre las demás naciones de Europa.

Anotó que Francia ha recibido de la Providencia el don de difundir y de popularizar las ideas en todo el mundo civilizado, que las ideas más nuevas y útiles permanecen aletargadas mientras no las hace suyas la Francia, que empiezan a correr y divulgarse y a ejercer influencia desde el momento en que las patrocina la pluma francesa, que han de pasar primero por el cerebro de un francés para que cundan por el mundo como llamas azuzadas por viento favorable.

En lo que se refiere a literatura, los autores franceses antiguos y modernos son familiares entre nosotros y su ciencia influye en forma decisiva en los estudios del Ecuador. Nuestros jurisconsultos estudian en los libros de los tratadistas franceses. Nuestros médicos reciben las

enseñanzas de los grandes sabios franceses. La ciencia en general se difunde por medio de esos genios eminentes que son honra de la Humanidad. Los literatos conocen la lengua francesa y estudian en libros de Francia los modelos de los más variados escritos en los diversos ramos del saber humano.
Como es sabido, el Ecuador formó parte de la Gran Colombia y el precursor de la Independencia americana, el General Francisco de Miranda, fué espíritu esencialmente francés. General de la ilustre nación francesa, se distinguió en la batalla de Valmy y su nombre está inscrito en el Arco del Triunfo, en donde arde perpetuamente la flamiguera llama que recuerda al soldado desconocido.

Después del desastre que sufrieron las armas quiteñas en la batalla del Panecillo, en 1812, se replegaron hacia el norte y libraronel último de los combates en San Antonio de Ibarra.
Vencidas nuevamente cayeron prisioneros el Coronel Francisco Calderón y el Coronel francés Guillon o Guyon y ambos fueron pasados por las armas; de manera que sangre francesa se mezcló con la ecuatoriana en el patíbulo erigido para castigar a los heroicos jefes de la Independencia ecuatoriana.
Han ejercido también influencia, han dejado huella luminosa en nuestra historia las Comisiones Geodésicas francesas venidas al Ecuador en los siglos XVIII y XIX para medir un arco meridiano y determinar la figura de la tierra.
En la primera expedición científica vinieron Godin, Bouguer y La Condamine, el botánico Jussieu, el ingeniero Verguin; y en la segunda, el General Perrier, militar ilustrado, secretario perpetuo del Servicio Geodésico militar de Francia, el eminente hombre de ciencia, doctor Rivet, que escribió notables obras de Arqueología y Antropología e hizo tan notables estudios en diversos ramos del saber humano.

La deuda de la América de habla española para con Francia, y la deuda de mi patria, el Ecuador, por consecuencia, puede ser anotada en dos grandes regiones del libro de cuentas de la Humanidad.
Primero: la deuda por la cultura.
Segundo: la deuda por la libertad.
En el primer aspecto, el de la civilización, nuestra América es continuadora y heredera de la pura y luminosa línea de la cultura greco-latina. De Grecia y Roma descendemos a través de España, por la sangre y por la tradición. Lengua greco-latina, el habla española nos enseñó a pensar, a ordenar nuestro espíritu, dentro de la fuerza

clarificadora de Plotino, de Aristóteles, de Platón, de Séneca y Marco Aurelio. Lengua greco-latina, el habla española nos cultivó la sensibilidad y nos comunicó el don de apreciar la belleza creada por el ciego de la Ilíada y la Odisea; por los trágicos de Grecia; por Anacreonte y Ovidio. Y la plástica nuestra, heredera del deslumbramiento apolíneo, nos fué revelada por los escultores griegos.

Y a razonar a debatir, en el ágora, y el parlamento, nos enseñaron Demóstenes y Cicerón.

En los tiempos modernos - quizás desde la época en que Francisco de Valois se paseara por Italia. Francia se mostró, dentro de la gran hermandad latina, como la heredera, como la continuadora cabal de Grecia y Roma. Y se irguió, en el panorama universal, como portaestandarte del pensamiento y la sensibilidad greco-latina.

Y fué reconocida como la esplendorosa guía de la cultura humana.

Cuando mi patria, el Ecuador, junto con los demás pueblos hermanos del consorcio latino-americano, sintió el imperativo histórico de luchar por su independencia política, fué inspirada, sin duda alguna por la obra y el espiritu de la Revolución Francesa de 1789.

Fué, pues, la luz de Francia la que iluminó nuestro nacimiento político. Pero, en el plano de la cultura, junto con la "Declaración de los Derechos del Hombre y del Ciudadano", que introdujeran en estas tierras precursores como Miranda, Nariño, Espejo, nos Ilegó la sabiduria francesa de sus clásicos: desde la risa gala de Francisco Rabelais, el puro lirismo de Ronsard, la picardia de VilIón, la honda sencillez de La Fontaine; hasta la engolada perfección de Corneille y Racine y el genio universal, risueño y zaheridor del gran Molière.

Y más cercamente, nos llegaron las voces de aquellos maestros de la Humanidad, que inauguraron la Edad Contemporánea, en las ciencias, en las artes, en la literatura y que convirtieron - esta vez ya definitivamente- a Paris en la capital de la cultura de los hombres.

La sonriente dictadura de Voltaire.

Tras la obra literaria y artística, llegaba la técnica científica: en medicina, en ingeniería, en ciencias naturales, en filosofía. El pensamiento francés, ejerciendo la rectoría espiritual de nuestra América, y muy singularmente del Ecuador, acá vinieron las misiones geodésicas: La Condamine y Bompland, Rivet y Perrier.

Un investigador francés, que es al mismo tiempo una de las cumbres del pensamiento libre de estos tiempos, el doctor Paul Rivet, ha llevado más lejos y más hondamente el problema del hombre americano y de su origen, que pensador alguno. Y todo, desde aquel momento en que, para medir arcos de meridiano, fué enviado al Ecuador, y en él prendió raíces, y en él fundó su hogar, con una mujer de Cuenca, que lo acompaña desde entonces en la vida. El doctor Rivet, fundador y conservador del Museo del Hombre, de París, y una de las figuras científicas más grandes de este siglo, en el ramo de la etnografía y la antropología, es un nexo vivo, un lazo humano imperecedero entre el Ecuador y Francia. Con la Francia eterna y verdadera, que nunca equivoca sus destinos. Con la Francia que encontró, como en todas las horas más dramáticas de su historia, la figura que la salve, la encarne y la represente; y que en aquella trágica oportunidad estuvo representada por el General Charles de Gaulle.

Mi generación, y las promociones posteriores en el Ecuador, aman a Francia entre todas las naciones. Por esto, un momentáneo eclipse, despertó la simpatía unánime. Y cuando por sobre la fauna triste de derrotistas y traidores, emergió la figura gallarda y luminosa de Gaulle, los hombres de pensamiento vivo en esta tierra, estuvimos con él, de todo corazón.

Y reclamamos que la intelectualidad francesa que estuvo del lado de Francia y del hombre, la que no calló ni traicionó, sea severa para con los tímidos y los traidores: la traición a la libertad, es la traición a Francia. Quien traicionó a Francia, traicionó también a la libertad humana en todas las latitudes de la tierra: la democracia moderna nació en Francia, en brazos de la inteligencia, la cultura, el valor francés. La democracia moderna ha de renacer, más justa, más renovada, en nuestra Francia, la de todos. Una democracia moderna en la que haya Libertad con justicia, para hombres y pueblos. Igualdad con justicia, Fraternidad con justicia.

Esa democracia, ha de surgir en Francia, tiene derecho de primogenitura para ello. Que en el mundo nuevo no se vuelva a imponer la fuerza solamente en tanto que fuerza. Ni la riqueza en tanto que riqueza. Que se impongan los derechos del espíritu, los más auténticos y puros de la Especie Humana.

Y que al héroe de la libertad francesa, al general Charles de Gaulle, no se le regateen reconocimientos y derechos que, con tanta generosidad, se han concedido al mayor traidor a la causa de la democracia, en la historia moderna, ese generalillo Franco, que permitió y estimuló, para que, en la carne y la sangre generosa de su gran pueblo español, se hicieran los ensayos de laboratorio para lanzarse al asesinato de la libertad y la justicia humanas.

Creemos en la Francia eterna: la de Pascal y Descartes; la de Rabelais

y Villon; la de Pasteur y Claude Bernard; la de Croix y Berlioz; la de Flaubert y Zola; y creemos también en la Francia nueva, que se ha de ordenar con la claridad del espíritu latino.
Benjamín Carrión.
Afinidades: Francia y América del Sur
France. Service de l'information, Montevideo

L. F. BORJA
Oficial de la Legión de Honor de Francia, Presidente Honorario de la Sociedad Bolivariana del Ecuador, Presidente de la Sociedad de Beneficencia, Es Presidente de la Sociedad Jurídica Literaria, Director de la Academia Nacional de Historia, Presidente y Gerente de la Caja Central de Emisión y Amortización, Procurador General de la Nación, Presidente de la Comisión Permanente de Legislación, Vocal de la Junta Consultiva del Ministerio de Relaciones Exteriores, Ministro Plenipotenciario en Chile, Miembro Correspondiente de la Sociedad Americanista de Paris.

The Ancient Arms of
Gachet

X

DOCUMENTOS

930 del 20 de octubre de 1919. Tras largos años de trabajo, la carretera fue inaugurada en 1943.

PRIMEROS ESTUDIOS DE LA CARRETERA ALOAG - SANTO DOMINGO

El General Gabriel García Moreno en sus primeros años de la Presidencia de la República contrató un grupo de técnicos franceses para que hicieran el estudio de una carretera que una a Quito con el mar.

El estudio concluído fue entregado en junio de 1876 y sirvió de base para la construcción de la carretera Alóag-Santo Domingo efectuada desde 1945 hasta 1964.

CARRETERA ESMERALDAS - SANTO DOMINGO

Mas adelante, en 1921, el Presidente José Luis Tamayo firmó el ejecútese a un decreto del Congreso de la República que consideraba la construcción de una carretera desde Esmeraldas a Santo Domingo la que se empalmaría con la que se construía desde Quito a Chone por Santo Domingo.

Para esto, los fondos debían provenir de la venta de terrenos baldíos, del impuesto al aguardiente, 10 ctvos. por cada canoa cargada y 20 ctvos. por cada balsa que llegara a Esmeraldas.

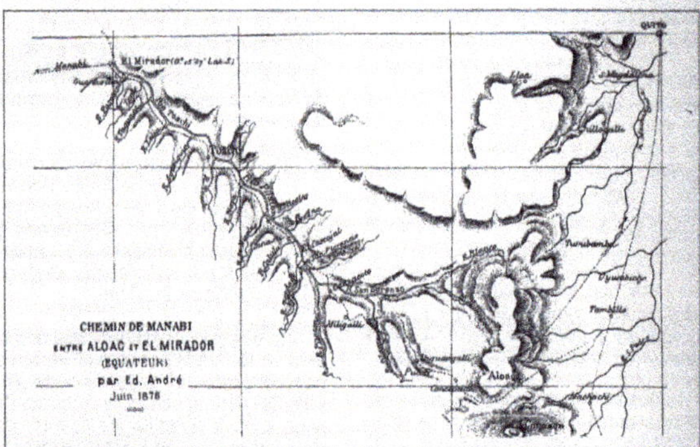

Camino de Manabí: entre Alóag y El Mirador (Ecuador) por Edouard André, junio de 1876.

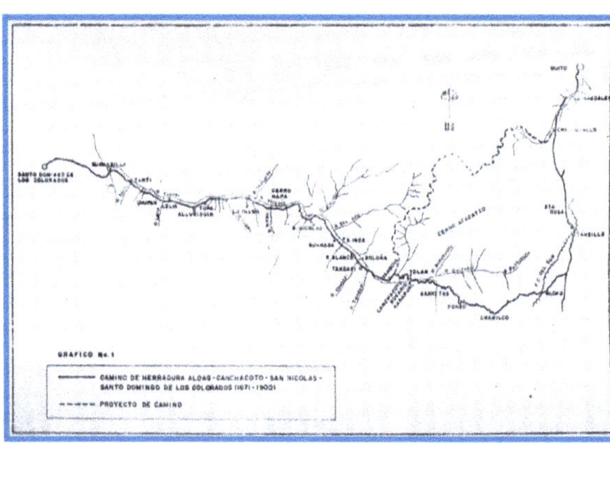

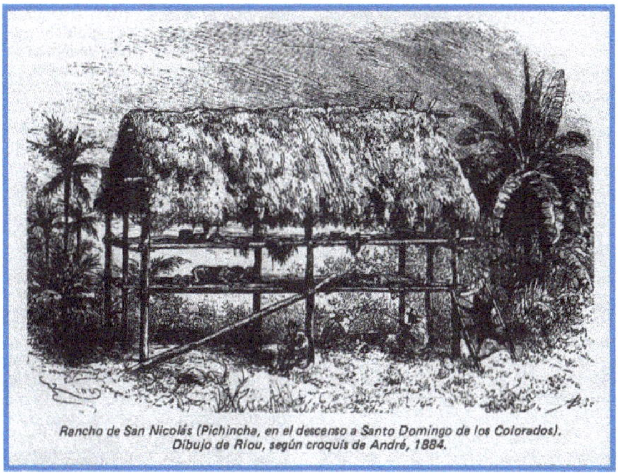

Rancho de San Nicolás (Pichincha, en el descenso a Santo Domingo de los Colorados). Dibujo de Riou, según croquis de André, 1884.

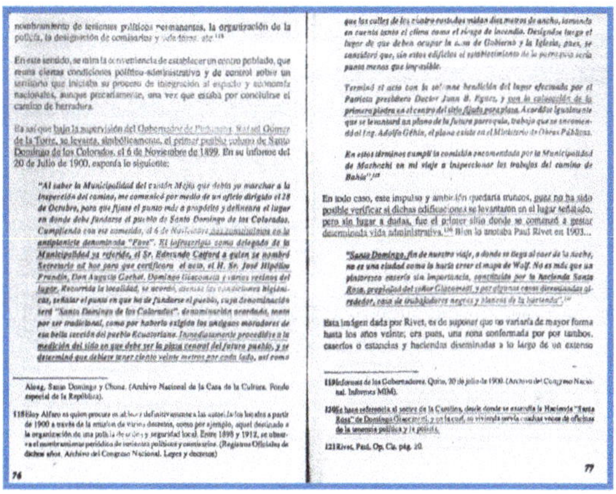

nombramiento de tenientes políticos permanentes, la organización de la policía, la designación de comisarios y celadores, etc.[118]

En este sentido, se mira la conveniencia de establecer un centro poblado, que reúna ciertas condiciones político-administrativo y de control sobre un territorio que iniciaba su proceso de integración al espacio y economía nacionales, aunque precariamente, una vez que estaba por concluirse el camino de herradura.

Es así que bajo la supervisión del Gobernador de Pichincha, Rafael Gómez de la Torre, se levanta, simbólicamente, el primer pueblo colono de Santo Domingo de los Colorados, el 6 de Noviembre de 1899. En su informe del 20 de Julio de 1900, exponía lo siguiente:

> *"Al saber la Municipalidad del cantón Mejía que debía yo marchar a la inspección del camino, me comunicó por medio de un oficio dirigido el 28 de Octubre, para que fijase el punto más a propósito y delineara el lugar en donde debe fundarse el pueblo de Santo Domingo de los Colorados. Cumpliendo con ese cometido, el 6 de Noviembre nos constituimos en la antiplanicie denominada "Pove". El infrascrito como delegado de la Municipalidad ya referida, el Sr. Edmundo Catford a quien se nombró Secretario ad hoc para que certificara el acto, el H. Sr. José Hipólito Frandín, Don Augusto Gachet, Domingo Giacometti y varios vecinos del lugar. Recorrida la localidad, se acordó, atentas las condiciones higiénicas, señalar el punto en que ha de fundarse el pueblo, cuya denominación será "Santo Domingo de los Colorados", denominación acordada, tanto por ser tradicional, como por haberlo exigido los antiguos moradores de esa bella sección del pueblo Ecuatoriano. Inmediatamente procedióse a la medición del sitio en que debe ser la plaza central del futuro pueblo, y se determinó que debiere tener ciento veinte metros por cada lado, así como que las calles de los cuatro costados midan diez metros de ancho, tomando en cuenta tanto el clima como el riesgo de incendio. Designóse luego el lugar de que deben ocupar la casa de Gobierno y la Iglesia, pues, se consideró que, sin estos edificios el establecimiento de la parroquia sería punto menos que imposible.*
>
> *Terminó el acto con la solemne bendición del lugar efectuada por el Patriota presbítero Doctor Juan B. Egüez, y con la colocación de la primera piedra en el centro del sitio fijado para plaza. Acordóse igualmente que se levantará un plano de la futura parroquia, trabajo que se encomendó al Ing. Adolfo Géhin, el plano existe en el Ministerio de Obras Públicas.*
>
> *En estos términos cumplí la comisión encomendada por la Municipalidad de Machachi en mi viaje a inspeccionar los trabajos del camino de Bahía".*[119]

En todo caso, este impulso y ambición quedaría truncos, pues no ha sido posible verificar si dichas edificaciones se levantaron en el lugar señalado, pero sin lugar a dudas, fue el primer sitio donde se comenzó a gestar determinada vida administrativa.[120] Bien lo anotaba Paul Rivet en 1903...

> *"Santo Domingo, fin de nuestro viaje, a donde se llega al caer de la noche, no es una ciudad como lo haría creer el mapa de Wolf. No es más que un pintoresco caserío sin importancia, constituido por la hacienda Santa Rosa, propiedad del señor Giacometti, y por algunas casas diseminadas alrededor, casa de trabajadores negros y blancos de la hacienda".*[121]

Esta imágen dada por Rivet, es de suponer que no variaría de mayor forma hasta los años veinte; era pues, una zona conformada por por tambos, caseríos o estancias y haciendas diseminadas a lo largo de un extenso

Aloag, Santo Domingo y Chone. (Archivo Nacional de la Casa de la Cultura. Fondo especial de la República).

118 Eloy Alfaro es quien procura establecer definitivamente a las autoridades locales a partir de 1900 a través de la emisión de varios decretos, como por ejemplo, aquel destinado a la organización de una policía de orden y seguridad local. Entre 1898 y 1912, se observa el nombramiento periódico de tenientes políticos y comisarios. (Registros Oficiales de dichos años. Archivo del Congreso Nacional. Leyes y decretos)

119 Informes de los Gobernadores. Quito, 20 de julio de 1900. (Archivo del Congreso Nacional. Informes MIM).

120 Se hace referencia al sector de la Carolina, desde donde se extendía la Hacienda "Santa Rosa" de Domingo Giacometti, y en la cual, su vivienda servía cuantas veces de oficinas de la tenencia política y la policía.

121 Rivet, Paul. Op. Cit. pág. 20.

76

77

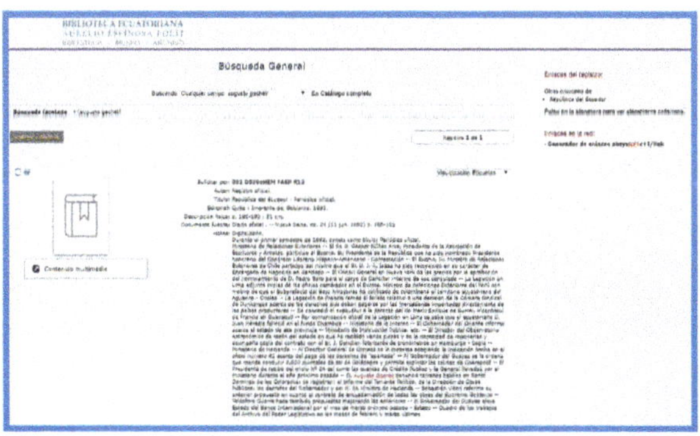

INFORME

DEL

MINISTERIO DE OBRAS PUBLICAS

AGRICULTURA, ETC.

AL

CONGRESO ORDINARIO DE 1898

QUITO

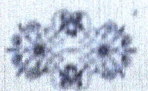

Tipografía de la Escuela de Artes y Oficios

1898

CONTRATOS

COMPROMISO

Del Señor Augusto Gachet con el Supremo Gobierno.

En la ciudad de Quito, Capital de la República del Ecuador, á veintinueve de Setiembre de mil ochocientos noventa y ocho; ante mí el Escribano Fernando Avilés Flores y los testigos que suscriben, comparecieron, por una parte, el Sr. Domingo A. Gangotena, en su calidad de Gobernador de la provincia de Pichincha, y por otra, el Sr. D. Augusto Gachet, vecino de Aloag; ambos señoras comparecientes mayores de edad y casados, á quienes conozco de que doy fe, y dicen que elevan á escritura pública el compromiso que el Sr. Gachet ha contraído con el Supremo Gobierno para colocar un puente sobre el río Lelia, en la vía de Caráquez; cuyo contrato consta de la minuta que me entregaron, cuyo tenor es el siguiente:—"Número.—República del Ecuador.—Gobernación de la provincia de Pichincha.—Quito, á veintiocho de Setiembre de mil ochocientos noventa y ocho.—Sr. Escribano Fernando Avilés:—Sírvase Ud. extender en su registro una escritura por la que conste que el Sr. Augusto Gachet se compromete á colocar un puente sobre el río Lelia, bajo las condiciones y bases que se puntualizan en la minuta que al efecto le remito, así como también la nota de aprobación dada á esta contrata por el Ministerio del Ramo, para que sea incertada en dicha escritura. El Sr. Cattford fué presentado á la Junta como fiador personal y se le aceptó. —Dios y Libertad.—Domingo A. Gangotena.—*Minuta* que sirve de base para el contrato de construcción de un puente en el río Lelia, que debe celebrarse con el Sr. Augusto Gachet, en relación á la propuesta y condiciones hechas; así como también á las modificaciones puntualizadas en las actas del veintiocho de Julio y dieciocho de Agosto, de la Junta. Las condiciones [illegible]—Primera.—El Sr. Augusto Cachet se compromete á [illegible] del río Lelia (vía de Caráquez), por el precio de siete [illegible] éstos en la forma siguiente:

cuatro mil sucres así como se firme la escritura de contrata, y los tres mil sucres restantes, á razón de quinientos sucres mensuales, contados desde que se principie la obra indicada.—Segunda.—Las pilastras para el puente serán de cal y piedra, llevarán seis metros de altura, cuatro de ancho, dos de espesor, y un metro sesenta centímetros de profundidad sus cimientos, fuera de los seis metros de las pilastras, éstass erán de piedra de cantera, labrada.—Tercera.—El puente será de madera, medirá dieciocho metros de largo y tres de ancho; las cuatro soleras ó pisos principales tendrán cuarenta centímetros en cuadro con sus respectivos tentemozos, los que irán por fuera ó encima; este maderamen que forma el piso será de madera incorruptible, esto es, de guayacán ó de moral. El entablado será de otra madera menos pesada pero buena y cortada también en buen tiempo.—Cuarta.—Los pilares, soleras, cintas, y todo lo que forme el puente y esté á la vista, será bien cuadrado y pulido.—Quinta.—La cubierta será de zinc, la que tendrá cuatro metros de altura, y el alero un metro en todos los alrrededores del puente. En resumen, será el puente (poco más ó menos), igual al de San Florencio.—Sexta.—El maderamen será bien alquitranado, y el herraje que fuere necesario, de tornillos dobles y con tuercas.—Séptima.—La obra será entregada á satisfacción de la persona comisionada por la Junta Directiva, y en relación de las presentes condiciones.—Octava.—Los extremos del puente quedarán bien relacionados con el camino, haciendo perder cualquier desnivel ó prominencias que entre éste y el puente hubieren; teniendo sus respectivas cunetas y desaguaderos en la extensión de diez metros.—Novena.—El Señor Empresario tendrá el auxilio de las autoridades de Quito, para la fácil conducción de la cal, como para los trabajadores; siendo de cuenta del empresario todo gasto, previo convenio entre las partes.—Décima.—El tiempo en que el Sr. Gachet debe entregar el puente concluído será, de la fecha en que se firme este contrato, en siete meses fijos.—Undécima.—La construcción del puente y su forma serán en relación al plano en que ha presentado el Sr. Gachet y á las condiciones arriba expresadas.—Duodécima.—La fianza será á satisfacción de la Junta Directiva, sea personal ó hipotecaria, la cual responderá por los resultados de esta contrata.—(Hasta aquí la minuta).—Número mil novecientos cincuenta y cinco.—Ministerio de Obras Públicas y Agricultura.—República del Ecuador.—Quito, Setiembre veintiocho de mil ochocientos noventa y ocho.—Sr. Presidente de la Junta del camino de Quito á Caráquez.—El Sr. Presidente de la República aprueba las bases acordadas por la Junta que U. preside y el Sr. Augusto Gachet, para la colocación del puente sobre el río Lelia.—Me refiero al oficio de U., número sesenta y dos, de veintisiete del mes en curso.—Dios y Libertad.—Ricardo Valdivieso.—(Hasta aquí la minuta).—También comparece el Sr. Edmundo Cattford, de este vecindario, viudo y mayor de edad, á quien conozco, de que doy fe, y dice: que se constituye fiador del Sr. Augusto Gachet respecto del cumplimiento del contrato que contiene la presente escritura, y que, en consecuencia, renuncia los beneficios de orden y excusión.—Todos los comparecientes ratifican el contenido de la minuta inserta, comprometiéndose á cumplir fielmente las condiciones impuestas. Leída que les fué esta escritura por mí el Escribano, á presencia de los testigos, dicen que la ratifican en todas sus partes. Para constancia firman con dichos testigos, que son los Sres. Ramón Carrillo, Manuel Vega y José Carlos Pinto, de este vecindario, mayores de edad, presentes en unidad de acto y á quienes igualmente conozco, de que doy fe.—Domingo A. Gangotena.—A. Gachet.—E. Cattford.—Testigo, A. R. Carrillo.—Testigo, M. Vega.—José Carlos Pinto.—El Escribano, Fernando Avilés F."

Se otorgó ante mí y doy esta primera copia, en Quito, á primero de Octubre de mil ochocientos noventa y ocho.—El Escribano, Fernando Avilés F.

Es copia.—El Oficial 1º, *M. E. Barrera.*

Informe sobre el camino de Quito á Bahía de Caráquez.

República del Ecuador.—Presidencia de la Junta Direct
va del camino de Quito á Bahía de Caráquez.—Quito, á 14 d
Junio de 1898.

Señor Ministro:

Expedido por la última Asamblea Nacional el Decreto qu
ordenaba la construcción de un camino de herradura que pa
tiendo de la ciudad de Quito fuese á terminar en Bahía de Ca
ráquez, fueron nombrados por el Gobierno para formar la Jun
ta Directiva, á que se refiere el Art. 3° del citado Decreto, los se
ñores Dr. Miguel Abelardo Egas, Coronel Wenceslao Ugart
Alejandro Bueno y Ramón Germán.

Instalada dicha Junta el 3 de Abril de 1897, y aprobado po
el Ejecutivo el Reglamento Interior que formulara, fué su pri
mer deseo emprender en la reparación del camino existente en

mingo de los Colorados por la suma de doce mil sucres, compromiso que debe haber sido reducido á escritura pública, en virtud de la autorización conferida por la Junta Directiva al señor Gobernador de Manabí.

Antes de ahora había presentado el Sr. Vidal propuesta para abrir aquella trocha; y si la Convención de 1896 la rechazó, fué por lo exagerado de sus pretensiones; pretensiones hoy limitadas á lo justo, ya que entre el precio anterior de la obra y el actual hay una diferencia de algo más de diez mil sucres.

Las cantidades producidas por la Aduana de Bahía desde la segunda quincena del mes de Abril de 1897 hasta la primera de Mayo de este año, ascienden á S. 24.906,58.

Hay que deducir de estos las siguientes partidas:

Cuatro mil sucres pagados al Sr. Gachet por la reparación entre el Pongo y Guanacilla; y

Doce mil sucres entregados al Sr. Vidal por el trabajo de la trocha desde Caráquez hasta Santo Domingo de los Colorados.

Por consiguiente deben existir en caja, esto es, en el Banco Comercial y Agrícola de Guayaquil, ocho mil novecientos seis sucres cincuenta y ocho centavos.

— XVII —

DESDE que la Convención le creó fondos especiales hasta hace poco, nada se pudo hacer en bien de esta obra, porque era preciso que se colectaran algunos fondos para poder iniciar los trabajos.

POR una contrata con el Sr. Gachet se ha refeccionado el antiguo camino desde el Pongo hasta Guanacilla, con el sólo egreso de cuatro mil sucres. Ultimamente se consiguió, á fuerza de instancias, que el Sr. Eugenio Vidal hiciera su contrata para abrir una trocha de cuatro metros de ancho desde Chones hasta Santo Domingo de los Colorados, por un derrotero que no ofrece sino el paso de un río, y que abrevia en dos jornadas el trayecto. Este contrato, que lo ofreció á la Convención por veinte mil sucres, hemos conseguido celebrarlo por doce mil.

— 45 —

tre este lugar y Santo Domingo de los Colorados. Dos obstáculos impidieron, sin embargo, realizar por lo pronto esta obra: lo fuerte del invierno y la falta de una persona que se prestase á servir de Colector de los fondos destinados á la misma. Aceptado al fin tal cargo por el Sr. José Cornelio Valencia, celebróse el 8 de Marzo del presente año con el Sr. Augusto Gachet la contrata para la refección comprendida entre los puntos denominados Pongo y Guanacilla, por la cantidad de cuatro mil sucres, pagadera en esta forma: tres mil sucres entregados el día de firmada la escritura y los mil restantes en dividendos de á quinientos sucres cada dos meses.

Las seguridades tomadas para el cumplimiento de las obligaciones contraídas por el empresario; y el interés de éste por un camino que tiene que serle de mucha utilidad, como propietario de fundos situados en esos lugares, eran prenda segura de la realidad de la reparación contratada; y en efecto, á más de estar colocados los puentes de El Naranjal, Yamboya y Toachi, estará expedito el tráfico entre el Pongo y Guanacilla antes quizá del plazo señalado.

Es copia.—*L. E. Bueno.*

Sesión del 5 de Marzo de 1898.

Presididos por el Sr. Gobernanor de la Provincia, se reunieron los señores Dr. Miguel Abelardo Egas, Juan Francisco Game, Alejandro Bueno y el infrascrito Secretario.—Leidas las actas correspondientes á las sesiones del 17 y 24 de Febrero, fueron aprobadas.—Sometido al examen de la Junta el proyecto de contrato para la refección del camino entre el Pongo y Guanacilla formulado por el Sr. Dr. Egas, en vista de las bases presentadas por el Sr. Augusto Gachet, fué aceptado en todas sus partes; acordándose, en consecuencia que se lo remitiese al Ministerio de Obras Públicas para aprobación del Gobier-

En 1990, gracias a las primeras investigaciones realizadas Patricio Velarde, en el Archivo del Congreso Nacional de la República, se localizó el acta de fundación oficial del pueblo de Santo Domingo de los Colorados.

El documento puntualiza lo siguiente:

"El Gobernador de Pichincha, Rafael Gómez de la Torre en su informe de 1900 expone lo siguiente:

"...Cumpliendo con ese cometido, el 6 de noviembre [de 1899] nos constituimos en la altiplanicie denominada "Pove". El infrascrito como delegado de la Municipalidad ya referida, el Sr. Edmundo Carford a quién se nombró Secretario ad hoc para que certificara el acto, el H. Sr. José Hipólito Frandín, Don Augusto Gachet, Domingo Giacometti y varios vecinos del lugar. Recorrida la localidad, se acordó, atentas las condiciones higiénicas, señalar el punto en que ha de fundarse el pueblo, cuya denominación será "Santo Domingo de los Colorados", denominación acordada, tanto por ser tradicional, como por haberlo exigido los antiguos moradores de esa bella sección del pueblo ecuatoriano. Inmediatamente procedióse a la medición del sitio en que debe ser la plaza central del futuro pueblo, y se determinó que debiese tener ciento veinte metros por cada lado, así como que las calles de los cuatro costados midan diez metros de ancho, tomando en cuenta tanto el clima como el riesgo de incendio. Desígnóse luego el lugar de que deben ocupar la casa de Gobierno y la Iglesia, pues se consideró que, sin estos edificios el establecimiento sería punto menos que imposible".

CUADRO No 1
DENUNCIAS DE TERRENOS EN EL TRAYECTO DEL CAMINO QUITO-SANTO DOMINGO-MANABI (1875-1894)

AÑO	PROPIETARIO	No HAS.	UBICACION-SECTOR
1875	Manuel Molineros	200	San Florencio
1875	José Manuel Jijón	200	Río Blanco
1875	Damian Schöll	200	Toachi
1875	Martín Grofs	200	Toachi
1875	Antonio Grofs	200	Alluriquín
1875	Arturo Rogers	200	Taguasa y Tanti
1876	Mercedes Andrade	200	San Florencio
1876	Julian Cueva	200	Silante
1876	Cornelio Mera	200	Peripa y Congoma
1876	Mariano del Castillo	200	Cascajal
1876	Cornelio Mera	200	Peripa y Cóngoma
1876	Braulio Buendía	200	Guanacilla
1876	Carlos Aguirre	200	Altar Mayor-Napa
1876	Juan Aguirre	200	Altar Mayor-Napa
1876	Pablo Rivas	200	Cascajal
1876	Juan de Dios Yépez	200	San Nicolás
1876	Manuel María Bueno	200	Guanasilla
1876	Dionisio Lordon	200	El Mirador
1876	Simón Mancheno	200	El Mirador-El Pobe
1876	Jacobo Elbert	200	El Limón-Pilatón
1876	Federico Hurtado	200	El Mirador
1876	Carlos Larrea	200	El Mirador
1883	Juan Bautista Menten	100	Río Yamboya
1883	Teresa Romero	200	Tandapi
1883	Darío Bosano	200	Pilatón y Flor
1883	Fidel Egas	200	Río Santana
1883	Pastor Jurado	200	Río Santana
1883	Augusto Gachet	200	San Nicolás
1883	Augusto Gachet	100	San Nicolás
1883	Edmundo Catfort	200	Toachi
1883	Manuel Acevedo	200	Toachi
1883	E. W. Garbe	200	Toachi
1883	J. M. Díaz	200	Toachi
1883	Camilo Jager	200	Alluriquín
1883	Luis Lebeuf	200	Alluriquín
1883	General. J. Salazar	200	Alluriquín
1883	Aurelio Cañadas	200	Río Lelia
1883	Edmundo Catfort	200	Río Taguasa
1883	Rafael Quevedo	200	San Miguel
1883	Dionisio Lordán	200	Río Ambuí-Canchacoto
1883	Simón Checa	200	Restaurador
1883	Abraham Olmedo	50	Yamboya
1883	Antonio Coronel	200	Río Santana-La Playa
1883	Manuel Rubio	50	San Florencio
1883	Vicente Pallares	200	Yamboya
1883	Carlos Londoño	200	Toachi-Pilatón
1883	Cármen Sánchez	200	Tránsito
1883	Serafín Arcos	200	San Nicolás-Napa
1883	Domingo Giacometti	200	Tanti
1883	Pastor Gómez J.	200	Aloag-Santo Domingo
1886	Floresmilo Zarama	200	La Palma
1886	Entrega individual	200	Santo Domingo
1887	Floresmilo Zarama	20	La Palma
1886	Floresmilo Zarama	200	La Palma
1894	Ramón Germán y otro	150	Santo Domingo
1894	Carlos Larrea	200	Tránsito
1894	J. M.P. Caamaño	200	Peripa
1894	Ejidio Guzmán	200	Silante
TOTAL		11.070 HAS.	

FUENTE: El Nacional, Diario Oficial. Informes del Ministerio del Interior. Fondo Especial de la República.
ELABORACION: Patricio Velarde

En general, fueron ciudadanos vecinos de Quito, Aloag y Machachi (algunos con suficiente disponibilidad de recursos económicos y al parecer con influencia dentro de los gobiernos de entonces) quienes se presentan como los primeros adjudicatarios; a ellos se sumarían como se observa en el cuadro No 1 algunos americanos, franceses y alemanes, entre otros extranjeros, casi todos vinculados a las construcción de las obras públicas.

EL TALLER Y TERTULIA DE CHIRIBOGA ALVEAR:

En 1883, en la casa esquinera de don Francisco Arellano, el ya conocido sastre don Manuel Chiriboga Alvear tenía, en dos piezas que daban al zaguán, su taller y su tertulia. A don Manuel lo acompañaba como ayudante el joven José Miguel Bravo, nacido por 1868, mudo de nacimiento y luego gran sastre también. Los mejores clientes de Chiriboga fueron los franceses Luciano Laffite, Augusto Gachet, los hermanos Charpantier, los hermanos Urrutia Olano, naturales de Popayán, don Vidal Ortiz, Vicente Tinajero y los Drs. Batallas Flores. Todos ellos le convencieron, en 1884, de que trasladara su taller a casa de doña Rosa España, en la calle Venezuela. Así lo recuerda el propio don Manuel, en *La sastrería en el siglo XX.*[157]

La soltera Manuela Monge Trujillo testó en agosto de 1889;[158] tenía casa en La Loma y dos tiendas de venta de ropa.

Por 1888, llegó al país, traído por el industrial don Manuel Jijón Larrea, el mecánico norteamericano Manuel Agustín Fuller, quien luego tendría casa en esta calle.[159]

El notable clérigo ambateño Dr. Juan Tomás López Vega (sin duda uno de los dos mejores párrocos de todo el siglo XIX en esa ciudad, junto con Segundo Álvarez Arteta),[160] al testar en 1891, dijo ser canónigo de nuestra Catedral y que poseía casa en la Loma Grande.[161]

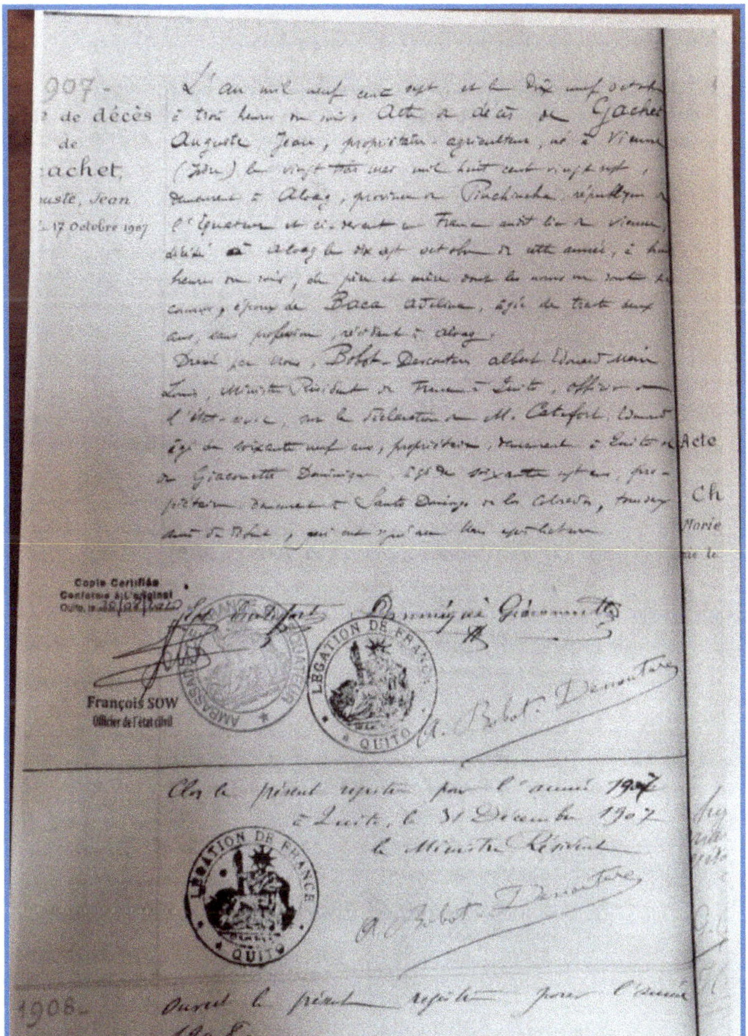

1907
de décès
de
Gachet
Auguste, Jean
17 Octobre 1907

Copie Certifiée
Conforme à l'original

François SOW
Officier de l'état civil

LEGATION DE FRANCE
QUITO

Clos le présent registre pour l'année 1907
à Quito, le 31 Décembre 1907

1908
Ouvert le présent registre pour l'année 1908.

Registro de defunción de Jean Auguste Gachet.

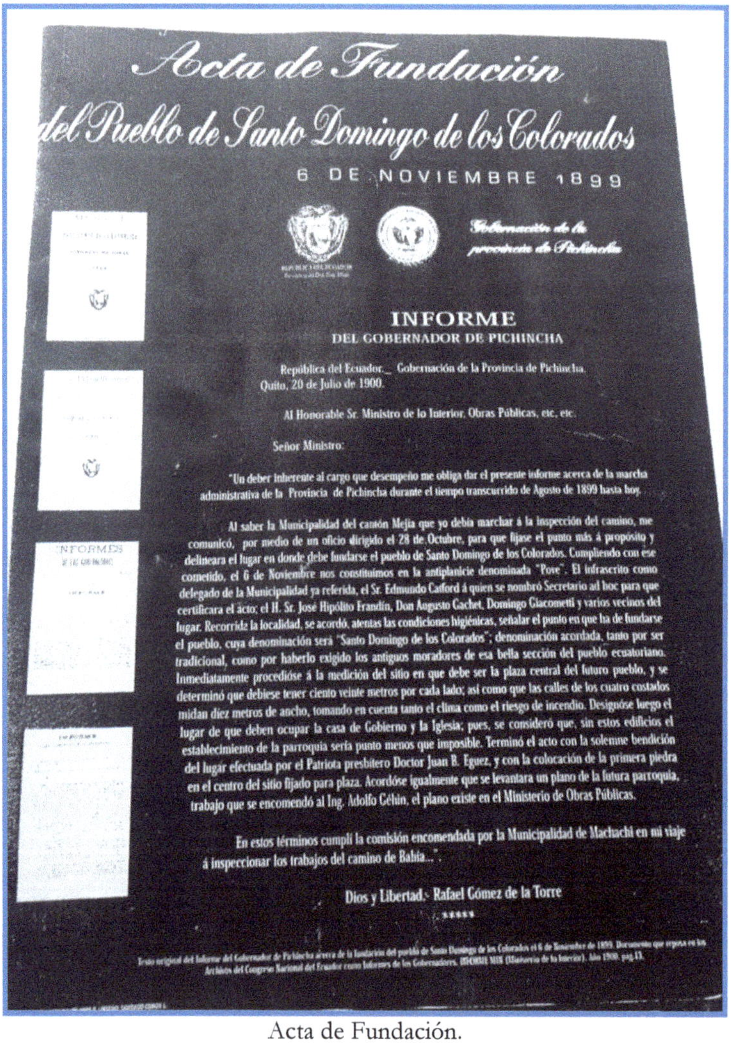

Acta de Fundación
del Pueblo de Santo Domingo de los Colorados
6 DE NOVIEMBRE 1899

Gobernación de la provincia de Pichincha

INFORME
DEL GOBERNADOR DE PICHINCHA

República del Ecuador. _ Gobernación de la Provincia de Pichincha.
Quito, 20 de Julio de 1900.

Al Honorable Sr. Ministro de lo Interior, Obras Públicas, etc. etc.

Señor Ministro:

"Un deber inherente al cargo que desempeño me obliga dar el presente informe acerca de la marcha administrativa de la Provincia de Pichincha durante el tiempo transcurrido de Agosto de 1899 hasta hoy.

Al saber la Municipalidad del cantón Mejía que yo debía marchar á la inspección del camino, me comunicó, por medio de un oficio dirigido el 28 de Octubre, para que fijase el punto más á propósito y delineara el lugar en donde debe fundarse el pueblo de Santo Domingo de los Colorados. Cumpliendo con ese cometido, el 6 de Noviembre nos constituimos en la antiplanicie denominada "Pove". El infrascrito como delegado de la Municipalidad ya referida, el Sr. Edmundo Catford á quien se nombró Secretario ad hoc para que certificara el acto; el H. Sr. José Hipólito Frandín, Don Augusto Gachet, Domingo Giacometti y varios vecinos del lugar. Recorrida la localidad, se acordó, atentas las condiciones higiénicas, señalar el punto en que ha de fundarse el pueblo, cuya denominación será "Santo Domingo de los Colorados"; denominación acordada, tanto por ser tradicional, como por haberlo exigido los antiguos moradores de esa bella sección del pueblo ecuatoriano. Inmediatamente procedióse á la medición del sitio en que debe ser la plaza central del futuro pueblo, y se determinó que debiese tener ciento veinte metros por cada lado; así como que las calles de los cuatro costados midan diez metros de ancho, tomando en cuenta tanto el clima como el riesgo de incendio. Desígnose luego el lugar de que deben ocupar la casa de Gobierno y la Iglesia; pues, se consideró que, sin estos edificios el establecimiento de la parroquia sería punto menos que imposible. Terminó el acto con la solemne bendición del lugar efectuada por el Patriota presbítero Doctor Juan B. Eguez, y con la colocación de la primera piedra en el centro del sitio fijado para plaza. Acordóse igualmente que se levantara un plano de la futura parroquia, trabajo que se encomendó al Ing. Adolfo Géhin, el plano existe en el Ministerio de Obras Públicas.

En estos términos cumplí la comisión encomendada por la Municipalidad de Machachi en mi viaje á inspeccionar los trabajos del camino de Bahía...".

Dios y Libertad.- Rafael Gómez de la Torre

*****

Acta de Fundación.

ARQUIDIÓCESIS DE "QUITO"
PARROQUIA NUESTRA SEÑORA DE LA ASUNCION DE ALÓAG

Alóag, 25 de octubre del 2022
M.A.C.B.121

CERTIFICADO DE BAUTIZO

Yo, el infrascrito, párroco de Nuestra Señora de la Asunción de Alóag, certificó que en el tomo VII, página 47, acta 137 - 94 se encuentran los siguientes datos:

"el tres de enero del año del Señor de mil ochocientos noventa y seis en la Iglesia Parroquial de Alóag el Reverendo Padre Juan Bautista Egües bautizo solemnemente al niño Juan Vicente Edmundo nacido el día dieciocho de diciembre; de los consortes Juan Augusto Gachet y de Edelina Vaca feligreses de parroquia de Alóag.

Sus padrinos fue Virginia Giacometti y Belisario Vaca.

Lo certifica P. Juan Bautista Egües

Nota marginal: ninguna

Lo certificó y doy fe,

VALIDA PARA LA RECABAR INFORMACIÓN FAMILIAR.

P. Marcelo Arévalo
Párroco de Nuestra Madre de la Asunción

ALÓAG

DIRECCIÓN: FERNANDO CASTRO Y BAHÍA DE CARÁQUEZ S/N. PARQUE CENTRAL DE ALÓAG
Parroquia Alóag - Cantón Mejía - Provincia Pichincha Teléfono: 2389-313 / 0992183482

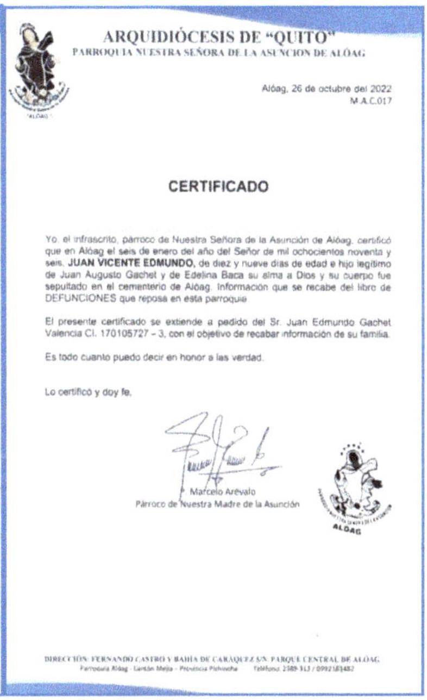

ARQUIDIÓCESIS DE "QUITO"
PARROQUIA NUESTRA SEÑORA DE LA ASUNCION DE ALÓAG

Alóag, 26 de octubre del 2022
M.A.C.017

CERTIFICADO

Yo, el infrascrito, párroco de Nuestra Señora de la Asunción de Alóag, certificó que en Alóag el seis de enero del año del Señor de mil ochocientos noventa y seis, **JUAN VICENTE EDMUNDO**, de diez y nueve días de edad e hijo legítimo de Juan Augusto Gachet y de Edelina Baca su alma a Dios y su cuerpo fue sepultado en el cementerio de Alóag. Información que se recabe del libro de DEFUNCIONES que reposa en esta parroquia.

El presente certificado se extiende a pedido del Sr. Juan Edmundo Gachet Valencia CI. 170105727 – 3, con el objetivo de recabar información de su familia.

Es todo cuanto puedo decir en honor a las verdad.

Lo certificó y doy fe,

P. Marcelo Arévalo
Párroco de Nuestra Madre de la Asunción

ALÓAG

DIRECCIÓN: FERNANDO CASTRO Y BAHÍA DE CARÁQUEZ S/N. PARQUE CENTRAL DE ALÓAG
Parroquia Alóag - Cantón Mejía - Provincia Pichincha Teléfono: 2389-313 / 0992183482

Juan Vicente Edmundo Gachet Vaca.
Virginia Giacometti Romero, hija de Domingo Giacometti y Teresa Romero.

ARQUIDIÓCESIS DE "QUITO"
PARROQUIA NUESTRA SEÑORA DE LA ASUNCION DE ALÓAG

Alóag, 25 de octubre del 2022
M.A.C.015

CERTIFICADO

Yo, el infrascrito, párroco de Nuestra Señora de la Asunción de Alóag, certificó que en Alóag el 19 de octubre de mil novecientos siete se dio sepultura a **Sr. AUGUSTO GACHET**, esposo que fue de la Sra. EDELINA VACA, información que se recabe del libro de DEFUNCIONES que reposa en esta parroquia.

El presente certificado se extiende a pedido del Sr. Juan Edmundo Gachet Valencia CI. 170105727 – 3, con el objetivo de recabar información de su familia.

Es todo cuanto puedo decir en honor a las verdad.

Lo certificó y doy fe,

P. Marcelo Arévalo
Párroco de Nuestra Madre de la Asunción

ALÓAG

DIRECCIÓN: FERNANDO CASTRO Y BAHÍA DE CARÁQUEZ S/N. PARQUE CENTRAL DE ALÓAG
Parroquia Alóag - Cantón Mejía - Provincia Pichincha Teléfono: 2389-313 / 0992183482

Juan Augusto Gachet.

ARQUIDIÓCESIS DE "QUITO"
PARROQUIA NUESTRA SEÑORA DE LA ASUNCION DE ALÓAG

Alóag, 25 de octubre del 202
M.A.C.B.12

CERTIFICADO DE BAUTIZO

Yo, el infrascrito, párroco de Nuestra Señora de la Asunción de Alóag, certificó que en el tomo VII, página 81, acta 239 se encuentran los siguientes datos:

"el veintiséis de febrero del año del Señor de mil ochocientos noventa y siete en la Iglesia Parroquial de Alóag el Reverendo Padre Juan Bautista Egüés bautizó solemnemente a niño Luis Gabriel nacido el día diez de febrero; de los consortes Juan Augusto Gachet de Edelina Vaca feligreses de parroquia de Alóag

Su padrino fue Gabriel Salvador.

Lo certifica P. Juan Bautista Egüés.

Nota marginal: ninguna

Lo certificó y doy fe.

VALIDA PARA LA RECABAR INFORMACIÓN FAMILIAR.

P. Marcelo Arévalo
Párroco de Nuestra Madre de la Asunción

DIRECCIÓN: FERNANDO CASTRO Y BAHÍA DE CARAQUEZ S/N. PARQUE CENTRAL DE ALÓAG

ARQUIDIÓCESIS DE "QUITO"
PARROQUIA NUESTRA SEÑORA DE LA ASUNCION DE ALÓAG

Alóag, 26 de octubre del 2022
M.A.C.016

CERTIFICADO

Yo, el infrascrito, párroco de Nuestra Señora de la Asunción de Alóag, certificó que en Alóag el seis de enero de mil ochocientos noventa y ocho, **LUIS GABRIEL**, hijo legítimo de Juan Augusto Gachet y de Edelina Baca de once meses de edad, fue sepultado en el cementerio de Alóag. Información que se recabe del libro de DEFUNCIONES que reposa en esta parroquia.

El presente certificado se extiende a pedido del Sr. Juan Edmundo Gachet Valencia CI. 170105727 – 3, con el objetivo de recabar información de su familia.

Es todo cuanto puedo decir en honor a las verdad

Lo certifico y doy fe.

P. Marcelo Arévalo
Párroco de Nuestra Madre de la Asunción

DIRECCIÓN: FERNANDO CASTRO Y BAHÍA DE CARAQUEZ S/N. PARQUE CENTRAL DE ALÓAG

Luis Gabriel Gachet Vaca.
Certificados obtenidos por Juan E. Gachet Valencia.

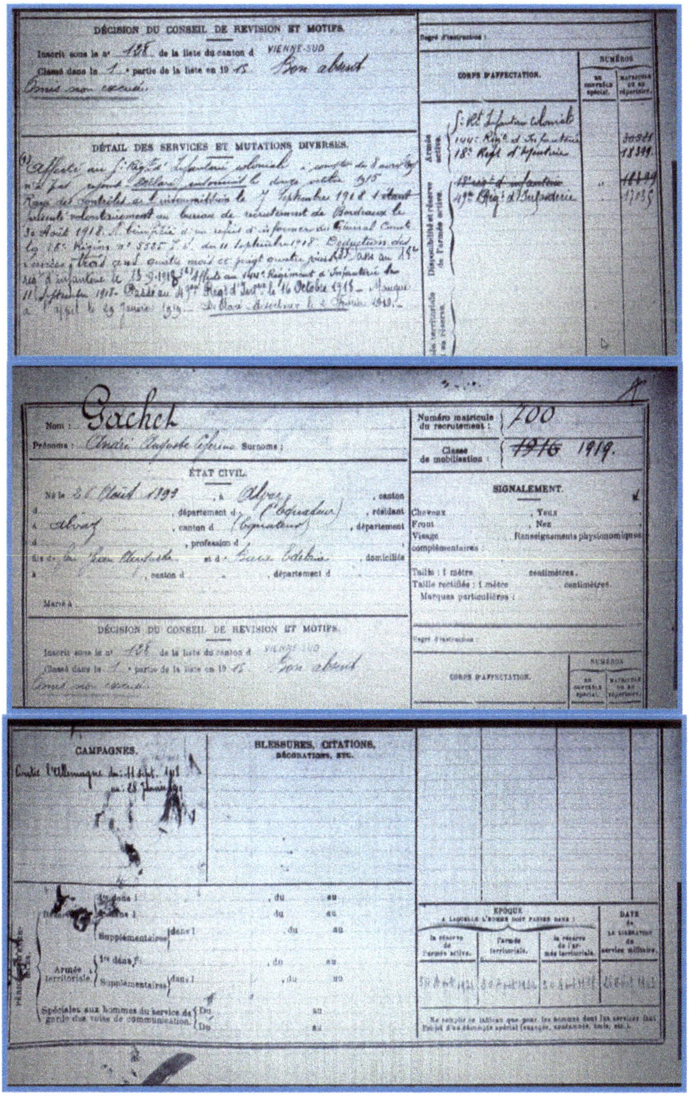

DÉCISION DU CONSEIL DE REVISION ET MOTIFS.

Inscrit sous le n° 128 de la liste du canton d VIENNE-SUD

Classé dans la 1re partie de la liste en 1915 Bon absent

DÉTAIL DES SERVICES ET MUTATIONS DIVERSES.

CORPS D'AFFECTATION.

Nom : Gachet

Prénoms : André Auguste Céferino Surnoms :

Numéro matricule du recrutement : 700

Classe de mobilisation : ~~1916~~ 1919.

ÉTAT CIVIL.

SIGNALEMENT.

CAMPAGNES.

Contre l'Allemagne du 11 sept. 1918 au 28 janvier 1919

BLESSURES, CITATIONS, DÉCORATIONS, ETC.

Libreta militar de Augusto Gachet Vaca.

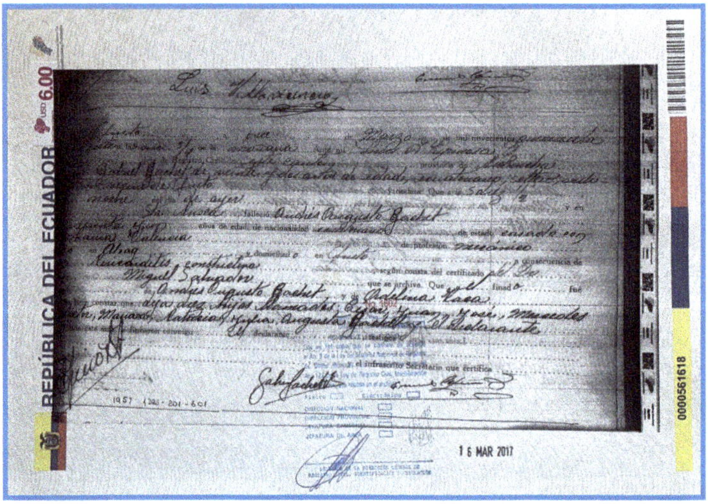

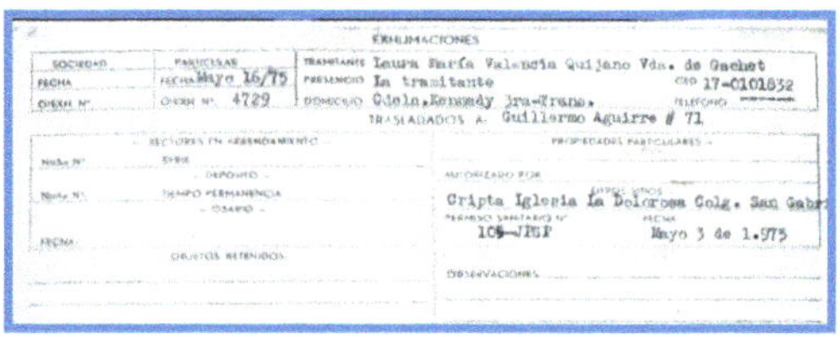

EXHUMACIONES

SOCIEDAD | PARTICULAR
FECHA | FECHA Mayo 16/75
ORDEN Nº | ORDEN Nº 4729

TRAMITANTE Laura María Valencia Quijano Vda. de Gachet
PRESENCIO La tramitante
DOMICILIO Cdela. Kennedy 3ra-Trans.
CED 17-0101832
TELEFONO
TRASLADADOS A: Guillermo Aguirre # 71

SECTORES EN ARRENDAMIENTO
Nicho Nº
DEPOSITO
Nicho Nº
TIEMPO PERMANENCIA
OSARIO
FECHA
OBJETOS RETENIDOS

PROPIEDADES PARTICULARES
AUTORIZADO POR
Cripta Iglesia La Dolorosa Colg. San Gabr
PERMISO SANITARIO Nº 108-JPSP
FECHA Mayo 3 de 1.975
OBSERVACIONES

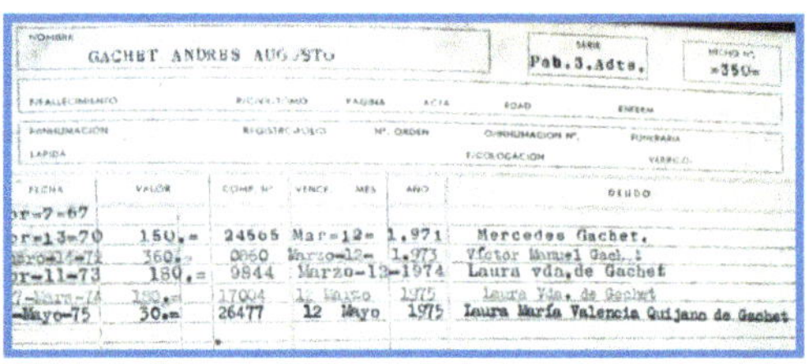

NOMBRE GACHET ANDRES AUGUSTO
SERIE Pab.3.Adts.
NICHO Nº =350=

FALLECIMIENTO | REG. CIVIL TOMO | PAGINA | ACTA | EDAD | ENFERM.
INHUMACION | REGISTRO JUDIC. | Nº. ORDEN | EXHUMACION Nº | FUNERARIA
LAPIDA | COLOCACION | VERIFIC.

FECHA	VALOR	COMP. Nº	VENCE MES	AÑO	DEUDO
...r-7-67					
...r-13-70	150.=	24565	Mar-12-	1.971	Mercedes Gachet.
...rzo-14-72	360.=	0060	Marzo-12-	1.973	Victor Manuel Gach.!
...r-11-73	180.=	9844	Marzo-13-	1974	Laura vda.de Gachet
...7-Marz-74	180.=	17004	12 Marzo	1975	Laura Vda. de Gachet
...-Mayo-75	30.=	26477	12 Mayo	1975	Laura María Valencia Quijano de Gachet

El esposo de una prima buscando los datos de José Hipólito en San Diego ya encontró algo nuevo y de paso de Andrés Augusto y de Rosa. Según eso Rosa Adelina Gachet Vaca (y ahora si con V porque por todo lado es con V), murió el 24/08/67 y fue exhumada y llevada a la Cripta del Colegio San Gabriel en el 1983, y el trámite lo hizo su cuñada Zoila Beatriz Giacometti esposa de José Hipólito.

Andrés Augusto fue exhumado por su esposa Laura Marina Valencia en 1975 y también está en la cripta del Colegio San Gabriel. Y ahí está un detalle de pagos.

De José Hipólito ya tenemos partida de defunción y como sabes están en el perpetuo Socorro. (Xavier Gachet García).

Form. Nº 12. — 100.000 ejem. — I — 1952 Talleres Gráficos Nacionales

REPUBLICA DEL ECUADOR

Oficina de Registro Civil de ....Quito....

DE LA PROVINCIA DE .Pichincha.....

Certifico: que en el Registro de Defunciones del año 1953 a folios 188, con el número 2188, se halla inscrita la partida de José Hipólito [illegible] de nacionalidad ecuatoriano de 52 años de edad, de estado casado, fallecido el día dos de septiembre de 1953, a las 14½ horas de la tarde a consecuencia de hepatitis crónica según el certificado del Dr. Julio Calderón.

Quito a 21 de septiembre de 1953.

El Jefe de Registro Civil, El Secretario.

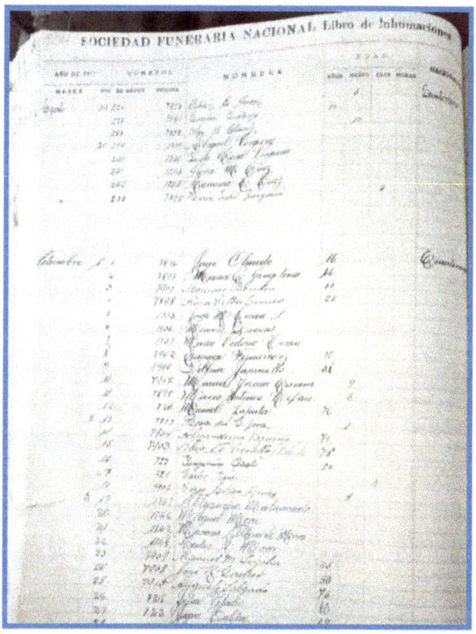

SOCIEDAD FUNERARIA NACIONAL Libro de Inhumaciones

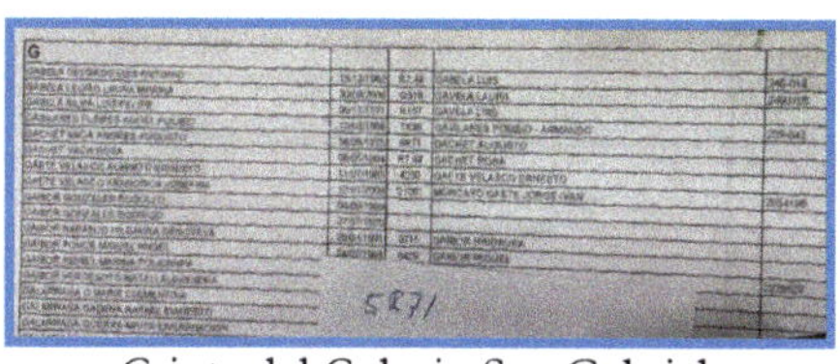

G

5871

Cripta del Colegio San Gabriel.

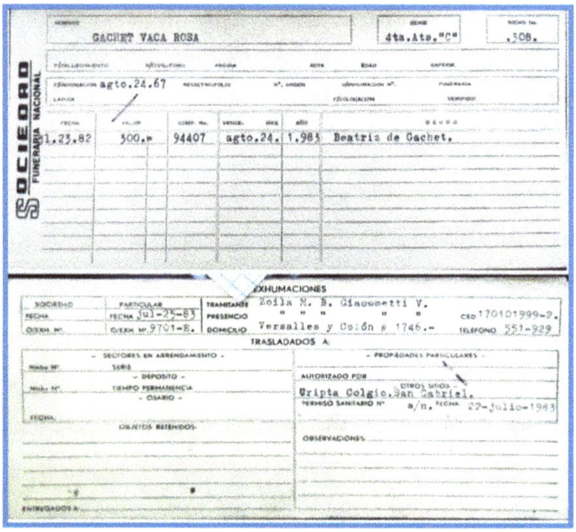

SOCIEDAD FUNERARIA NACIONAL

NOMBRE	SERIE	NICHO No.
GACHET VACA ROSA	4ta.Ats."C"	.308.

INHUMACION agto.24.67

FECHA	VALOR	COMP. No.	VENCE	AÑO	DEUDO
1.23.82	300.=	94407	agto.24.	1.983	Beatriz de Gachet.

EXHUMACIONES

SOCIEDAD — PARTICULAR FECHA Jul-25-83 — EXH. Nº 9701-E.

TRAMITANTE Zoila M. B. Giacometti V.

PRESENCIO " " " " "

CED 170101999-2.

DOMICILIO Versalles y Colón # 1746.-

TELEFONO 551-929

TRASLADADOS A:

AUTORIZADO POR

OTROS SITIOS Cripta Colgio.San Gabriel.

PERMISO SANITARIO Nº s/n. FECHA 22-Julio-1983

OBSERVACIONES

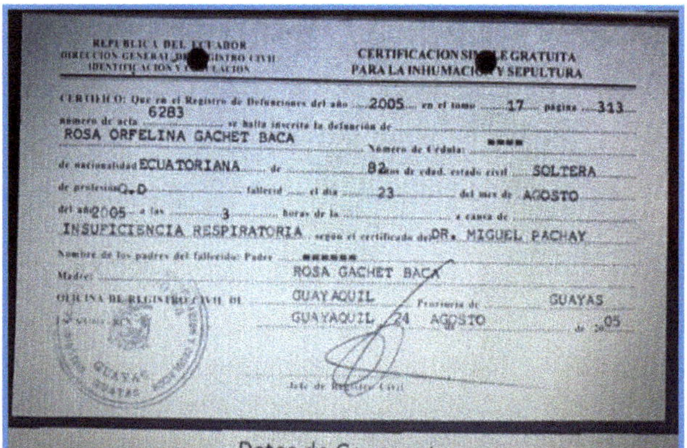

REPUBLICA DEL ECUADOR
DIRECCION GENERAL DE REGISTRO CIVIL IDENTIFICACION Y CEDULACION

CERTIFICACION SIMPLE GRATUITA PARA LA INHUMACION Y SEPULTURA

CERTIFICO: Que en el Registro de Defunciones del año 2005 en el tomo 17 pagina 313 numero de acta 6283 se halla inscrita la defunción de ROSA ORFELINA GACHET BACA Número de Cédula: ****

de nacionalidad ECUATORIANA de 82 años de edad, estado civil SOLTERA de profesión Q.D fallecid el día 23 del mes de AGOSTO del año 2005 a las 3 horas de la ... a causa de INSUFICIENCIA RESPIRATORIA según el certificado de DR. MIGUEL PACHAY

Nombre de los padres del fallecido: Padre ******

Madre: ROSA GACHET BACA

OFICINA DE REGISTRO CIVIL DE GUAYAQUIL Provincia de GUAYAS

GUAYAQUIL 24 AGOSTO de 2005

Jefe de Registro Civil

Datos de Geneanet.

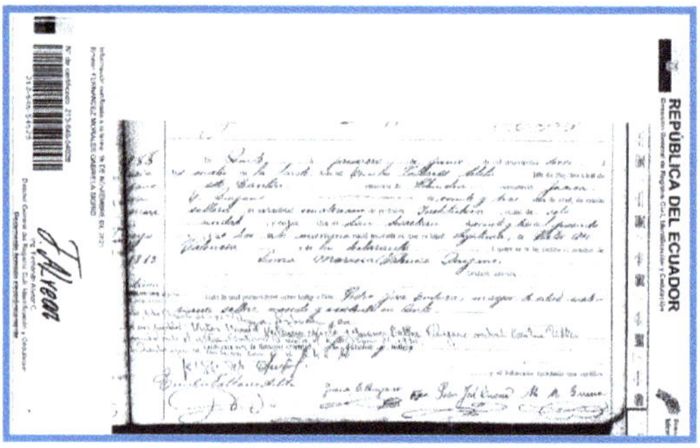

GACHET EN NOTARÍAS

		NOTARIA	FECHA	OTORGA	BENEFICIARIO	DESCRIPCION	VOLUMEN	TOMO	No.pag
	1	NOTARIA PRIMERA II	1880	JAG	Felix Salann		503	S/D	8
	2	NOTARIA PRIMERA II	1880	JAG	Felix Salann		503	S/D	5
	3	NOTARIA PRIMERA II	1881	JAG	Isidro		504	S/D	2
	5	NOTARIA PRIMERA II	1883	Supremo Gobieno	JAG	VENTA	506	S/D	12
	6	NOTARIA PRIMERA II	1883	Supremo Gobieno	JAG	VENTA	507	I	2
	4	NOTARIA PRIMERA II	1892	Alejandro Bueno	JAG	VENTA	521	S/D	3
	17	NOTARIA TERCERA II	1898	JAG	Supremo Gobieno	CONTRATO	127	II	4
	20	NOTARIA CUARTA II	1898	JAG	Supremo Gobieno	COMPROMISO	165	III	4
	19	NOTARIA TERCERA II	1899	Gobernacion	JAG	CANCELACION	129	N/A	2
	26	NOTARIA CUARTA II	1899	Supremo Gobieno	JAG	CANCELACION	168	II	3
	16	NOTARIA SEGUNDA II	1901	Luciano Cadavid	JAG	VENTA	66	S/D	5
	21	NOTARIA CUARTA II	1903	JAG	Edmundo Catfort	OBLIGACION	177	III	6
	15	NOTARIA SEGUNDA II	1904	Rosario	JAG	VENTA	69	S/D	4
	18	NOTARIA TERCERA II	1905	JAG	Gabriel Buendia	PODER	143	I	2
	25	NOTARIA CUARTA II	1906	Edmundo Catfort	JAG	CANCELACION	182	II	4
	24	NOTARIA CUARTA II	1910	Gachet familia	Juan Mejia	SOCIEDAD	195	IV	7
	7	NOTARIA SEGUNDA II	1917	A Ceferino Gachet	Jose Arsenio	VENTA	93	S/D	18
	11	NOTARIA SEGUNDA II	1917	A Ceferino Gachet	Matias Tipan	VENTA	93	S/D	3
	9	NOTARIA SEGUNDA II	1918	A Ceferino Gachet	Hecto Cedeño		95	S/D	17
	12	NOTARIA SEGUNDA II	1918	ROSA EDELINA G	A Ceferino Gachet	CANCELACION	95	S/D	2
	10	NOTARIA SEGUNDA II	1919	ROSA EDELINA G	A Ceferino Gachet	CANCELACION	97	S/D	2
	23	NOTARIA CUARTA II	1919	A Cef G e HG	Hecto Cedeño	CANCELACION	242	IV	2
	13	NOTARIA SEGUNDA II	1920	ROSA EDELINA G	Jose Maria Leon	VENTA	99	S/D	3
	14	NOTARIA SEGUNDA II	1920	ROSA EDELINA G	Juan Antonio Gallardo	VENTA	99	S/D	15
	22	NOTARIA CUARTA II	1921	A Ceferino Gachet	Eufemia Portilla	MUTUO	251	III	5
312392	28	NOTARIA	1922	Eufemia Portilla	A Ceferino Gachet		202	II	2
312392	29	NOTARIA	1922	A Ceferino Gachet	Luis Franco	MUTUO	202	II	2
	27	NOTARIA CUARTA II	1936	Luciano Cadavid	A Ceferino Gachet	PODER	309	VI	2
	8	NOTARIA SEGUNDA II	1947	ROSA EDELINA G	ROSA ORFELINA G		180	X	2
									148

Total	148	0.17	25.16	copias simples
Total	148	0.71	105.08	copias certificadas

1880-03-17 JAG AGUSTO GACHET-FELIX SALANNE-Venta 2 lotes-NOT1a	7/2/2022 11:09 AM
1880-03-17 JAG AGUSTO GACHET-FELIX SALANNE-Venta 2 lotes-NOT1b	7/2/2022 11:11 AM
1881-05-06 JAG AGUSTO GACHET-ISIDORO HIDALGO-Contrato como oficial-NOT0	7/2/2022 11:12 AM
1883-05-15 SUPREMO GOBIERNO-JAG AGUSTO GACHET-Venta de San Nicolás-NOT1	7/2/2022 11:13 AM
1883-12-10 SUPREMO GOBIERNO-JAG AGUSTO GACHET-Venta de lote La Loma-NOT1	7/2/2022 11:14 AM
1892-04-06 ALEJANDRO BUENO-JAG AGUSTO GACHET-Venta casa y 2 terrenos Alomote y San Blas en Aloag-NOT1	7/2/2022 11:15 AM
1898-05-08 JAG AGUSTO GACHET-SUPREMO GOBIERNO-Contrato refaccion camino Pongo a Guanasilla-NOT3	7/2/2022 11:16 AM
1898-09 29 JAG AGUSTO GACHET-SUPREMO GOBIERNO-Contrato puente rio Lelia-NOT4	7/2/2022 11:18 AM
1899-08-29 GOBIERNO-JAG AGUSTO GACHET-Cancelacion fianza de Catfort por refaccion camino-NOT3	7/2/2022 11:19 AM
1899-12-11 GOBIERNO-JAG AGUSTO GACHET-Cancelacióñ fianza de Catfort por puente LeliaNOT4	7/2/2022 11:19 AM
1901-11-16 LUCIANO CADAVID-JAG AGUSTO GACHET-Venta terreno El Placer en Aloag-NOT2	7/2/2022 11:20 AM
1903-07-01 JAG AGUSTO GACHET-EDMUNDO CATFORT-Prestamo de Catfort a JAG garantia casa y 4 terrenos-NOT4	7/2/2022 11:21 AM
1904-06-18 ROSARIO CEVALLOS-JAG AGUSTO GACHET-Venta derechos lote Placer en Aloag-NOT2	7/2/2022 11:22 AM
1905-06-28 JAG AGUSTO GACHET-GABRIEL BUENDIA-Poder a GB para seguir juicio-NOT3	7/2/2022 11:22 AM
1906-02-13 EDMUNDO CATFORT-JAG AGUSTO GACHET-Cancelación a Edmundo Catfort garantia 1903-NOT4	7/2/2022 11:23 AM
1910-04-16 ADELINA VACA-JUAN ENRIQUEZ MEJIA-Sociedad San Nicolás,indica 3 hijos,perito Domingo Giacometti -NOT4	7/2/2022 11:24 AM
1917-08-01 ACG AGUSTO GACHET-JOSE ARSENIO CARRERA-Venta terreno Alomote en Aloag-NOT2	7/2/2022 11:25 AM
1917-08-01 ACG AGUSTO GACHET-MATIAS TIPAN-Venta terreno San Blas en Aloag-NOT2	7/2/2022 11:26 AM
1918-02-25 ADELINA VACA e ACG AGUSTO GACHET e HIPOLITO-HECTOR CEDEÑO-Venta de San Nicolás-NOT2	7/2/2022 11:27 AM
1918-02-26 ROSA EDELINA GACHET-ACG AGUSTO GACHET-Cancelación hipoteca San Nicolás-NOT2	7/2/2022 11:27 AM
1919-11-13 ROSA EDELINA GACHET-ACG AGUSTO GACHET-Cancelación-NOT2	7/2/2022 11:28 AM
1920-08-30 ROSA EDELINA e HIPOLITO GACHET-JOSE MARIA LEON-Venta parte de casa y 2 terrenos Santa Rosa y Paulapicho...	7/2/2022 11:28 AM
1920-08-30 ROSA GACHET-JOSE ANTONIO GALLARDO-Venta parte de casa y terreno El Placer-NOT2	7/2/2022 11:30 AM
1921-05-13 ACG AUGUSTO GACHET-EUFEMIA PORTILLA-Prestamo con hipoteca casa en San Sebastián-NOT4	7/2/2022 11:30 AM
1936-05-02 LUISA GANGOTENA-ACG AGUSTO GACHET-Poder-NOT4 (1)	7/2/2022 11:31 AM
1947-12-16 ROSA GACHET-ROSA ORFELINA GACHET-Reconocimiento-NOT2	7/2/2022 11:32 AM

árbitros arbitradores y amigables componedores en cualesquiera dudas ó diferencias que ocurrir pudieren. También le faculta para que cobre esta deuda y perciba su valor, pues para todo lo dicho y sus incidencias, le confiere este poder con facultad de jurar y sustituir en el todo ó en parte, en la persona ó personas que sean de su confianza, pudiendo revocar unos sustitutos y nombrar otros de nuevo y estos volver á sustituir y aun reasumir el poder cuando le convenga, en la inteligencia que cuanto haga el Señor Olano respecto de lo que se le encomienda, lo aprueba y ratifica desde ahora. Leído que le fué al compareciente el contenido de este poder, dijo que lo acepta en todas sus partes, en cuyo testimonio, así lo dice, se ratifica y firma siendo testigos los Señores, Rómulo M. Garcés, Eloy Salazar y Manuel Gómez Jurado, todos de este vecindario, mayores de edad y presentes, á quienes conozco, de que doy fé.=

[illegible]

Tgo. Rómulo M. Garcés — Tgo. Eloy Salazar

Manuel Gómez Jurado

Ante mí [illegible]
Escno. público

Venta de terreno el Sr. Augusto Gachet, al Sor. Félix Lalanne y su esposa María Mehren 3. 5 [illegible]

En la ciudad de Quito, capital de la República del Ecuador, á diez y seis de marzo de mil ochocientos ochenta. Ante mí el escribano público y testigos que suscribirán compareció el Señor Augusto Gachet, natural de Francia y residente en esta ciudad de Quito, de estado soltero y mayor de edad, á quien conozco y de ello doy fé; y habiéndose llenado las disposiciones contenidas en los artículos trescientos cuarenta y cinco, hasta el cuarenta y ocho del Código de Enjuiciamientos civil, otorga: que vende y dá en perpetua enajenación al Señor Félix Lalanne y su mujer legítima la Señora María Mehren dos lotes de terreno en los [illegible] de la parroquia de Santo Domingo de los Colorados, [illegible] que adquirió en remate público celebrado ante el Señor Gobernador de esta provincia en primero de diciembre de mil ochocientos setenta y seis, cuya acta autorizada por el escribano Doctor Pablo Iglesias, doy fé haberla visto en

[illegible]

Setenta y cinco.

testimonio legal, con la correspondiente inscripcion. Los linderos que demarcan este lote son los siguientes: de la boca del rio Cariaquito, una linea que separa el lote denunciado por el Señor Manuel Molineros y que avanza hacia la falda del cerro; desde este mismo punto, de la
boca del Cariaquito, una linea recta que mide la extension
de mil quinientos metros siguiendo el curso del rio Pilaton
y que forma con la linea anteriormente descrita un ángulo de
ochenta grados. Los otros dos lados, son lineas iguales y paralelas á estas dos descritas, y la altura del cuadrilátero, que
tiene la figura de rombo se mide con una perpendicular de
mil trescientos treinta metros, cuya perpendicular está levantada en el extremo inferior y opuesto á la boca del Cariaquito. La altura de este terreno sobre el nivel del mar es de
mil cuatrocientos cincuenta metros. (Dentro de los linderos
expresados se contiene la extension de doscientas hectareas. El
otro lote materia de esta venta llamado Carioco ó Balsita
lo compró el Señor Manuel Molineros, por escritura pública celebrada ante el escribano Señor Nicolas Garcia, en veintiocho de agosto de mil ochocientos setenta y seis, cuyo instrumento doy fé haberlo visto tambien en testimonio legal con la debida inscripcion. Los linderos que demarcan este lote son:
por el frente, el rio Pilaton con la extension de mil seiscientos
metros en linea recta que se principia á contar desde la confluencia del rio Tandapí con el rio Pilaton, siguiendo la corriente de este y termina en el punto en que el riachuelo llamado
Cariaquito desemboca en el rio Pilaton; por el Oeste, una linea recta que sale de la confluencia del Cariaquito con el Pilaton, y forma con la direccion de este un ángulo de cien
grados: por el otro lado del frente, una linea recta que sale
de la confluencia del Tandapí con el Pilaton, y se dirige hacia arriba, formando con la direccion de este un ángulo de o-
chenta grados: y el cuarto lado, con una linea que une los extremos de las dos laterales descritas, y la altura del lote es-
timada en linea perpendicular á la direccion del Pilaton es de mil doscientos sesenta metros, que dá la exten-
cion total del lote de doscientas hectareas, siendo su altura sobre el nivel del mar, de mil cuatrocientos cincuenta metros. Los cuales dos lotes, con todos sus derechos y
sus regalías anexas, y de conformidad con el inventario que
tiene entregado á los compradores, les vende en el precio de
tres mil quinientos pesos de contado, cuya suma
confiesa el vendedor tener la percibida en buena moneda
contada á su entera satisfaccion, por lo que forma le dá á
favor de los compradores la mas eficaz carta de pago para
su seguridad, sin que en los dos expresados lotes pese ningun
gravámen casual ni hipotecario, como lo comprueba el certificado del anotador de hipotecas que se insertará en la
copia [illegible] de esta escritura. Por lo demas, se obliga el vendedor al saneamiento por eviccion, de conformidad con lo que prescribe el Código civil en su tratado de contratos [illegible] y transfiere absolutamente en los compradores todo el [illegible], dominio y propiedad de los dos indicados lotes, con todos sus [illegible], entradas y salidas,
usos y [illegible], [illegible] que tienen su [illegible]

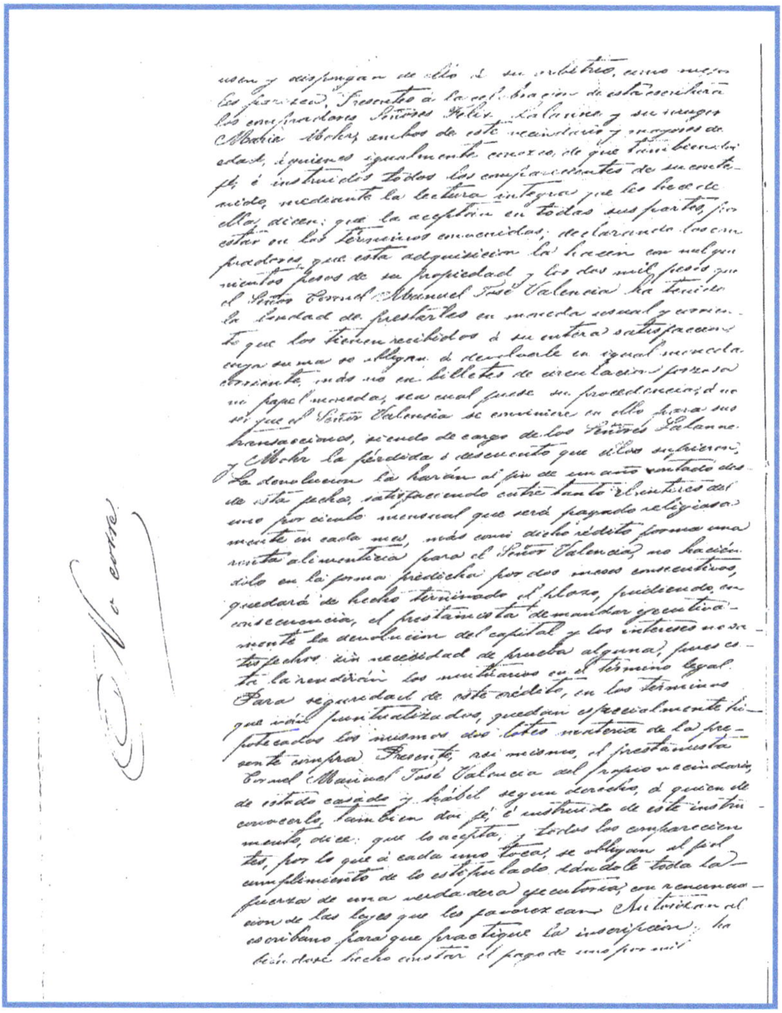

usen y dispongan de ello á su arbitrio, como mejor
les paresca. Presentes á la celebracion de esta escritura
los compradores Señores Felix Lalanne y su muger
María Mohr, ambos de este vecindario y mayores de
edad, á quienes igualmente conozco, de que tambien doy
fé; é instruidos todos los comparecientes de su contenido, mediante la lectura íntegra que les hice de
ella, dicen: que la aceptan en todas sus partes, por
estar en los términos convenidos, declarando los compradores que esta adquisicion la hacen con mil quinientos pesos de su propiedad y los dos mil pesos que
el Señor Coronel Manuel José Valencia ha tenido
la bondad de prestarles en moneda usual y corriente que los tienen recibidos á su entera satisfaccion,
cuya suma se obligan á devolverle en igual moneda
corriente, mas no en billetes de circulacion forzosa
ni papel moneda, sea cual fuese su procedencia; á no
ser que el Señor Valencia se conviniere en ello para sus
transacciones, siendo de cargo de los Señores Lalanne
y Mohr la pérdida ó descuento que ellos sufrieren.
La devolucion la harán al fin de un año contado desde esta fecha, satisfaciendo entre tanto el interes del
uno por ciento mensual que será pagado religiosa-
mente en cada mes, mas como dicho rédito forma una
renta alimenticia para el Señor Valencia, no hacién-
dolo en la forma predicha por dos meses consecutivos,
quedará de hecho terminado el plazo, pudiendo, en
consecuencia, el prestamista demandar ejecutivamente la devolucion del capital y los intereses [illegible]
[illegible] sin necesidad de prueba alguna, pues esta la rendirán los mutuarios en el término legal.
Para seguridad de este crédito, en los términos
que van puntualizados, quedan especialmente hi-
potecados los mismos dos lotes materia de la presente compra. Presente, asi mismo, el prestamista
Coronel Manuel José Valencia del propio vecindario,
de estado casado y hábil segun derecho, á quien de
conocerlo, tambien doy fé; é instruido de este instrumento, dice: que lo acepta, y todos los comparecientes, por lo que á cada uno toca, se obligan al fiel
cumplimiento de lo estipulado dándole toda la
fuerza de una verdadera ejecutoria, con renunciacion de las leyes que les favorezcan. Autorizan al
escribano para que practique la inscripcion; habiéndose hecho constar el pago de uno por mil

En el Archivo Histórico Nacional ya tienen digitalizado todo lo de las notarías desde 1500 y tanto.

Hay 150 páginas de documentos sobre Gachet desde 1880 hasta 1947. Son ventas, contratos, compromisos, cancelaciones, obligaciones, poderes y préstamos hechos por Jean Auguste, Augusto Ceferino y Rosa Gachet.

De Giacometti hay como 260 documentos.

Con esta digitalización pasé por más de un millón de documentos existentes en las notarías. Te adjunto el archivo con los documentos pedidos.

Xavier Gachet.

Martes 28 de junio, 2022.

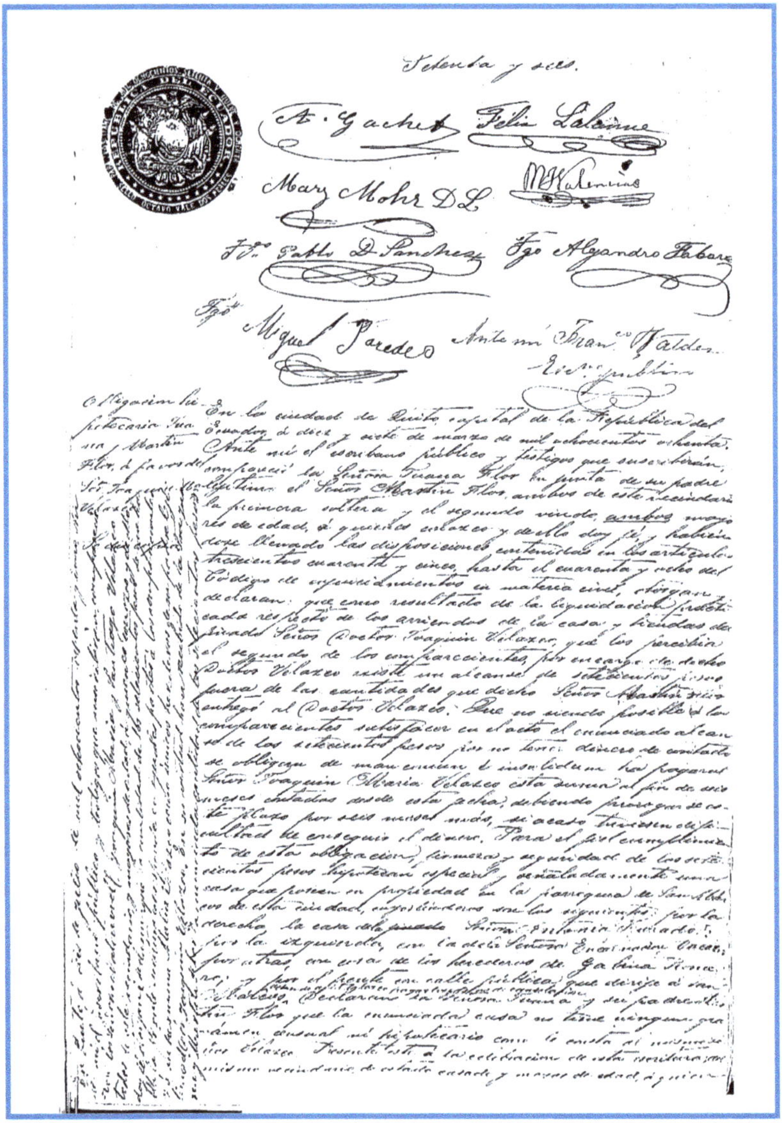

Setenta y seis.

A. Gachet   Félix Salanne

Mary Mohr D. L.   M. Valencia

Fdo. Pablo D. Sanchez   Fdo. Alejandro Tabara

Fdo. Miguel Paredes   Ante mí Fran.co Valdez
Esc.no público

Obligación hipotecaria Juana y Martín Flor, á favor del Señor Joaquín María Velazco.

En la ciudad de Quito, capital de la República del Ecuador, á diez y siete de marzo de mil ochocientos ochenta. Ante mí el escribano público y testigos que suscribirán, compareció la Señora Juana Flor en junta de su padre legítimo el Señor Martín Flor, ambos de este vecindario la primera soltera y el segundo viudo, ambos mayores de edad, á quienes conozco y de ello doy fé, y habiéndose llenado las disposiciones contenidas en los artículos trescientos cuarenta y cinco, hasta el cuarenta y ocho del Código de enjuiciamientos en materia civil, otorgan y declaran: que como resultado de la liquidación practicada respecto de los arriendos de la casa y tiendas del finado Señor Doctor Joaquín Velazco, que los percibía el segundo de los comparecientes, por encargo de dicho Doctor Velazco existe un alcance de setecientos pesos fuera de las cantidades que dicho Señor Martín [illegible] entregó al Doctor Velazco. Que no siendo posible á los comparecientes satisfacer en el acto el enunciado alcance de los setecientos pesos por no tener dinero de contado se obligan de mancomun é insolidum á pagar al Señor Joaquín María Velazco esta suma al fin de seis meses contados desde esta fecha; debiendo prorrogarse este plazo por seis meses más, si acaso tuviesen dificultad de conseguir el dinero. Para el fiel cumplimiento de esta obligación, firmeza y seguridad de los setecientos pesos hipotecan especial y señaladamente una casa que poseen en propiedad en la parroquia de San Blas de esta ciudad, cuyos linderos son los siguientes: por la derecha, la casa de la [illegible] Señora Antonia [illegible]; por la izquierda, con la de la Señora Encarnación [illegible]; por atrás, con casa de los herederos de Gabino [illegible]; y por el frente con calle pública que dirige á San Blas. Declaran la Señora Juana y su padre Martín Flor que la enunciada casa no tiene ningún gravamen censual ni hipotecario como le consta al mismo Señor Velazco. Presente éste á la celebración de esta escritura, [illegible] mismo vecindario, de estado casado y mayor de edad, á quien

1 1880-03-17 JAG AGUSTO GACHET-FELIX SALANNE-Venta 2 lotes-NOT1a

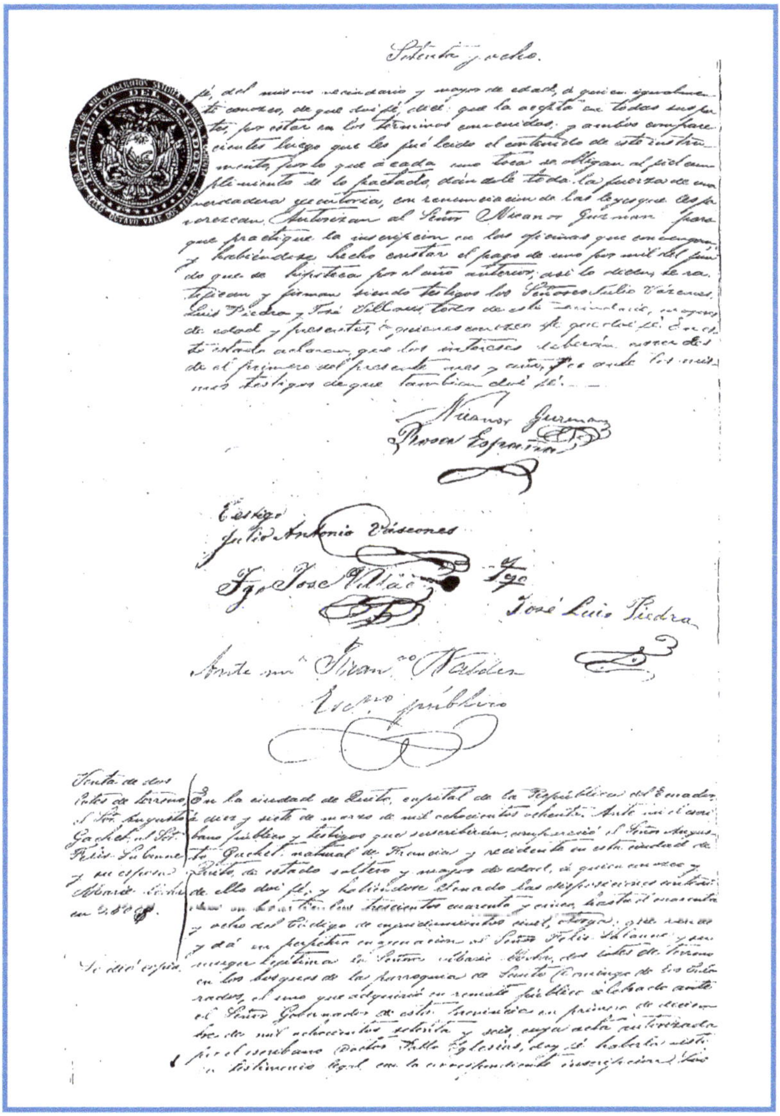

Setenta y ocho.

fé, del mismo vecindario y mayor de edad, á quien igualmente conozco, de que doi fé, dice: que la acepta en todas sus partes, por estar en los términos convenidos; y ambos comparecientes luego que les fué leido el contenido de este instrumento, por lo que á cada uno toca se obligan al fiel cumplimiento de lo pactado, dándole toda la fuerza de una verdadera ejecutoria, con renunciacion de las leyes que les favorezcan. Autorizan al Señor Nicanor Guzman para que practique la inscripcion en las oficinas que convengan y habiéndose hecho constar el pago de uno por mil del fundo que se hipoteca por el año anterior, así lo dicen, se ratifican y firman siendo testigos los Señores Julio Vásconez, Luis Piedra y José Villacís, todos de este vecindario, mayores de edad y presentes, á quienes conozco, de que doi fé. En este estado aclaran que los intereses deberán correr desde el primero del presente mes y año, firmando los mismos testigos de que tambien doi fé. —

Nicanor Guzman

Rosa Espinosa

Testigo

Julio Antonio Vásconez

Tgo. José Villacís — Tgo.

José Luis Piedra

Ante mí Fran.co Valdez

Escr.no público

Venta de dos lotes de terreno, el Sr. Augusto Gachet, al Sr. Felix Leblanc y su esposa Mercedes Loba en 2.800 $.

Se dió copia.

En la ciudad de Quito, capital de la República del Ecuador, á diez y siete de marzo de mil ochocientos ochenta. Ante mí el escribano público y testigos que suscribirán, compareció el Señor Augusto Gachet natural de Francia y residente en esta ciudad de Quito, de estado soltero y mayor de edad, á quien conozco y de ello doi fé, y habiéndose llenado las disposiciones contenidas en los artículos trescientos cuarenta y cinco, hasta el cuarenta y ocho del Código de enjuiciamientos civil, otorga: que vende y dá en perpetua enajenacion al Señor Felix Leblanc y su muger legítima la Señora [illegible], dos lotes de terreno en los bosques de la parroquia de Santo Domingo de los Colorados, el uno que adquirió en remate público celebrado ante el Señor Gobernador de esta Provincia en primero de diciembre de mil ochocientos setenta y seis, cuya acta autorizada por el escribano Doctor Pablo Iglesias, cuyo testimonio [illegible] habiendo visto el testimonio legal con la correspondiente inscripcion [illegible] linderos que demarcan este lote son los siguientes: de la boca del río Cariaquito una línea que separa el lote denunciado por el Señor Manuel Molinares y que avanza hacia la falda del cerro; desde este mismo punto, de la boca del Cariaquito una línea recta que mide la extensión de mil quinientos métros siguiendo el curso del río Pelaton y que forma con la línea anteriormente descrita un ángulo de ochenta grados. Los otros dos lados son líneas iguales y paralelas á estas dos descritas, y la altura del cuadrilátero, que tiene la figura de rombo se mide con una perpendicular de mil trescientos treinta métros, cuya perpendicular está levantada en el extremo inferior y opuesto á la boca del Cariaquito. La altura de este terreno sobre el nivel del mar es de mil cuatrocientos cincuenta métros. Dentro de los linderos expresados se contiene la extensión de doscientas hectáreas. El otro lote materia de esta venta llamado Candacó ó Pelaton lo compró al Señor Manuel Molinares, por escritura pública celebrada ante el escribano Señor Nicolas García, en veintiocho de agosto de mil ochocientos setenta y seis, cuyo instrumento doy fé haberlo visto también en testimonio legal con la debida inscripción. Los linderos que demarcan este lote, son: por el frente, el río Pelaton con la extensión de mil seiscientos métros en línea recta que se principia á contar desde la confluencia del río Candafé en el río Pelaton, siguiendo la corriente de este y termina en el punto en que el riachuelo llamado Cariaquito desemboca en el río Pelaton; por el Oeste, una línea recta que sale de la confluencia del Cariaquito en el Pelaton, y forma con la dirección de este un ángulo de cien grados; por el otro lado del frente, una línea recta que sale de la confluencia del Candafé con el Pelaton, y se dirige hacia arriba, formando con la dirección de este un ángulo de ochenta grados; y el cuarto lado, con una línea que une los extremos de las dos laterales descritas, y la altura del lote es tomada en línea perpendicular á la dirección del Pelaton es de mil doscientos cincuenta métros, que dá la extensión total del lote de doscientas hectáreas, siendo su altura sobre el nivel del mar, de mil cuatrocientos cincuenta métros. Los cuales dos lotes, con todos sus derechos [illegible], y más regalías mineras, y de conformidad con el inventario que tiene entregado á los compradores, les vende en el precio de tres mil quinientos pesos de plata sellado, cuya suma en pesos el vendedor tiene recibida en buena moneda contada á su entera satisfacción; por lo que formaliza á favor de los compradores la más eficaz carta de pago para su seguridad, sin que en los dos expresados lotes pese ningún gravámen censual ni hipotecario, como lo comprueba el certificado del registrador de hipotecas que se insertará en la copia primordial de esta escritura. Por lo demás, se obliga el vendedor al saneamiento por evicción, de conformidad con lo que prescribe el Código civil en su tratado de venta de bienes raíces, y traspasa absolutamente á los compradores todo el derecho, dominio y propiedad de los lotes indicados, con todas sus adherencias de títulos, entradas y salidas, usos y servidumbres, á fin de que tomen su posesión

El Anotador de la oficina de Inscripciones de este Canton certifica en forma legal que registrados los libros que comprende este despacho para ver los gravámenes especiales que existan desde el año mil ochocientos ~~setenta~~ setenta i seis hasta la fecha, 1° en los terrenos llamados "Cariaco o Bolsana" del Sor. Augusto Gachet, situados en Santo Domingo de los Colorados, que fueron del Sor. Manuel Malvernas i ántes del Supremo Gobierno, i 2° en los terrenos que el mismo Señor Gachet remató el 1° de diciembre de mil ochocientos setenta i seis, ante el escribano Pablo Iglesias, situados en la misma parroquia i con la extension de doscientas hectareas, entre los rios Cariaco i Pilaton, i que fueron del Supremo Gobierno; por estos datos no se encuentra ningun gravamen hipotecario.

Dros 4 rs.

Es lo que aparece en los espresados libros i puedo certificar en obsequio de la verdad.

Quito, marzo diez i siete de mil ochocientos ochenta.

Manuel Montalvo

Viene.

Tres angarillas y tres albardas de medio uso.

Utiles de Cocina.

Tres calderas, dos nº 12 y una del 10, la una rota.
Dos valdes y una paila.
Cuatro platos de hierro, cuatro de losa, las tres y una taza de acarrear agua.
Cuatro cubiertos, dos platos chicos.

Aves.

Dos patos y gallinas tiernas.

Animales.

Una baca con su hijo de año y meses.
Un toro y un buey encargado
Un caballo tordillo, otro chaguar de moler, un castaño de paso, dos mulas, una castaña, un bayo y un castaño que está en Alos, todo hace ocho.
Dos animales domésticos.
Barriles. Nueve entregados, 17 que se encuentran en poder del Sor. Ordóñez, teniendo en casa cuatro barriles de aguardiente, es decir que pagar la hacienda y de 14 á 15 barriles el Sor. Ballet que ofrece dar en Junio.
Cuatro cargas de terrones, nueve.
Un eje de fierro con soportes y piñon y los quijos que están á la rueda.
Dos trapiches extranjeros, uno edráulico y uno chico.
Dos alambiques de cabesote completamente

Pasa.

78b

niendo el Sor. Ordóñez que entregar la
una copa con tubo y un tonel grande
Tres toneles entregados en la hacienda
Una grande melera, o paila de hacer
raspaduras y un alambique chico con todos sus útiles.
Cañaverales, platanales, potreros y terrenos
los que existen en la hacienda.

Trastes de uso.

Tres Camas, una mesa grande y cuatro ban-
cos para sentarse, una frazada, dos col-
chones y una colgadura, tres sábanas, dos
damasanas y todo lo mas que se halla en
la hacienda

Peones.

Gregorio Moráles suelto, se le debe 2„ 5½
Mariano Velasco de hacienda, sin deuda
Silberio Quinatoa debió 26 pesos,
de esto se le rebajó quince pesos
queda debiendo 11$
Vicente Pérez suelto, se le debe 1„ 2½
Modesto Mogollon debe 5„ 7½
Prudencio Rivera debe 4„ 4
Francisco Quinatoa peon com-
prometido con el Sor. Laso, se le debe 4„ 5
Felix Rivera debe 9$
Manuel Hidalgo suelto se le debe 1„ 0
Francisco Loyes se le debe 6$
Cocinera que gana 3$ 4 mensuales.
Manuel Moráles se le debe 6„ 5
Maria Sandoval se le debe 1„

Pasa.

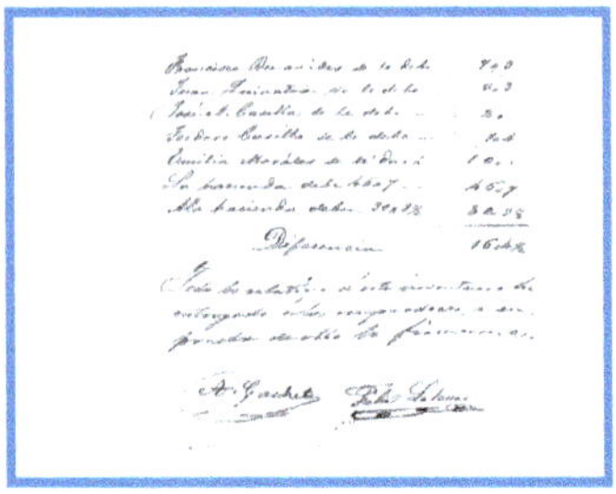

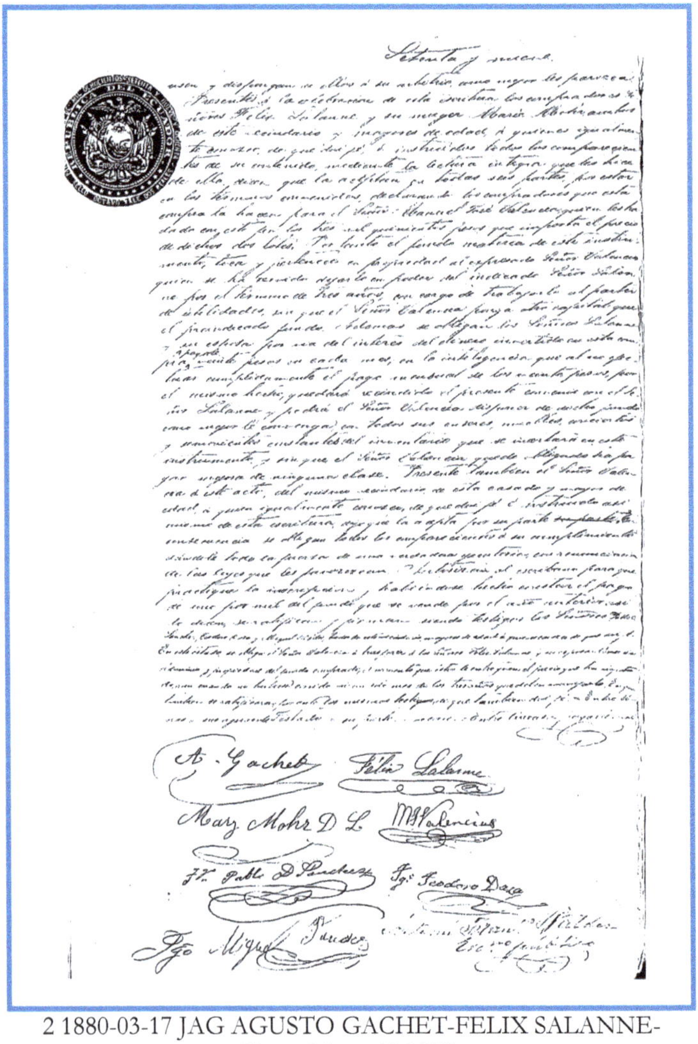

2 1880-03-17 JAG AGUSTO GACHET-FELIX SALANNE-
Venta 2 lotes-NOT1b

Doscientos veintidós.

percibida en buena moneda contada á su entera satisfacción, siendo de cuenta de la compradora el pago de alcabala y
los gastos de escritura. Declaran los vendedores que sobre
la casa materia de esta venta no pesa ningún gravamen censual ni hipotecario como lo comprueba el certificado del Anotador de hipotecas, que se tuvo á la vista y
se agrega á este instrumento, para que obre en sus lugares. Por lo demás, se obligan al saneamiento por
evicción conforme á la ley, y traspasan absolutamente en la compradora todo el dominio y propiedad de
dicha casa, con todas sus acciones útiles, entradas y salidas, usos y servidumbres, á fin de que tome su posesión [illegible]
sesión, use y disponga de ella, á su arbitrio, como mejor le
parezca. Presente á este acto, la compradora Señora Dolores
Coz, del mismo vecindario, de estado soltera y mayor de edad,
á quien igualmente conozco, de que doy fé, é instruidos todos los
comparecientes del contenido de esta escritura, mediante la lectura
[illegible] íntegra, que les hice de ella, en un solo acto, á presencia de
los testigos, dicen: que la aceptan en todas sus partes, por estar
en los términos convenidos, dándole toda la fuerza de una verdadera ejecutoria, con renunciación de las leyes que les favorezcan;
autorizan al Escribano para que practique la inscripción
y firman los que saben, y por la que no lo hace á su ruego
uno de los testigos Señores Modesto Osteriño Miño, Agustín Arpia
y Antonio Andrade, todos de este vecindario, mayores de edad, á
quienes conozco, de que doy fé.—

Manuel Castillo — Arruego de la vendedora Isabel
Rivas, por no saber escribir y como testigo. Modesto Osteriño Miño

Dolores Coz — Tgo. Agustín Arpia

Tgo. A. Andrade

Ante mí Franco. Valdez
Escno. público

Contrato celebrado entre los Sres. Augusto Gachet y Isidoro Hidalgo. | En la ciudad de Quito, Capital de la República del Ecuador, á
seis de Mayo de mil ochocientos ochenta y uno. Ante mí el Es-
cribano público y testigos que suscribirán, comparecieron los Señores
Augusto Gachet é Isidoro Hidalgo, ambos de este vecindario
y hábiles según derecho, á quienes conozco, y de ello doy fé; y habiéndose llenado las disposiciones contenidas en los artículos
trescientos cuarenta y cinco, hasta el cuarenta y [illegible] del Có-
Se dió copia. | digo de Enjuiciamientos civil, otorgan: que han celebrado
un contrato conforme á lo que dispone el Código Civil en su
tratado de arrendamientos y lo elevan á escritura pública
1ª | bajo las bases y condiciones siguientes: Primera. El Señor
Isidoro Hidalgo se obliga á prestar sus servicios al Señor Augusto Gachet en clase de oficial en su establecimiento de [illegible]
2ª | [illegible]. Segunda. La duración de este contrato será de [illegible]

34

años forzosos y con el sueldo anual que tienen ya convenido entre los contratantes. Además, el Señor Gachet
le dará á Hidalgo trescientos veinte y cinco pesos,
que [illegible] prevenida, en [illegible]
[illegible] que Hidalgo complete los cinco años de servicio; en conformidad con la condición segunda, mas
abandonare el destino antes de terminarse los cinco años, [illegible]
Hidalgo obligado á pagar á Gachet toda la canti-
dad de los trescientos veinte y cinco pesos que ha recibido y
además los intereses á razón del uno por ciento mensual que abonará hasta el día que trate de separarse
del servicio, el cual lo desempeñará de la manera que
han estipulado. Bajo estas bases y condiciones dejan perfeccionado el presente contrato, y para su más fiel y
exacto cumplimiento, sujetan los otorgantes sus personas
y bienes, derechos y acciones presentes y futuras en legal
forma, con renunciación de las leyes que les favorecen. Y
leido que les fué á los comparecientes el contenido de
esta escritura en un solo acto á presencia de los testigos
se ratificaron en ella, y firmaron siendo testigos los
Señores Rafael Valdivieso, Juan Barba Checa, Pablo Daniel
Sánchez, todos de este vecindario, mayores de edad, á quienes conozco, de que doy fe.

A. Gachet   Ysidoro Hidálgo

Tgo. R. Valdivieso

Tgo. Juan Barba Checa

Tgo. Pablo D. Sánchez

Ante mí Fran.co J. Valdez
Esno. público

[illegible]
Se dió copia.

En la ciudad de Quito, Capital de la República del
Ecuador, á siete de Mayo de mil ochocientos ochenta
y uno, ante mí el Escribano público y testigos que suscriben, compareció el Señor Vicente Borda, de este vecindario, de estado casado, mayor de edad, á quien conozco
y de ello doy fe; y dijo: que como curador [illegible] del
menor Julio Pérez [illegible]

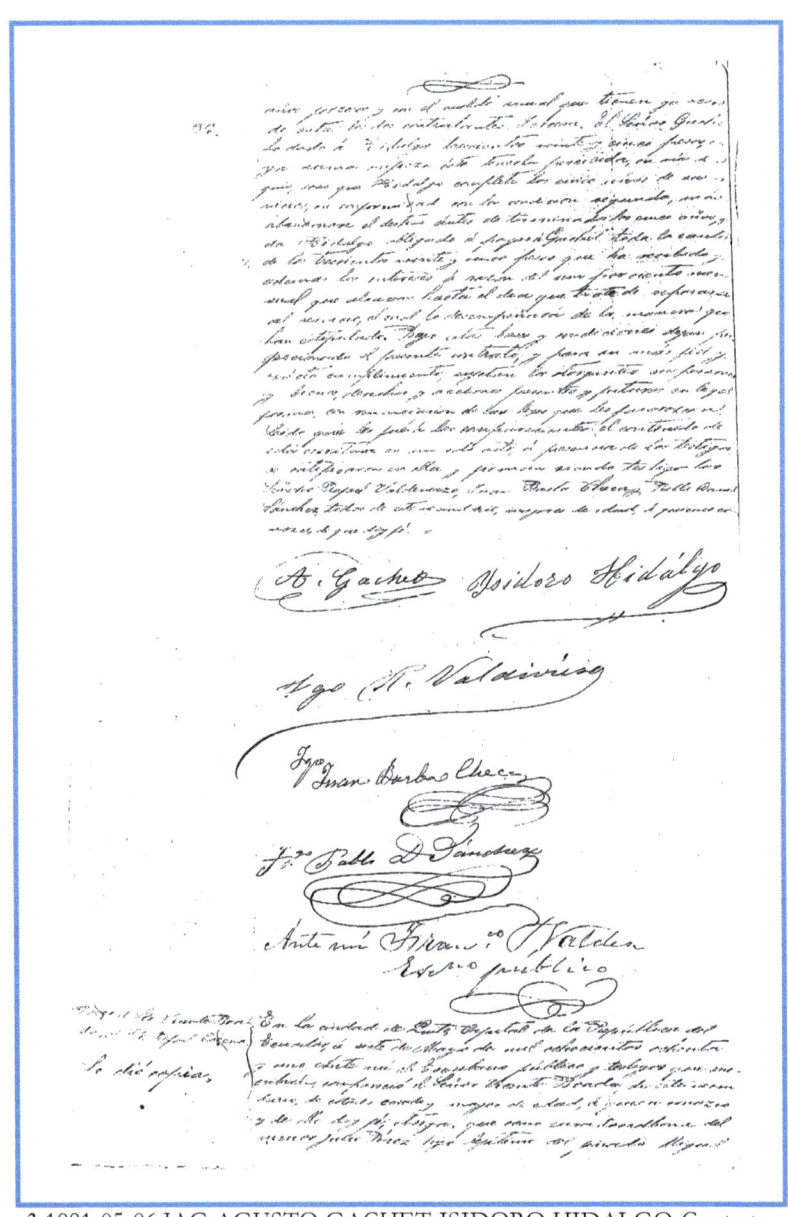

3 1881-05-06 JAG AGUSTO GACHET-ISIDORO HIDALGO-Contrato como oficial-NOT0

-214-

Doscientos veintitrés

to la Aldea García, como actual arrendatario del expresado fundo de Palmira. Dicho que les fue á los comparecientes el contenido de este instrumento, en un solo acto, á presencia de los testigos, y llenados los requisitos legales, dicen: que lo aceptan en todas sus partes, por estar en los términos convenidos, dándole toda la fuerza de una verdadera escritura, con renuncia de las leyes que les favorecen. Autorizan al Escribano para que practique las diligencias de la inscripción y firma el que sabe, y por la que no lo hace, á su ruego uno de los testigos Señores Antonio Jijón, Antonio González y Mariano Cortez, todos de este vecindario, mayores de edad, á quienes conozco, de que doy fé —

A ruego de Francisca Páez [illegible], por no saber escribir, y como tgo. Antonio Jijón

José García Carrión Tgo. M. Antonio González

Tgo. Mariano Cortez

Ante mí Fran.co Valdez
Escno. público

6

Venta de un lote de terreno el Supremo Gobierno al Sor. Augusto Gachet en 347 $ 10 cs.

Se dió copia.

En la Ciudad de Quito, á quince de Mayo de mil ochocientos ochenta y tres. Ante mí el Escribano y testigos que suscribirán, comparecieron los Señores Don Mariano Zaldumbide, actual Gobernador de la Provincia de Pichincha, y Don Augusto Gachet, de este vecindario, el primero casado y el segundo soltero, hábiles según derecho, á quienes conozco y de ello doy fé. Otorgan: que el Señor Zaldumbide en virtud de la autorización del Supremo Gobierno Provisional y de los documentos que se me han presentado que todo se agrega á este registro, para que obren en sus traslados, vende y dá en perpetua enajenación al Señor Gachet un lote de terrenos baldíos denominado "San Nicolás" situado entre las montañas de [illegible] y Santo Domingo de los Colorados [illegible] Nacional por el precio de trescientos cuarenta y siete pesos diez centavos incluidos el [illegible] por cuenta de los gastos del plano y mensura [illegible]. En consecuencia el Señor Gobernador, á nombre del Supremo Gobierno Provisional, se obliga á [illegible] y saneamiento de los terrenos vendidos, en los términos dispuestos en el Código Civil [illegible] de [illegible]

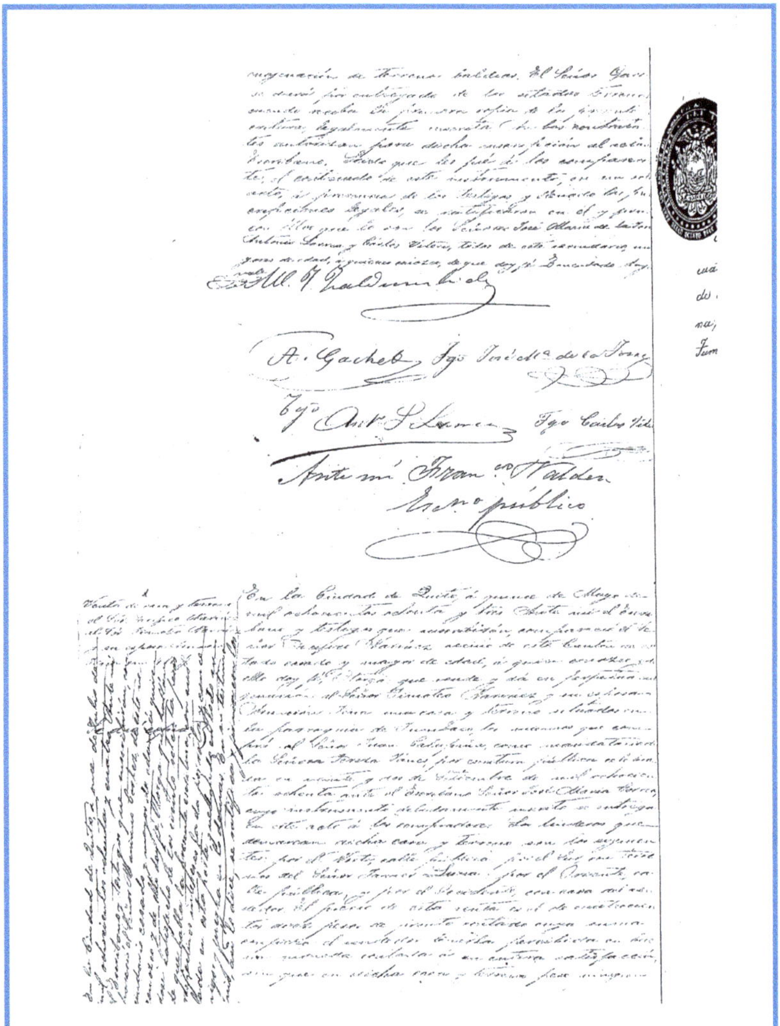

4 1883-05-15 SUPREMO GOBIERNO-JAG AGUSTO GACHET-Venta de San Nicolás-NOT1

darios, de estado casado y mayor de edad, á quien igualmente conozco de que doy fé; é instruidos todos los comparecientes del contenido de esta escritura, mediante la lectura íntegra que les hice de ella en un solo acto á presencia de los testigos y llenado los preceptos legales, dijeron: que la aceptan en todas sus partes por estar en los términos convenidos, dándole toda la fuerza de una verdadera ejecutoria con renunciación de las leyes que les favorecen. Autorizan al Escribano para que practique las diligencias de la inscripción y firman siendo testigos los Señores Alejandro Rosario, Angel B. Soria y Victor Jaramillo, todos de este vecindario, mayores de edad, á quienes conozco, de que doy fé. —

Ana Ceballos   Pedro Martín González

José Cevallos

Alejandro Rosario

Angel B. Soria

Victor Jaramillo

Ante mí Francisco Valdez
Escno. público

Venta de un lote de terreno del Supremo Gobierno al Sr. Augusto Gachet en S/ 57 cts.

Se dió copia.

En la Ciudad de Quito á diez de Diciembre de mil ochocientos ochenta y tres. Ante mí el Escribano y testigos que suscribirán, comparecieron los Señores Don Manuel Ignacio Zaldumbide actual Gobernador de la Provincia de Pichincha y Don Augusto Gachet de este vecindario, de estado viudo el primero y soltero el segundo, hábiles según derecho á quienes conozco y de ello doy fé. Otorgan: que el Señor Zaldumbide en virtud de la autorización del Supremo Gobierno y de los documentos que se me han presentado que todo se agrega á este registro para que obren en sus traslados, vende y dá en perpétua enajenación al Señor Gachet medio lote de terrenos baldios denominado "La Loma" ubicado entre las montañas de Aloag y Santo Domingo de

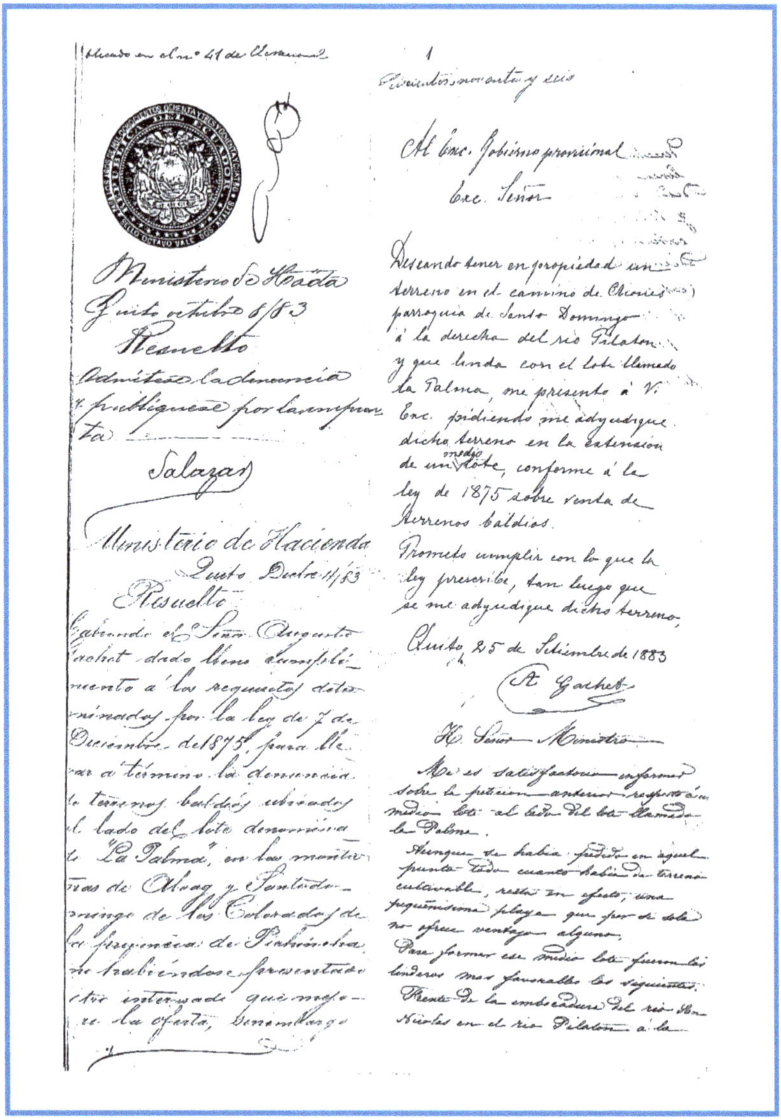

...ado en el n° 41 de ...

1

Dieciocho noventa y seis

Ministerio de Hacienda
Quito octubre 6/83
Resuelto
Admítese la denuncia y publíquese por la imprenta
Salazar

Ministerio de Hacienda
Quito Dicbre 11/83
Resuelto
Habiendo el Señor Augusto Gachet dado lleno cumplimiento á los requisitos determinados por la ley de 7 de Diciembre de 1875, para llevar a término la denuncia de terrenos baldíos ubicados al lado del lote denominado "La Palma", en las montañas de Alluag y Santo Domingo de los Colorados de la parroquia de Pichincha, no habiéndose presentado otro interesado que mejore la oferta, denomínase

Al Exc. Gobierno provisional
Exc. Señor

Deseando tener en propiedad un terreno en el camino de Chone, parroquia de Santo Domingo á la derecha del río Pilaton y que linda con el lote llamado La Palma, me presento á V. Exc. pidiendo me adjudique dicho terreno en la extensión de un medio lote, conforme á la ley de 1875 sobre venta de terrenos baldíos.

Prometo cumplir con lo que la ley prescribe, tan luego que se me adjudique dicho terreno.

Quito 25 de Setiembre de 1883

A. Gachet

H. Señor Ministro

Me es satisfactorio informar sobre la petición anterior respecto á un medio lote al lado del lote llamado La Palma.

Aunque se había perdido en aquel punto todo cuanto había de terreno cultivable, resta en efecto, una pequeñísima playa que por sí sola no ofrece ventaja alguna.

Para formar ese medio lote fueron los linderos mas favorables los siguientes: Frente de la embocadura del río San Nicolas en el río Pilaton á la

derecha del ultimo se traza una
linea en la direccion del rio, tomando
desde ese punto 180 metros rio arriba
y 1020 metros rio abajo. En los
extremos se levantan dos perpen
diculares de 833 metros de longitud,
(extension horizontal) para formar
el rectangulo que contiene las
100 hectáreas, la altura es entre 1000
y 2000 metros.
Quito, 7 de Octubre de 1883.

J. B. Menten

de haberse publicado en el
de El Nacional, y habi
el denunciante consigna
Tesorería la cantidad de s
ta y cinco pesos sencillo
mo importe de cien hect
á setenta y cinco centav
da una, por estar situado
terreno entre mil y dos m
metros de altura sobre el
nivel del mar, y adem
el diez por ciento, por q
de plano y mensura, s
adjudican en propiedad,
perjuicio de tercero que m
derecho tenga los terreno
nunciados en la cabida
cien hectáreas, en la figu
regular de un rectangul
esta forma: Frente á la
bocadura del rio Pumm
y á la derecha del rio
tón, se traza una linea
la dirección de este rio, t
mando desde ese punto
metros, rio arriba, y 1020
tros rio abajo: en los ex
tremos se levantan en ext
ción horizontal, dos perpe
diculares de 833 metros
longitud; y la ultima es
igual y paralela á la p
mera, quedando así f
mado el medio lote

Seiscientos noventa y siete

nominado "La Loma" según el plano levantado y el informe dado por el Señor Dr. Juan Bautista Montero. – Por tanto, y en virtud de lo dispuesto por el Art. 11 de la ley de 7 de Junio de 1878 se autoriza al Señor Gobernador de la Provincia de Pichincha, para el otorgamiento de la correspondiente escritura pública. – Tómese razón de esta adjudicación y archívese el plano, pudiendo el interesado sacar copia de él.

Por S. E.

Salazar

Seiscientos noventa y ocho

JOAQUIN POZO,

TESORERO DE HACIENDA NACIONAL Y COMISARIO ORDENADOR DE GUERRA DE LA PROVINCIA DE PICHINCHA.

PARTIDA DE $ 82. 50 cs.

Certifico: que en el libro diario del presente año, á f. 3, se registra la siguiente partida.

Venta de terrenos baldíos – Noviembre veintiseis – Ingreso – Ochenta y dos pesos cincuenta centavos consignados por el Dor. Juan B. Montero, á nombre del Señor Augusto Gachet, por el valor de un lote denominado "La Loma", que lo adquirió en subasta el 19 del actual; incluyéndose en esa suma el diez por ciento como indemnización de los gastos de plano y mensura – Pozo – Baquero – Juan B. Montero. – –

Tesorería de Hacienda –
Quito, Noviembre 26/83. –

Joaquín Pozo

Seiscientos noventa y nueve

Nº 2252

REPUBLICA DEL ECUADOR

MINISTERIO DE ESTADO
EN EL
DESPACHO DE HACIENDA

Quito, á 4 de diciembre de 1883.

Sr Gobernador de
esta provincia

Remito á V.S. original, é inclusa en el presente oficio la denuncia hecha por el Señor Augusto Gachet de un medio lote de terrenos valdíos denominado "La Loma," y ubicado entre las montañas de Aloag y Santo Domingo de los Colorados, igualmente que el certificado de la Tesorería de haber consignado ochenta i dos pesos cincuenta centavos, por el valor de estos terrenos, y el diez por ciento de plano, y mensura. V.S. se servirá dar cumplimiento á la resolución Suprema de esta fecha.

Dios gue. á V.S.

Vte Lucio Salazar

...uado en el nº 41 de El Nacional

3 Interesado

Al Exmo Gobierno Provisional

Exmo Señor

Deseando tener en propiedad un terreno en el camino de Chones, parroquia de Santo Domingo de los Colorados, el que se denomina San Antonio situado entre San Nicolas i San José del Napa me presento á V. E. pidiendo ordene la medida del lote respectivo i me lo adjudique conforme á la lei sobre renta de terrenos baldios del año de 1875.

Prometo cumplir con lo que la lei prescribe tan luego que se me adjudique el terreno.

Quito, 26 de Setiembre de 1883

Serafin Areos

H. Señor Ministro

Pidiendo el interesado un lote en la playa de San Antonio, mas acá de la propiedad de San José del Napa preciso es observar que el terreno está del todo desprovisto de agua razon por la cual no ha sido puesto en venta anteriormente.

Como linderos mas favorables conviene señalar los siguientes:

Segun el plano anteriormente levantado por el Señor Rogers se traza en la chorrera del Napa sobre la direccion del Pilaton una perpendicular, y sobre esta se levanta en el mismo punto otra que tiene 1230 metros en linea recta, rio arriba, que da el punto de partida, el que se halla en el segundo riachuelito desde la casa del Napa hácia el Este.

Desde este punto de partida se traza en la direccion Este, rio arriba, una linea de

...rio de Hacienda
Quito octubre 8/83
Resuelto
...mitase la documen...
... y publiquese por imprenta.
Salazar

...terio de Hacienda
Quito, Dbre 4 de 1883.
Resuelto.
...iendo el Señor Se... Areos dado el cumplimiento á requisitos deter... nados por la ley ... de Diciembre 1875, para lle... á término la ...uncia de terre... baldíos abiert... en la playa se ...ntonio, en las ...ontañas de Colo... Santo Domingo ... los Colorados de ... Provincia de Pichincha ... ...biéndose pre...

1500 metros de longitud y
á los dos extremos dos perpen_
diculares de 1333 metros de
longitud para formar el
rectangulo de 200 hectáreas.
Altura entre 1000 y 2000 metros.
Quito, 7 de Octubre de 1833.

J. B. Menten

siendo otro interesado que m
re la Oferta, sinembargo d
haberse publicado la denu
en el periódico Oficial nº 41,
habiendo el denunciante c
signado en Tesorería la can
tidad de ciento cincuenta
pesos sencillos, como imp
de doscientas hectáreas, a
precio de setenta y cinco c
tavos cada una, por esta
situado el terreno entre m
á dos mil metros de altura
sobre el nivel del mar,
además, el diez por ciento de
gastos de plano y mensura
se le adjudicán en propiedad
sin perjuicio de tercero que
mejor derecho tenga. Los te
rrenos denunciados, en la
tida de doscientas hectareas
con la figura regular de u
rectangulo, en esta forma
se traza una linea perpen
dicular, desde la Chorrera
del Napa sobre la direc
ción del rio Pilatón, y so
bre esta se levanta en el
mismo punto otra, cuya
tención longitudinal es de
1250 metros en linea recta,
rio arriba, que dá el pun
de partida, el que se hall
en el segundo riachuel
desde la casa del etq.

Setecientos uno

— hacia el Este, desde este punto de partida
se traza en la dirección Este, río arriba
una línea de 1500 metros de longitud,
que sirve de base a la figura, y a los
dos extremos se levantarán dos perpendi-
culares de 1333 metros de longitud cada
una; la cuarta línea que cierra la figura
es igual y paralela a la primera, y con
la cual queda formado el rectángulo y
el lote denominado "San Antonio", según el plano levantado y el informe
dado por el Señor Don Juan Bautista Menten.- Por tanto y en virtud
de lo dispuesto por el Art.º 11 de la ley de
7 de Junio de 1878, se autoriza al Señor
Gobernador de la provincia de Pichincha, para el otorgamiento de la correspondiente escritura pública.- Tómese
razón de esta adjudicación y archívese
el plano, pudiendo el interesado sacar copia de él.

Por S.E.

Salazar

Setecientos dos

JOAQUIN POZO,

TESORERO DE HACIENDA NACIONAL Y COMISARIO ORDENADOR DE GUERRA DE LA PROVINCIA DE PICHINCHA.

PARTIDA DE $ 165.

Certifico: que en el libro diario del presente año, á f. 2. se registra la siguiente partida:

"Venta de terrenos baldíos — Noviembre, veintitres — Ingreso — Ciento sesentitres pesos consignados por el Señor Dor. Juan B. Menten, á nombre de Don Serafin Arcos, por el valor de un lote de terreno denominado "San Antonio" que lo adquirió en subasta el 19 del actual; incluyéndose en esa suma el diez por ciento como indemnización de los gastos de plano y mensura — Pozo — Baquero — Juan B. Menten." —

Tesorería de Hacienda
Quito, Noviembre 26/883. —

Joaquin Pozo

Setecientos tres

Nº 2264

REPUBLICA DEL ECUADOR

MINISTERIO DE ESTADO

EN EL

DESPACHO DE HACIENDA

Quito, á 11 de Diciembre de 1883.

Señor Gobernador
de esta provincia.

Remito á U.S. original é incluso en el presente oficio la denuncia hecha por el Señor Serafín Olmos de un lote de terrenos baldíos denominado "Tannantimo" y ubicado entre las montañas de Ulvag y Santo domingo de los Colorados, igualmente que el certificado de la Tesorería de haber consignado ciento sesenta y cinco pesos, por el valor de estos terrenos y el diez por ciento de plano y mensura. U.S. se servirá dar cumplimiento á la resolución Suprema de esta fecha.

Dios guarde á U.S.

Vte. Lucio Salazar

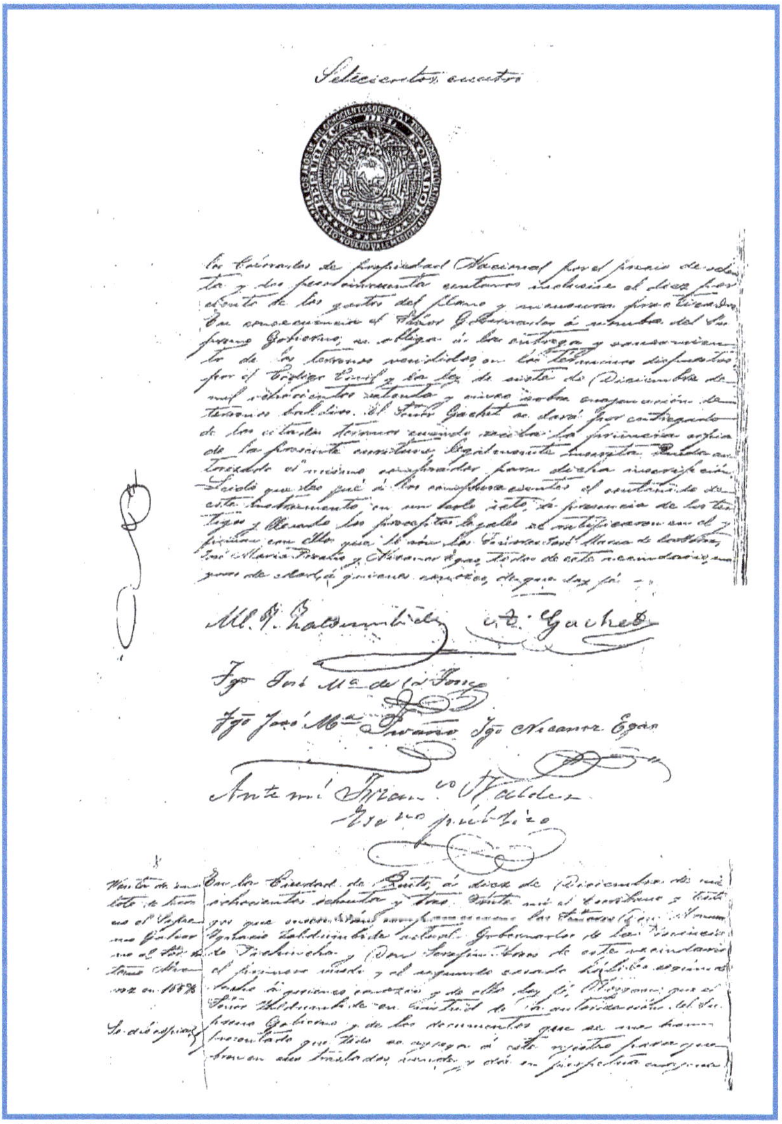

Setecientos cuatro

[illegible] de propiedad Nacional por el precio de [illegible]ta y dos pesos cincuenta centavos inclusive el diez por ciento de los gastos del plano y mensura practicados. En consecuencia el Señor Gobernador á nombre del Supremo Gobierno, se obliga á la entrega y saneamiento de los terrenos vendidos, en los términos dispuestos por el Código Civil y la ley de siete de Diciembre de mil ochocientos setenta y nueve sobre enajenación de terrenos baldíos. El Señor Gachet se dará por entregado de los citados terrenos cuando reciba la primera copia de la presente escritura legalmente inscrita, quedando autorizado el mismo comprador para dicha inscripción. Leída que les fué á los comparecientes el contenido de este instrumento en un solo acto, á presencia de los testigos y llenado los preceptos legales se ratificaron en el y firman con ellos que lo son los Señores José María de [illegible], José María Proaño y Nicanor Egas, todos de este vecindario, mayores de edad, á quienes conozco, de que doy fé. —

Ml. Y. Saldumbide   A. Gachet

Tgo. José Mª de la [illegible]

Tgo. José Mª Proaño   Tgo. Nicanor Egas

Ante mí Francº Valdez
Escno. público

Venta de un lote de terreno el Supremo Gobierno al Sor. [illegible] en 1883

Se dió copia

En la Ciudad de Quito, á diez de Diciembre de mil ochocientos ochenta y tres. Ante mí el Escribano y testigos que suscriben comparecieron los Señores General Manuel Ygnacio Saldumbide actual Gobernador de la Provincia de Pichincha y Don [illegible] de este vecindario, el primero viudo y el segundo casado hábiles según la ley á quienes conozco y de ello doy fé; Dijeron: que el Señor Saldumbide en virtud de la autorización del Supremo Gobierno y de los documentos que se me han presentado que todo se agrega á este registro para que consten en los traslados, [illegible] y dá en perpetua enajenación

5 1883-12-10 SUPREMO GOBIERNO-JAG AGUSTO GACHET-Venta de lote La Loma-NOT1

tigos; y habiéndose llevado previamente
por parte del escribano los preceptos legales, se ratificaron en ella. Autorizan al
escribano para las diligencias de la inscripción
y firman siendo testigos los Señores José María Muñoz, Miguel Noboa y Nicolás Durán
todos de este vecindario, mayores de edad, en unidad de acto, á quienes conozco, de que doy fe. —

Por Margarita María Borja

Helena Brunet
Testigo

Ramón Borja

Rafael Borja

Tgo José María Muñoz

Tgo Miguel Noboa

Nicolás Durán

El escribano Franco Valdez

N° 541
Venta de casa y terrenos el Señor Alejandro Bueno al Señor Augusto Gachet en $ 1840.00

Se dió copia

En la Ciudad de Quito, á diez y seis de abril de mil ochocientos noventa y dos, ante mí el escribano y los testigos que suscriben compareció el Señor Alejandro Bueno, de este vecindario, casado y mayor de edad, a quien conozco y de ello doy fe; otorga que vende y dá en perpetua enagenación al Señor Augusto Gachet una casa cubierta de teja y dos pedazos de terreno de extensión de una cuadra más ó menos, denominados

Alomato y San Blas, situado todo en la
parroquia de Alóag, que le pertenece en
propiedad mediante títulos inscritos, siendo
sus linderos los siguientes: los de la casa, por
el Oriente, Norte y Sur, calles principales, y por
el Occidente también calle principal, el lo
cal de minas que en la actualidad se está traba
jando y otro de Mercedes Escobar. Los del terreno
Alomato son: con propiedades particulares con
zanjas al medio y con dos calles públicas; y el del
llamado San Blas con el Sur y Occidente,
Oriente y Norte calles y propiedades particulares.
El precio de esta venta es de un mil ochocien
tos cuarenta sucres de contado, cuya suma confie
sa el vendedor tenerla percibida en buena mone
da i su satisfacción; declarando que sobre los in
muebles al que pertenece la casa y terrenos ma
teria de esta venta pesan un gravámen hipo
tecario por el resto del precio en que adquirió, el
cual gravamen se obliga á cancelarlo así que
los interesados perciban el dinero que no lo han
hecho por motivos que no han estado en el do
minio del otorgante. Por lo demás, se obliga tam
bién al saneamiento por evicción, y trasfiere
absolutamente en el comprador todo el domi
nio y propiedad de dicha casa y terrenos, con to
das sus acciones útiles, entradas y salidas, usos y
servidumbres, á fin de que tome su efectiva
posesion, use y disponga de ello á su arbitrio
como legítimo dueño, siendo á medias entre
los contratantes el pago de alcabala y gastos de
escritura. Presente á este acto el comprador

Señor Augusto Gachet, del mismo vecindario y mayor de edad, á quien igualmente conozco, de que doy fe, é instruidos ambos comparecientes del contenido de esta escritura, mediante la lectura íntegra que les hice de ella, en un solo acto, á presencia de los testigos, y habiéndose llenado previamente por parte del escribano los preceptos legales, se ratificaron en este contrato al que le dan toda la fuerza de una verdadera ejecutoria con renunciacion de las leyes que les favorezca. Autorizan al Interesado autorizado el mismo comprador para las diligencias de la inscripcion y firman siendo testigos los Señores Antonio Arteaga, Elias Paz y José E. Gudiño todos de este vecindario, mayores de edad, en unidad de acto, á quienes conozco, de que doy fe = Testado = Autorizan al = No vale —

Alejandro Bueno — A. Gachet

Antonio Arteaga — Elias Paz

José E. Gudiño

Ante mi el escribano Fran.co [illegible]

N.º 542 — En la Ciudad de Quito, á diez y ocho de abril de mil ochocientos noventa y dos, ante mí el escribano y los testigos que suscriben compareció el Señor Federico Bueno

6 1892-04-06 ALEJANDRO BUENO-JAG AGUSTO GACHET-Venta casa y 2 terrenos Alomote y San Blas en Aloag-NOT1

comunes á los mandatarios, le concede las especiales tallados en los cinco números del artículo Cincuenta del Código de Enjuiciamientos Civiles y la de sustituir este poder si fuere necesario. Y leído que le fué, por mí el Escribano en presencia del compareciente y testigos que concurrieron en unidad de acto, se ratificó y no firmó porque dijo no saber y á su ruego lo hizo uno de dichos testigos Señores Daniel Yépez, Pedro Rojas y Rafael E. Calderón, de este vecindario, mayores de edad, á quienes conozco de que doy fe.

A ruego de Inocencio Páez y como testigo,

Daniel Yépez I. — Pedro Rojas

Rafael E. Calderón

El Escribano
Miguel C. Ordóñez

En la Ciudad de Quito Capital de la República del Ecuador á ocho de mayo de mil ochocientos noventicuatro, ante el Escribano Miguel Carlos Ordóñez y testigos que suscriben comparecieron por una parte el Señor Don Domingo A. Gangotena, actual Gobernador de esta provincia, en representación del Supremo Gobierno, y por otra el Señor Don Augusto Gachet, Ciudadano [illegible] francés avecindado en el cantón Mejía y ocasionalmente en esta Ciudad, ambos Señores casados y mayores de edad, á quienes conozco de que doy fe y otorgan: que instruidos previamente de lo que disponen los artículos ciento cincuenticuatro al ciento cincuentiocho inclusive del Código de Enjuiciamientos Civiles, tienen á bien elevar como en efecto elevan á escritura pú

Ochocientos noventa y nueve — 899

blica Contrato para la refección del camino de Quito á
Bahía de Caráquez en la parte comprendida entre
el Congo y Guanacilla, en conformidad á las cláusulas siguientes. Primera. Augusto Gachet refeccionará
el camino existente desde el "Congo" hasta "Guana-
cillá", y la refección consistirá en dejar una vía
expedita que tenga por lo menos tres metros de
ancho desde el Congó hasta Guanoza: desde este
punto hasta Guanacilla el camino quedará del
mismo ancho, en cuanto sea posible, pero en ningún lugar medirá menos de dos metros de ancho,
exceptuándose algún sitio corto, donde las rocas
2° de piedras sean muy altas y fuertes. — Segunda.
El camino tendrá desagues colocados á pequeñas
distancias, para que el curso natural de las a-
guas no bañe el camino, el cual tendrá un margen de bosque desmontado de cuatro á cinco
metros á cada lado, en lo plano, y lo menos
de tres metros en las pendientes rápidas. — Ter-
3ª cera. — Los puentes del Naranjal, San Lorenzo y Pacha, conservarán su ancho actual, y
serán refeccionados cambiando todo el maderamen inservible; la cubierta del primero será de
paja y se repararán las de zinc de los dos
últimos. — El puente "Jambuya" será construido también con buena madera y cubierto de
paja, tendrá dos y medio metros de ancho
4ª y será suficientemente sólido. — Cuarta. El tiempo en que estará concluida la perfecta refección
del camino desde el Congo hasta "Guanacilla"
en los términos expresados en las cláusulas
anteriores, será de ocho meses contados desde el

día en que se firme la presente escritura. - Quin
5ª to. - El Señor Gobernador de la provincia de Chi
chimbo razo impartirá las órdenes á las respectivas
autoridades para que proporcionen al empresario los tra
bajadores que quieran prestar sus servicios, median
6ª te el jornal correspondiente. Sexto - En la repa
ción del camino el empresario se sujetará á las
órdenes que impartía el Inspector comisionado
de la Junta Directiva, las cuales no podrán
alterar el texto de las cláusulas de este contra
7ª Sétima - El valor total de la obra es de
cuatro mil sucres, los cuales recibirá el empre
sario, en esta forma: tres mil sucres el día
que se firme la escritura por las partes
contratantes, y los mil sucres en dividendos
de á quinientos sucres cada dos meses. Oc
8ª tava - El empresario da la fianza de los
Señores Don Luciano Cadavid y Don Fran
cisco Ordóñez Valencia, para responder por los
9ª resultados de este contrato. Novena - Terminada
la completa refección del camino, se nom
brarán dos peritos, uno por la Junta
Directiva y otro por el Señor Gachet, los
cuales de común acuerdo presentarán su in
forme; si hubiese desacuerdo se nom
brará un tercero. Aprobado el informe
por la Junta será inmediatamente cance
lada la fianza. - Preséntase á la celebración
de esta escritura los Señores Don Luciano Ca
david y Don Francisco Ordóñez Valencia, de
primero y soltero el segundo
este vecindario, casado el, mayores de edad y
hábiles por derecho, á quienes también cono

Novecientos 900

co, dicen que, en conformidad con la cláusula octava y para responder por los resultados de este contrato se constituyen fiadores
del referido Señor Don Augusto Gachet, haciendo de obligación ajena suya propia, con renuncia de los beneficios
de orden y excusión. - Leído que les ha sido este instrumento por mí el Escribano en presencia de los señores contratantes, fiadores y testigos instrumentales que
concurrieron en unidad de acto, y llenados los requisitos legales, dicen que se ratifican obligándose cada
uno por su parte á cumplir fielmente las obligaciones que respectivamente contraen, y para
constancia firman con dichos testigos que son
los Señores M. Antonio González, M. E. Barrera y
Teodoro Castro, de este vecindario y mayores
de edad, á quienes también conozco de todo lo que doy fe - Testado - en esta - no
corre. - Enmendado - co - vos - a - es - vale - En
entrerrenglones se aclara que este momento recibe el Señor Gachet
los tres mil sucres de que habla la cláusula sétima, en
sucursal del
un cheque á cargo de la Banco Comercial y Agrícola, gira-
do por el Señor Ministro de Obras Públicas al Señor Presidente de la Junta Directiva del Camino de Quito á Chone. ~~Testigo~~ y endosado por
éste al Señor Gachet. Testigos los mismos. Doy fe. Testado - Testado - no corre - Entre líneas - J. Presidente de la Junta Directiva del Camino de Quito á la Bahía de Caráquez - primero y sétimo el segundo - Sucursal del - vale -

Domingo A. Gangotena A. Gachet
Luciano Calahorrano
Francisco Ordóñez V. Tgo. M. Antonio González
M. E. Barrera Teodoro Castro
El Escribano,
Miguel E. Ordóñez

7 1898-05-08 JAG AGUSTO GACHET-SUPREMO GOBIERNO-
Contrato refaccion camino Pongo a Guanasilla-NOT3

Mil novecientos sesenta y cuatro ~~1964~~
1982

y á quienes igualmente conozco de que doy fe. Entre líneas – por mí – Valen. Enmendado – Sergio – Vale

David Andrade Alvarado

Eudoro Anda V.

José Jaramillo

Pedro B. Franco

El Escribano
Fernando Avilés J.

Compromiso Augusto Gachet y el Supremo Gobno. 1ª copia.

En la ciudad de Quito, Capital de la República del Ecuador, á veintinueve de setiembre de mil ochocientos noventa y ocho; ante mí el Escribano Fernando Avilés Flores y los testigos que suscriben comparecieron, por una parte, el Señor Domingo R. Gangotena, en su calidad de Gobernador de la provincia de Pichincha, y por otra el Señor Don Augusto Gachet, vecino de Alóag; ambos señores comparecientes mayores de edad y casados, á quienes conozco de que doy fe, y dicen: que elevan á escritura pública el compromiso que el Señor Gachet ha contraído con el Supremo Gobierno para colocar un puente sobre el río Lelia en la vía de Chiriboga; cuyo contrato consta de la minuta que me entregaron cuyo tenor es el siguiente: – Número – República del Ecuador – Gobernación de la provincia de Pichincha. – Quito á veintiocho de setiembre de mil ochocientos noventa y ocho. – Señor Escribano Don Fernando Avilés. – Sírvase Usted extender en su registro una escritura por la que conste que el Señor Augusto Gachet se compromete á colocar un puente sobre el río "Lelia" bajo las condiciones y bases que se puntualizan en la minuta que al efecto le remito, así como también la nota de aprobación de

Cancelada por la escritura celebrada hoy ante mí. Quito, Diciembre 11 de 1899. F. Avilés

da á esta contrata por el Ministerio del Ramo, para que
sea insertada en dicha escritura. El Señor Cattford fue
presentado á la Junta como fiador personal y se le acep-
Minuta tó. Dios y Libertad. Domingo A. Gangotena. Minuta que
sirve de base para el contrato de construcción de un
puente en el río Lelia que debe celebrarse con el Señor Augusto Gachet, en relación á la propuesta y condiciones
hechas, así como también á las modificaciones puntualizadas en las actas del veintiocho de julio y diez y ocho de
agosto de la Junta de Hacienda. Las condiciones son
1ª. estas: Primera. El Señor Augusto Gachet se compromete á construir un puente para el paso del río
Lelia (vía Carrápuez), por el precio de siete mil sucres, pagaderos estos en la forma siguiente: cuatro
mil sucres así como se firme la escritura de contrata, y los tres mil sucres restantes, á razón de quinientos sucres mensuales, contados desde que se prin-
2ª. cipie la obra indicada. Segunda. Las pilastras para el puente serán de cal y piedra, llevarán seis metros de altura, cuatro de ancho, dos de espesor y un metro sesenta centímetros de profundidad sus cimientos; fuera de los seis metros de las pilastras, éstas serán de piedra
3ª. de cantera labrada. Tercera. El puente será de
madera; medirá diez y ocho metros de largo y tres de ancho. Las cuatro soleras ó pisos principales tendrán cuarenta centímetros en cuadro, con sus respectivos ten-
tenzos, los que irán por fuera ó encima. Este
maderamen que forma el piso será de madera
incorruptible, esto es de Guayacán ó de Moral. El entablado será de otra madera menos pesada para bu-
4ª. sar y cortada también en buen tiempo. Cuarta.
Los pilares, soleras, cintas y todo lo que forme el puen-

5a. y esté á la vista, será bien cuadrado y pulido. - Quinta
La cubierta será de zinc, la que tendrá cuatro metros
de altura, y el alar un metro en todos los alrededores
del puente. En resumen será el puente (poco más ó me-
6a. nos) igual al de San Florencio. - Sexta. El maderamen será bien alquitranado y el herraje que fuere necesario de tornillos dobles y con tuercas. Séptima. La
obra será entregada á satisfacción de la persona comisionada por la Junta directiva y en relación de las
8a. presentes condiciones. - Octava. Los extremos del puente quedarán bien relacionados con el camino, haciendo
perder cualquier desnivel ó prominencias que entre este y el puente hubiere, teniendo sus respectivas cunetas
9a. y desaguaderos en la extensión de diez metros. Novena
El Señor empresario tendrá el auxilio de las autoridades de Quito para la fácil conducción de la cal, como
para los trabajadores, siendo de cuenta del empresario to-
10a. do gasto, previo convenio entre las partes. - Décima
El tiempo en el que el Señor Gachet debe entregar el puente concluido, será de la fecha en que se firme este con-
11a. trato en siete meses fijos. - Undécima. La construcción del puente y su forma serán en relación al plano
en que ha presentado el Señor Gachet y á las condiciones arriba expresadas. - Duodécima. La fianza será
á satisfacción de la Junta Directiva, sea personal
ó hipotecaria, la cual responderá por los resultados de
esta contrata. - (Hasta aquí la minuta) - Número mil
novecientos cincuenta y cinco. - Ministerio de Obras
Públicas y Agricultura. - República del Ecuador. - Quito, setiembre veintiocho de mil ochocientos noventa y ocho. - Señor Presidente de la Junta del camino de Quito á Caráquez. - El Señor Presidente de

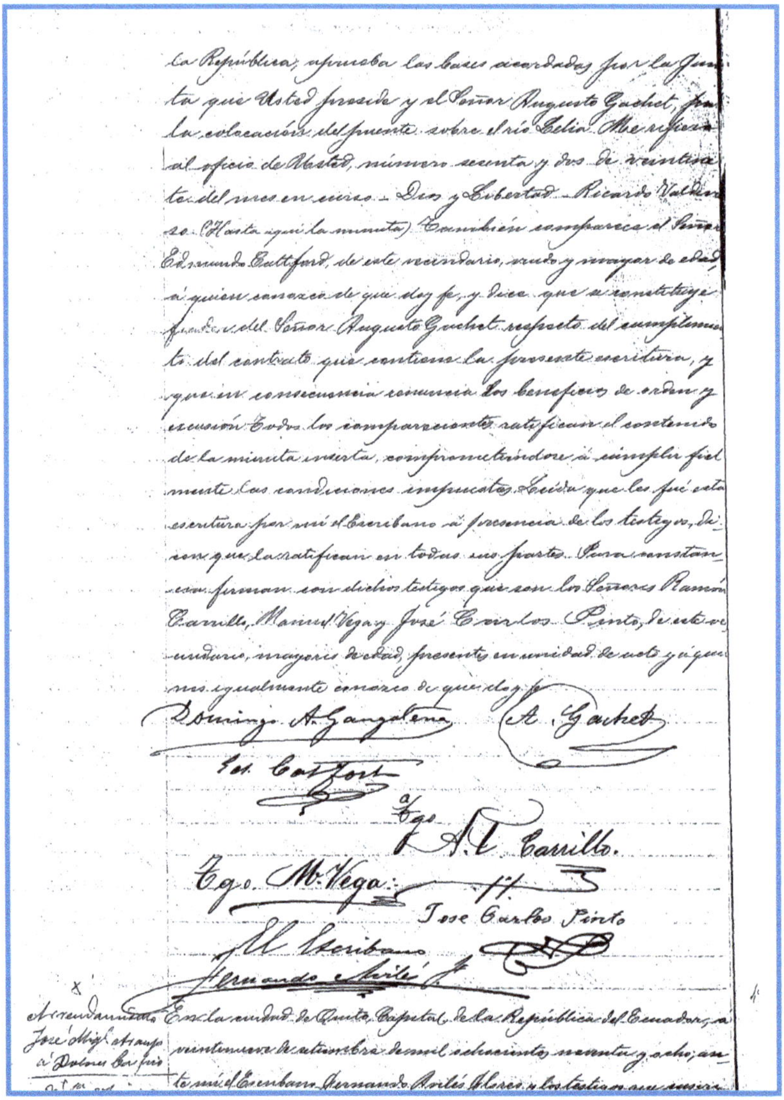
la República, aprueba las bases acordadas por la Jun-
ta que Usted preside y el Señor Augusto Gachet, para la colocación del puente sobre el río Lelia. Me refiero
al oficio de Usted, número sesenta y dos de veintisiete del mes en curso. – Dios y Libertad. – Ricardo Valdivieso. (Hasta aquí la minuta). También comparece el Señor
Edmundo Cattford, de este vecindario, viudo y mayor de edad,
á quien conozco de que doy fe, y dice: que se constituye
fiador del Señor Augusto Gachet respecto del cumplimiento del contrato que contiene la presente escritura, y
que en consecuencia renuncia los beneficios de orden y
escusión. Todos los comparecientes ratifican el contenido
de la minuta inserta, comprometiéndose á cumplir fielmente las condiciones impuestas. Leída que les fué esta
escritura por mí el Escribano á presencia de los testigos, dicen que la ratifican en todas sus partes. Para constancia firman con dichos testigos que son los Señores Ramón
Carrillo, Manuel Vega y José Carlos Pinto, de este vecindario, mayores de edad, presentes en unidad de acto y á quienes igualmente conozco de que doy fe.

Domingo A. Gangotena — A. Gachet

Ed. Catford

a/ Tgo. R. A. Carrillo.

Tgo. M. Vega

José Carlos Pinto

El Escribano

Fernando Avilés F.

Arrendamiento José Migl. Arauz á Dolores Bar...

En la ciudad de Quito, Capital de la República del Ecuador, á
veintinueve de setiembre de mil ochocientos noventa y ocho; ante mí el Escribano Fernando Avilés Flores y los testigos que suscri-

8 1898-09 29 JAG AGUSTO GACHET-SUPREMO GOBIERNO-
Contrato puente rio Lelia-NOT4

Seiscientos cuarentitrés 643

cribano, Miguel C. Ordóñez

REPÚBLICA DEL ECUADOR — SELLO TERCERA CLASE — 1899 Y 1900

Cancelación Gobernador á Augusto Gachet certificado

En la Ciudad de Quito, Capital de la República del Ecuador, á veintinueve de agosto de mil ochocientos noventa y nueve, ante mí el Escribano Miguel Carlos Ordóñez y testigos que suscriben comparece el Señor Doctor Rafael Gómez de la Torre actual Gobernador de la provincia de Pichincha, casado y mayor de edad á quien conozco de que doy fe, otorga: que en virtud del acuerdo celebrado por la Junta directiva del camino de Quito á Bahía de Caráquez, en ocho de julio del presente año, tiene á bien cancelar como en efecto cancela en su totalidad, la fianza que, á favor del Supremo Gobierno rindieron los señores Luciano Cadena y Francisco Ordóñez Valencia por la suma de tres mil sucres que el Señor Don Augusto Gachet recibió del Tesoro nacional, por cuenta de los cuatro mil sucres en que se comprometió á refaccionar el camino de Quito á Bahía de Caráquez, según escritura celebrada ante el infrascrito en ocho de mayo del año próximo pasado. Que esta cancelación la hace en virtud de dicho acuerdo y de haber el Señor Gachet entregado la obra á satisfacción del Supremo Gobierno. — Y leída que le fué por mí el Escribano en presencia del Señor otorgante y testigos que concurrieron en unidad de acto, se ratificó y firmó con los señores Augusto Espinosa, José M. Velasco, César J. Pérez, de este vecindario y mayores de edad á quienes también conozco de todo lo que doy fe. —

Entre líneas — desdicho acuerdo y — vale —

Rafael Gómez de la Torre

César J. Pérez

J. Augusto Espinosa

J. J. Vela

El Escribano. Miguel C. Ordóñez

Poder
Ozaeta Julia
á
Manuel Echeverría
Di copia

En la Ciudad de Quito, Capital de la República del E-
cuador, á treinta y uno de agosto de mil ochocientos
noventa y nueve, ante el Escribano Miguel Carlos
Ordóñez y testigos que suscriben comparece la Señora
Julia Ozaeta viuda de Córdova, vecina de este
lugar y mayor de edad, á quien conozco de
que doy fe, otorga: que al señor Manuel Echeverría Solórzano le confiere poder especial para
que le represente en el juicio que tiene [illegible]
contra el señor José María Sáenz por suma
de dinero, facultándole en consecuencia para que
haga todas las gestiones necesarias hasta su ter-
minación para lo que, á más de las facultades comunes á los mandatarios, le concede las especiales del artículo [illegible] del Código de Enjuiciamientos Civiles, y la de sustituir este poder si fuere necesario. Leído que le fué por
mí el Escribano en presencia de la poderdante
y testigos que concurrieron en unidad de acto, se
ratificó y firmó con ellos Señores Pedro B. Pa-
cor, Manuel B. Rodríguez y Víctor Manuel Aviles, de
este vecindario y mayores de edad, á quie

9 1899-08-29 GOBIERNO-JAG AGUSTO GACHET-Cancelación fianza de Catfort por refacción camino-NOT3

Fgo. Elías Sandoval — El Escribano Fernando Avilés F.

Poder Elías Sandoval á Julio Cadena Moreno

Dí 1ª copia

En la ciudad de Quito, Capital de la República del Ecuador, á nueve de Diciembre de mil ochocientos noventa y nueve, ante mí el Escribano Fernando Avilés Flores y los testigos que suscriben se presentó el Señor Elías
Sandoval, de este vecindario, casado y mayor de edad, á quien conozco de que
doy fe, y dice: que al Señor Julio Cadena Moreno le da poder especial
para que le represente en la querella que, contra el compareciente ha entablado el Señor Julio Almeida por supuestas calum-
nias ó injurias. Al efecto concede á su apoderado las facultades generales de los mandatos, las especiales del artículo sesenta y seis del Código
de enjuiciamientos civiles y la de sustituir este poder. Leído que le fué
al otorgante por mí el Escribano á presencia de los testigos, dice que
lo ratifica y firma con estos que son los Señores Doctor Abelardo Carrera Andrade, Abel Cáceres y Rafael Navas Portugal, de este vecindario, mayores de
edad, presentes en unidad de acto y á quienes también conozco de que
doy fe.

Elías Sandoval — A. Gómez

A. Carrera Andrade. Rafael Navas Portugal

El Escribano Fernando Avilés F.

×

Cancelación El Gobierno á favor de Augusto Gachet

Dí 1ª copia

En la ciudad de Quito, Capital de la República del Ecuador, á
once de diciembre de mil ochocientos noventa y nueve; ante mí
el Escribano Fernando Avilés Flores y los testigos que suscriben se
presentó el Señor Doctor Don Rafael Gómez de la Torre, Gobernador de la provincia de Pichincha, de este vecindario, casado y mayor
de edad, á quien conozco de que doy fe, y dice: que cancela la escritura de fianza personal que el Señor Edmundo Cotyer otorgó en abono del Señor Augusto Gachet, para la construcción del
puente Lelia, por haber entregado dicho puente el Señor Gachet
á satisfacción de la Junta Directiva del camino de Quito á Bra-

Mil cincuenta y seis 1056

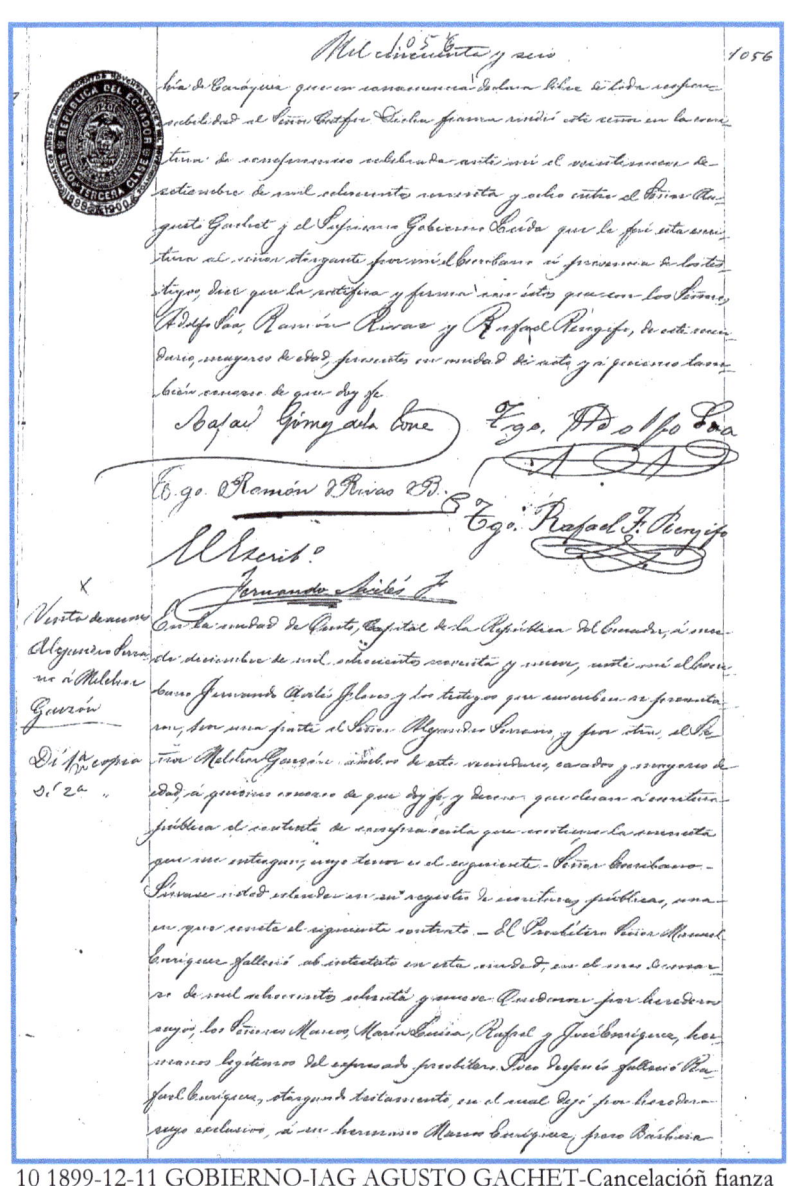

ñía de Guayaquil que en consecuencia de la libre de toda responsabilidad al Señor Catfort. Dicha fianza rindió este señor en la escritura de compromiso celebrada ante mí el veintinueve de setiembre de mil ochocientos noventa y ocho entre el Señor Augusto Gachet y el Supremo Gobierno. Leída que le fué esta escritura al señor otorgante por mí el Escribano á presencia de los testigos, dice que la ratifica y firma con éstos que son los Señores Adolfo Paz, Ramón Rivas y Rafael Rengifo, de este vecindario, mayores de edad, presentes en unidad de acto y á quienes también conozco, de que doy fe.

Rafael Gómez de la Torre — Tgo. Adolfo Paz

Tgo. Ramón Rivas B. — Tgo. Rafael F. Rengifo

El Escribº

Fernando Avilés F.

×

Venta de acciones Alejandro Serrano á Melchor Garzón

Dí 1ª copia
Dí 2ª "

En la ciudad de Quito, Capital de la República del Ecuador, á once de diciembre de mil ochocientos noventa y nueve, ante mí el Escribano Fernando Avilés Flores y los testigos que suscriben se presentaron, por una parte el Señor Alejandro Serrano, y por otra, el Señor Melchor Garzón, ambos de este vecindario, casados y mayores de edad, á quienes conozco de que doy fe, y dicen: que elevan á escritura pública el contenido de la minuta escrita que contiene la minuta que me entregan, cuyo tenor es el siguiente. — Señor Escribano — Sírvase usted extender en su registro de escrituras públicas, una en que conste el siguiente contrato. — El Presbítero Señor Manuel Enríquez falleció ab intestato en esta ciudad, en el mes de marzo de mil ochocientos setenta y nueve. Quedaron por herederos suyos, los Señores Marcos, María Luisa, Rafael y José Enríquez, hermanos legítimos del expresado presbítero. Poco después falleció Rafael Enríquez, otorgando testamento, en el cual dejó por heredero suyo exclusivo, á su hermano Marcos Enríquez, pero Bárbara

10 1899-12-11 GOBIERNO-JAG AGUSTO GACHET-Cancelacióñ fianza de Catfort por puente LeliaNOT4

CA DEL ECUADOR 5 CINCO CENTAVOS DE SUCRE PRIMERA CLASE 1901 Á 1902

no Salazar, Nicolás R. Flores y Pascual Rivera,
de este vecindario, mayores de edad
y hábiles por derecho á quienes de
conocer, también, doy fe — Presen
te el Señor Valeriano Flores, residente
en la parroquia de Calacalí y de pa
so en esta Ciudad, casado y mayor de edad,
aceptó este instrumento por estar otor
gado en seguridad de sus intereses. Fir
man los contratantes con los testigos
ya expresados. Doy fe. —

M. Salvador — A ruego de Vale
riano Flores por no saber escribir y como
tgo. Maximiliano Salazar — Nicolás R. Flores

Pascual Rivera — El Escribº Nicolás Melo

Núm. 128
[V]enta de te
no en Aloag
[Cad]avid Lu
no á Me
...
rs/180
...o 1ª copia

En Quito, á dieciseis de Setiembre de mil
novecientos uno, ante el Escribano Nicolás
Melo y testigos que suscriben, compa
reció el Señor Luciano Cadavid Sierra,
de este vecindario, casado y mayor de e
dad á quién de conocer doy fe, y otorga
que con instrucción de las prescripcio
nes legales vende y dá en perpetua

enagenación al Señor Don Augusto y
chet, un terreno situado en la parroq[uia]
de Aloag conocido con el nombre d[e]
"Placer", de extensión de unas cuad[ras]
más ó menos, y como cuerpo ciert[o]
inmueble que le pertenece en propiedad por compra que hizo a[l]
Señor Florentino Zaruma, según escritura celebrada el veintiseis de Febrer[o]
de mil ochocientos noventa y ocho an[te]
el infrascrito Escribano, copia que [se]
halla debidamente inserta. El precio de esta venta es por la suma d[e]
ciento ochenta sucres de contado qu[e]
el vendedor confiesa tenerlos recibid[o]
á su satisfacción y por esto procede
á celebrar este instrumento para tras-
ferir en el comprador el dominio y
propiedad del inmueble con los
usos, costumbres, derechos y servidumbres, obligándose el vendedor á la evicción y saneamiento como lo dispone
el Código Civil. Los linderos del expresado terreno son: por el frente calle
pública: por el costado derecho, el camino que va á la hacienda "Conc...

ANOTADO. Nº

... Sr. Melo 368

Certifico que al folio 332 del Libro de Alcabalas del presente mes, se encuentra la partida siguiente.

Diciembre 16

Ingreso: Tres sucres sesenta centavos consignados por el Sor Nicolás Melo por el derecho de alcabala, deducido al dos por ciento, de la suma de ciento ochenta sucres en que Lucrecia Cadaviz vende á Augusto Gachet un terreno en Alóag.

Tesorería de Hacienda

Quito, Diciembre 16 de 1901

El Tesorero de Hacienda

EL INTERVENTOR

Horacio Gortalle

ANOTADO No 319

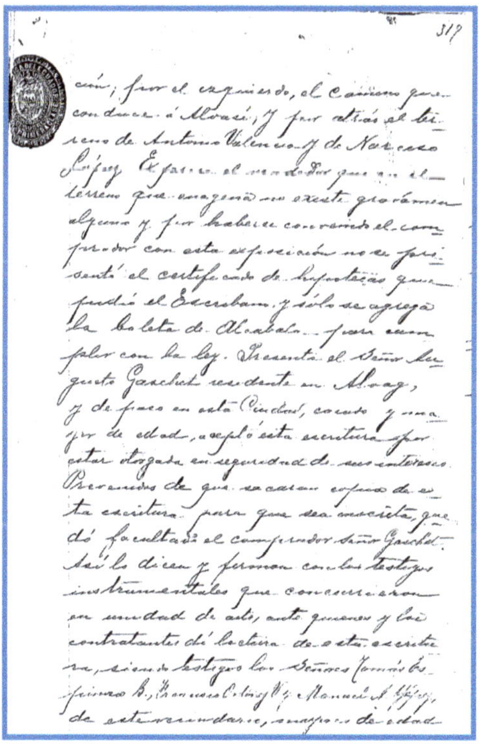

319

ción; por el izquierdo, el Camino que conduce á Aloasí, y por atrás el terreno de Antonio Valencia y de Narciso López. Expresa el vendedor que en el terreno que enagena no existe gravámen alguno y por haberse convenido el comprador con esta exposición no se presentó el certificado de hipotecas que pidió el Escribano, y sólo se agrega la boleta de Alcabala para cumplir con la ley. Presente el Señor Augusto Gachet residente en Aloag, y de paso en esta Ciudad, casado y mayor de edad, aceptó esta escritura por estar otorgada en seguridad de sus intereses. Prevenidos de que sacasen copia de esta escritura para que sea inscrita, quedó facultado el comprador Señor Gachet. Así lo dicen y firman con los testigos instrumentales que concurrieron en unidad de acto, ante quienes y los contratantes di lectura de esta escritura, siendo testigos los Señores Tomás Espinoza B., Francisco Ortiz V. y Manuel A. [illegible], de este vecindario, mayores de edad

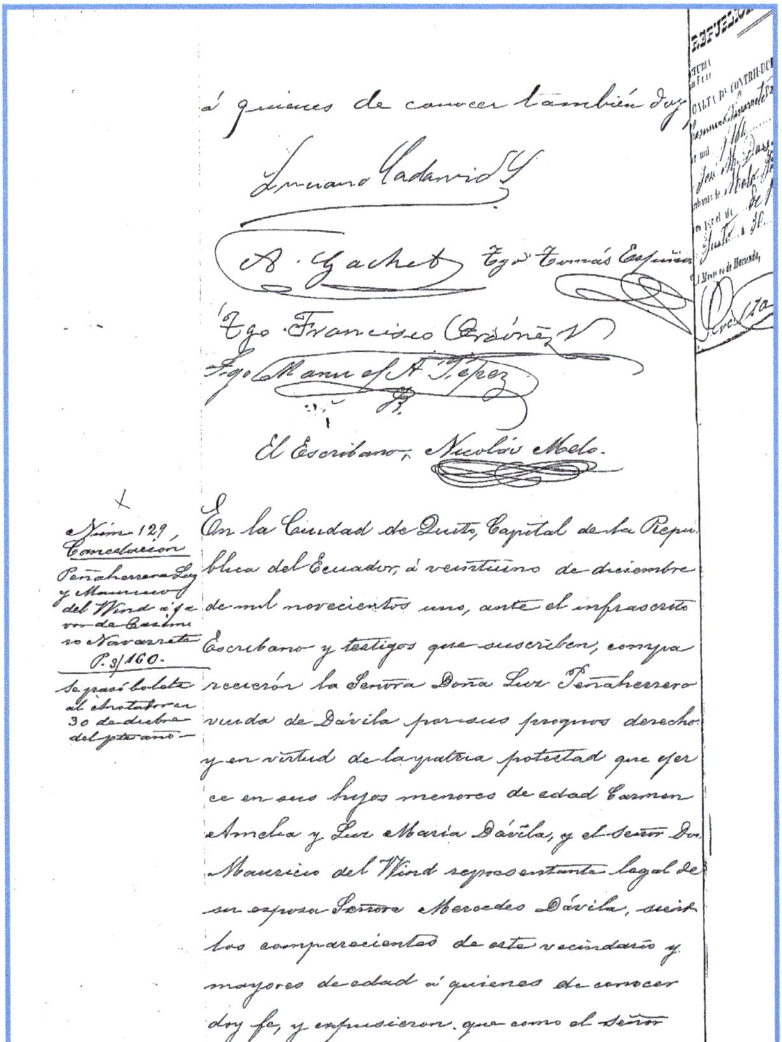
á quienes de conocer también doy fe.

Luciano Cadavid J.

A. Gachet Tgo. Tomás Espinosa

Tgo. Francisco Ordóñez V.

Tgo. Manuel A. Pérez

El Escribano, Nicolás Melo.

Núm. 129, Cancelación Peñaherrera Luz y Mauricio del Wind á favor de Casimiro Navarrete. P. 3/160. Se pasó boleta al anotador en 30 de diciembre del pte. año —

En la Ciudad de Quito, Capital de la República del Ecuador, á veintiuno de diciembre de mil novecientos uno, ante el infrascrito Escribano y testigos que suscriben, comparecieron la Señora Doña Luz Peñaherrera viuda de Dávila por sus propios derechos y en virtud de la patria potestad que ejerce en sus hijos menores de edad Carmen Amelia y Luz María Dávila, y el Señor Don Mauricio del Wind representante legal de su esposa Señora Mercedes Dávila, son los comparecientes de este vecindario y mayores de edad á quienes de conocer doy fe, y expusieron: que como el señor

11 1901-11-16 LUCIANO CADAVID-JAG AGUSTO GACHET-Venta terreno El Placer en Aloag-NOT2

Seiscientos noventa y cinco 695

tigo Yldefonso Vasquez   Antonio Herrera

El Escribano

Rafael Yerovi   Fernando Avilés F.

En la ciudad de Quito, Capital de la República del Ecuador, á primero de julio de mil novecientos tres; ante mí el Escribano Fernando Avilés Flores y los testigos que suscriben, se presentó el Señor Augusto Gachet, vecino del cantón Mejía, casado y mayor de edad, á quien conozco de que doy fe, y dice: que ha recibido á mutuo del Señor Edmundo Catfort la cantidad de un mil seiscientos sucres á su satisfacción, los mismos que se obliga á devolver cumplido que sea el plazo de un año, contado desde esta fecha, reconociendo hasta la completa solución de este crédito el interés del doce por ciento anual, pagadero por trimestres vencidos. El pago tanto del capital como el de los intereses, se hará en esta ciudad en dinero de buena ley, mas de ningún modo en papel moneda, billetes de circulación forzosa ó que sufran descuento. En seguridad del capital, de los intereses y de las costas de la ejecución, el deudor á más de sujetarse en general con todos sus bienes, hipoteca especial y señaladamente una casa y cuatro terrenos que posee en propiedad en la parroquia de Aloag. La casa y dos terrenos los adquirió el Señor Gachet por compra al Señor Alejandro Bueno, por escritura inscrita otorgada ante el Escribano Señor Francisco Valdez el diez y seis de abril de ~~mil~~ mil ochocientos noventa y dos, y, así la casa como los dos terrenos ~~ésta~~, que forman tres cuerpos separados, están lindando cada uno ~~por~~ con calles públicas, por todos cuatro costados. El otro terreno lo adquirió el Señor mutuatario por compra hecha al Señor José María Escobar, según cons-

Oblig.ª Hip.ª Augusto Gachet á Edmundo Catfort x S/. 1600 Di 1.ª copia

Cancelada hoy 13 de febrero de 1906

ta de la escritura inscrita celebrada ante el Escribano Señor Felix A Sánchez el quince de marzo de mil ochocientos noventa y cinco, y los linderos que demarcan este inmueble, son: por la cabecera y costado izquierdo, calles públicas; por el pie, terrenos de Agustina Pillajo; y por el costado derecho, los de Jose Laso. Se agrega el certificado de hipotecas libre de gravamen, por lo que respecta á este terreno. El cuarto terreno lo adquirió el Señor Gachet por compra, en acciones, hecha á María Aumbaya, por escritura también inscrita otorgada ante el Escribano Señor Félix A. Sánchez, el veintiocho de noviembre de mil ochocientos noventa y siete. Los linderos de este terreno son: por el Oriente y Occidente, caminos públicos, por el Sur, terrenos de Antonio Chaipanta; y por el Norte, los del Señor Alejandro Bueño. Se agrega también el certificado de hipotecas por lo que respecta á este terreno. Se conviene el acreedor en que no se presente el certificado de hipotecas por lo que respecta á la casa y los dos primeros pedazos de terreno descritos. Presente el Señor Edmundo Calfort, de este vecindario, casado y mayor de edad, á quien conozco de que doy fe, acepta esta escritura por ser hecha en su favor. Para este otorgamiento se observaron los preceptos legales del caso, y prevenidos los contratantes de la inscripción de esta escritura, leída que les fue por mí el Escribano en presencia de los testigos, se ratificaron, facultando al Señor Edmundo Calfort para hacerla inscribir. Para constancia firman con dichos testigos, que son los Señores Miguel Vargas, Homero Jaramillo y César P. Jaramillo, de este vecindario, mayores de edad, presentes en unidad de acto, á quienes también conozco de que

Seiscientos noventa y ocho 698

doy fe. Entrelineas — especialmente — vale

A. Gachet Ed. Catfort

Miguel Vargas

Homero Jaramillo

César P. Jaramillo

El Escribano

Fernando Avilés

En la ciudad de Quito, Capital de la República del Ecuador, á primero de julio de mil novecientos tres, ante mí el Escribano Fernando Avilés Flores y los testigos que suscriben, se presentó la Señora Doña Rafaela Coronel viuda de Pozo, de este vecindario, y mayor de edad, á quien conozco de que doy fe, y dice: que cancela la escritura de mutuo que ante mí otorgó á su favor la Señora Doña Mercedes Salvador viuda de Veintemilla el veinte de agosto de mil novecientos uno, por la cantidad de tres mil sucres, porque le han sido satisfechos por la deudora tanto el capital como los respectivos intereses hasta la fecha. En consecuencia declara extinguida la hipoteca que, en seguridad del pago, constituyó la deudora en una casa situada en la parroquia de Santa Bárbara de esta ciudad. Y leída que le fue esta escritura á la otorgante por mí el Escribano en presencia de los testigos, se ratificó y firmó en unidad de acto conmigo y con ellos, que son los Señores Alejandro Andrade Tapia, Antonio Moscoso y Cirilo Pozo, vecinos de este vecindario, mayores de edad, á quienes también

Cancn Rafaela Coronel D. certificado

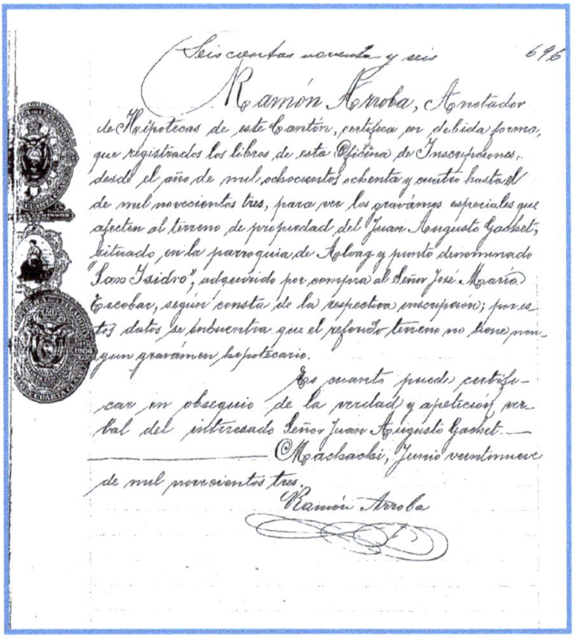

Seiscientos noventa y seis 696

Ramón Arroba, Anotador de Hipotecas de este Cantón, certifica en debida forma, que registrados los libros de esta Oficina de Inscripciones, desde el año de mil ochocientos ochenta y cuatro hasta el de mil novecientos tres, para ver los gravámenes especiales que afecten al terreno de propiedad del Juan Augusto Gachet, situado en la parroquia de Aloag y punto denominado "San Isidro", adquirido por compra al Señor José María Escobar, según consta de la respectiva inscripción; por estos datos se encuentra que el referido terreno no tiene ningún gravámen hipotecario.

Es cuanto puede certificar en obsequio de la verdad y a petición verbal del interesado Señor Juan Augusto Gachet.— Machachi, Junio veintinueve de mil novecientos tres.

Ramón Arroba

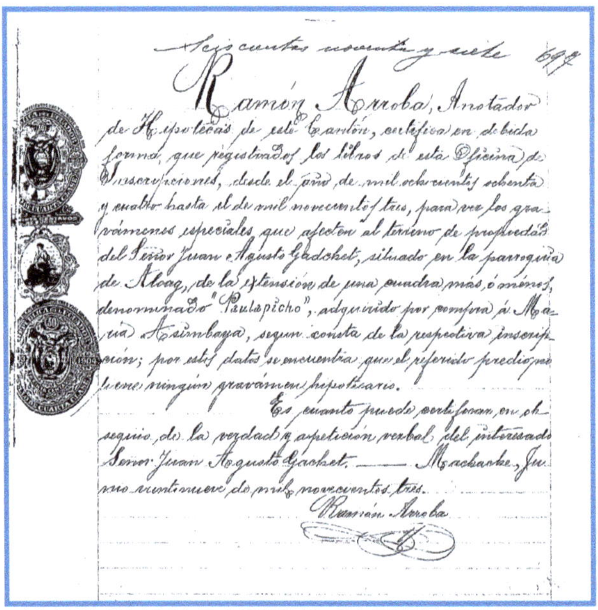

Seiscientos noventa y siete 697

Ramón Arroba, Anotador de Hipotecas de este Cantón, certifica en debida forma, que registrados los libros de esta Oficina de Inscripciones, desde el año de mil ochocientos ochenta y cuatro hasta el de mil novecientos tres, para ver los gravámenes especiales que afecten al terreno de propiedad del Señor Juan Agusto Gachet, situado en la parroquia de Aloag, de la extensión de una cuadra más ó ménos, denominado "Paulapicho", adquirido por compra á María Asimbaya, según consta de la respectiva inscripción; por estos datos se encuentra que el referido predio no tiene ningún gravámen hipotecario.

Es cuanto puede certificar en obsequio de la verdad y a petición verbal del interesado Señor Juan Agusto Gachet.— Machachi, Junio veintinueve de mil novecientos tres.

Ramón Arroba

12 1903-07-01 JAG AGUSTO GACHET-EDMUNDO CATFORT-Préstamo de Catfort a JAG garantia casa y 4 terrenos-NOT4

este instrumento paraque sea inscrito en el Cantón respectivo, queda facultado el comprador. Así lo dicen y firman con los testigos instrumentales que concurrieron en un sólo acto, ante quienes y los comparecientes leí integramente este contrato, siendo testigos los Señores Segundo A. Rodríguez, Eudoro Anda V. y Víctor Carrera A. de este vecindario, mayores de edad y hábiles por derecho, á quienes de conocer, también, doy fe.- Testado= comprador= No vale. Entre líneas= vendedor Vale.-

Francisco Valera — Narcizo Cajas

Segundo A. Rodríguez — Eudoro Anda V.

Víctor Carrera A. — El Escribano Nicolás Melo.

Nº 185
Venta de derechos y acciones del terreno Placer en Aloag
Cevallos Rosario y otros al Sr. Augusto Gachet
Por s/80
Dí 1a copia

En la Ciudad de Quito, Capital de la República del Ecuador, á diez y ocho de Junio de mil novecientos cuatro, ante mí el Escribano Nicolás Melo y testigos que suscriben, comparecieron Rosario Cevallos viuda de José Naranjo, Elena Morcta viuda de Juan Naranjo y residente en Aloag, y Juan Gallardo Espo H. y Ibarra Naranjo y Asencia Naranjo soltera, las dos residentes en este lugar y mayores de edad á quienes de conocer doy fe y expusieron: que con instrucción de las prescripciones legales, venden al Señor Augusto Gachet, los derechos y accio-

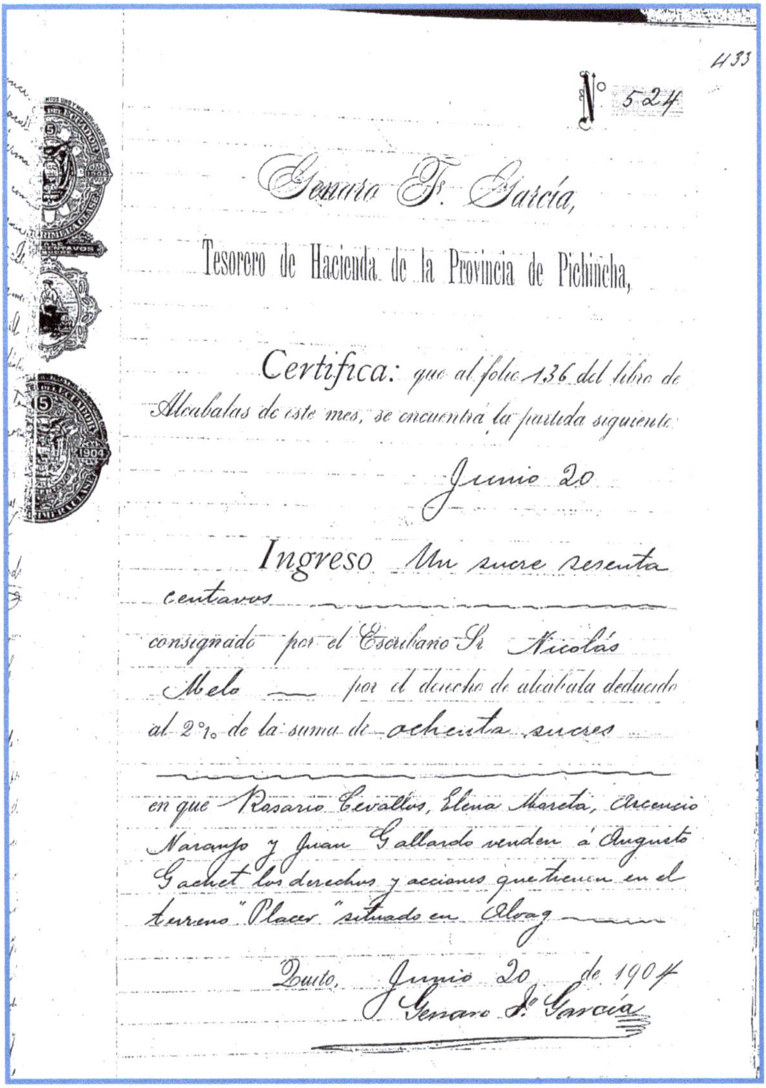
433

Nº 524

Genaro F. García,

Tesorero de Hacienda de la Provincia de Pichincha,

Certifica: que al folio 136 del libro de Alcabalas de este mes, se encuentra la partida siguiente:

Junio 20

Ingreso Un sucre sesenta centavos ——

consignado por el Escribano Sr Nicolás Melo — por el derecho de alcabala deducido al 2% de la suma de ochenta sucres ——

en que Rosario Cevallos, Elena Mareta, Ascencio Naranjo y Juan Gallardo venden á Augusto Gachet los derechos y acciones que tienen en el terreno "Placer" situado en Aloag ——

Quito, Junio 20 de 1904

Genaro F. García

nes que, como herederos de Miguel
Naranjo y Encarnación Arellano, tienen
en el terreno denominado "Placer" ubicado en la parroquia de Aloag en
el Cantón Mejía. Los linderos son los
siguientes: por el lado derecho é izquierdo camino público lo mismo que
por el frente y por atrás terrenos que
fueron de Antonio Valencia y Narciso
López. El precio de venta es por la
suma de ochenta sucres de contado que los vendedores confiesan tenerlos recibidos del comprador en dinero de buena ley y transfieren por lo
mismo el dominio y posesión del inmueble con sus entradas y salidas,
usos, costumbres, derechos y servidumbres que le pertenecen, obligándose
los vendedores al saneamiento por
evicción en la forma legal. Que en
el predio ó derechos y acciones que
enagenan no existe ningún gravámen y por hallanarse el comprador, no se presentó el certificado del
Anotador de Hipotecas que exigió el
Escribano, agregándose sólo la boleta de Alcabala. Presente el Señor Augusto Gachet, residente en la parroquia de Aloag, casado y mayor de edad
á quien conozco, acepta esta escritura
por estar otorgada en seguridad de los
bienes que adquieren. Presenciados de

que sacaran copia de este instrumento para que sea inscrito queda facultado el comprador. Así lo dicen y firma el que sabe y por los que no, lo hace á su ruego uno de los testigos instrumentales, que concurrieron en un sólo acto, ante quienes y los comparecientes leí íntegramente este instrumento, siendo testigos los Señores Severo Egas, Miguel Vargas y Luis Fernando Venegas, de este vecindario, mayores de edad y hábiles por derecho, á quienes de conocer, tambien, doy fe. Entre líneas = y Juan Gallardo esposo de Jacinta Naranjo_ Vale.

A ruego de los vendedores Rosario Cevallos, Elena Moreta, Asencia Naranjo y Juan Gallardo que no saben escribir, y como Tgo: Severo Egas

A. Gachet Tgo Miguel Vargas.

Tgo Luis F. Venegas El Escribano Nicolás Melo.

Nº 186
Venta de terreno en San Miguel de Latacunga
Granobles José y Dionisia á Fernando Capa-raz y su esposa.
Dí 1ª copia

En la Ciudad de Quito Capital de la República del Ecuador á seis de Julio de mil novecientos cuatro, ante mí el Escribano Nicolás Melo y testigos que suscriben, comparecieron José Granobles casado y de este vecindario y Dionisia Granobles viuda, residente en el Cantón de Otavalo y de paso

13 1904-06-18 ROSARIO CEVALLOS-JAG AGUSTO GACHET-Venta derechos lote Placer en Aloag-NOT2

Poder Gachet Augusto al Dr. Gab. Buendía

Di copia

En la Ciudad de Quito Capital de la República del Ecuador, á veintiocho de Junio de mil novecientos cinco: ante mí el Escribano Miguel Castros Ordóñez y los testigos que suscriben compareció el señor don Augusto Gachet ciudadano francés residente en Aloag, casado, mayor de edad, á quien conozco de que doy fe, otorga: que al señor doctor don Gabriel Buendía confiere poder especial para que continúe el juicio criminal que ante la Judicatura Primera de Letras de esta Provincia tiene propuesto con el señor Luis J. Egasmeño por varias infracciones cometidas contra el poderdante, en la parroquia de Aloag el día catorce de Junio en curso; y que con tal objeto concede á su mandatario las mas amplias facultades inclusive las determinadas en los cinco incisos del artículo cincuentiseis del Código de Enjuiciamientos Civiles, pudiendo sustituir este poder si fuere necesario. Leído que fue este instrumento al poderdante por mí el Escribano á presencia de los testigos que concurrieron en unidad de acto, se ratificó, y firmó con ellos que son los señores Nicolás Franco, Pedro Blas Franco y Victor Herbozo, de este vecindario, mayores de edad á quienes conozco de que doy fe.-

A. Gachet   Nicolás Franco

Victor Herbozo

Pedro B. Franco

14 1905-06-28 JAG AGUSTO GACHET-GABRIEL BUENDIA
Poder a GB para seguir juicio-NOT3

árbitros arbitradores y amigables componedores cualesquiera dudas ó diferencias que ocurrir pudieren.
También le faculta para que venda esta deuda y
perciba su valor, pues para todo lo dicho y sus incidencias, le confiere este poder con facultad de jurar y
sustituir en el todo ó en parte, en la persona ó personas
que sean de su confianza, pudiendo revocar unos sustitutos y nombrar otros de nuevo y estos volver á
sustituir y aun reasumir el poder cuando le convenga, en la inteligencia que cuanto haga el Señor Olano,
respecto de lo que se le encomienda, lo aprueba y ratifica desde ahora. Leído que le fué al compareciente
el contenido de este poder, dijo que lo acepta en todas sus partes, en cuyo testimonio, así lo dice, se ratifica y firma siendo testigos los Señores Rómulo
M. Galecio, Eloy Salazar y Manuel Gómez Jurado,
todos de este vecindario, mayores de edad y presentes, á quienes conozco, de que doy fé. =

[illegible]

Tgo. Rómulo [illegible] Tgo. Eloy Salazar

Manuel Gómez Jurado

Ante mí [illegible]

Escno. público

Venta de Terreno el Sor. Augusto Gachet, al Sor. Felix Lalanne y su esposa María [illegible] 3.6[illegible]

En la ciudad de Quito, capital de la República del
Ecuador, á diez y seis de marzo de mil ochocientos ochenta. Ante mí el escribano público y testigos que se nombra-
rán compareció el Señor Augusto Gachet, natural de
Francia y residente en esta ciudad de Quito, de estado
soltero y mayor de edad, á quien conozco, de ello doy fé; y
habiéndose llenado las disposiciones contenidas en los
artículos trescientos cuarenta y cinco, hasta el cuarenta
y ocho del Código de Enjuiciamientos civil, otorga: que
vende y dá en perpétua enajenación al Señor Felix Lalanne y su muger legítima la Señora María [illegible]
dos lotes de terreno en los [illegible] de la parroquia de
Santo Domingo de los Colorados, [illegible] que adquirió
en remate público celebrado ante el Señor Gobernador de
esta provincia en primero de diciembre de mil ochocientos setenta y seis, cuya acta autorizada por el escribano Doctor Pablo Iglesias, doy fé haberla visto en

[illegible]

Setenta y cinco.

testimonio legal, con la correspondiente inscripcion. Los linderos que demarcan este lote son los siguientes: de la boca del rio Cariaguito, una linea que separa el lote denunciado por el Señor Manuel Molineros y que avanza hacia la falda del cerro; desde este mismo punto, de la
boca del Cariaguito una linea recta que mide la extension
de mil quinientos metros siguiendo el curso del rio Pilaton
y que forma con la linea anteriormente descrita un ángulo de
ochenta grados. Los otros dos lados son lineas iguales y paralelas á estas dos descritas, y la altura del cuadrilátero, que
tiene la figura de rombo se mide con una perpendicular con
mil trescientos treinta metros, cuya perpendicular está levantada en el extremo inferior y opuesto á la boca del Cariaguito. La altura de este terreno sobre el nivel del mar es de
mil cuatrocientos cincuenta metros. Dentro de los linderos
expresados se contiene la extension de doscientas hectáreas. El
otro lote materia de esta venta llamada Cariaco ó Bolivia
lo compró al Señor Manuel Molineros, por escritura pública celebrada ante el escribano Señor Nicolas Garcia, en veintiocho de agosto de mil ochocientos setenta y seis, cuyo instrumento doy fé haberlo visto tambien en testimonio legal con la debida inscripcion. Los linderos que demarcan este lote son:
por el frente, el rio Pilaton con la extension de mil seiscientos
metros en linea recta que se principia á contar desde la confluencia del rio Tandapí con el rio Pilaton, siguiendo la corriente de este y termina en el punto en que el rio dicho llamado
Cariaguito desemboca en el rio Pilaton; por el Oeste, una linea recta que sale de la confluencia del Cariaguito con el Pilaton, y forma con la direccion de este un ángulo de ocien
grados: por el otro lado del frente, una linea recta que sale
de la confluencia del Tandapí con el Pilaton, y se dirige hacia arriba, formando con la direccion de este un ángulo de o-
chenta grados: y el cuarto lado, con una linea que une los extremos de las dos laterales descritas, y la altura del lote es
tomada en linea perpendicular á la direccion del Pilaton es de mil doscientos sesenta metros, que da la extension total del lote de doscientas hectáreas, siendo su altura sobre el nivel del mar, de mil cuatrocientos cincuenta metros. Los cuales dos lotes, con todos sus derechos y
sus regalías anexas, y de conformidad con el inventario que
tiene entregado á los compradores, les vende en el precio de
tres mil quinientos pesos de presente contado, cuya suma
confiesa el vendedor tenerla percibida en buena moneda
contada á su entera satisfaccion, por lo que formaliza á
favor de los compradores la mas eficaz carta de pago para
su seguridad, sin que en los dos expresados lotes pese ningun
gravámen censual ni hipotecario como lo comprueba el certificado del [illegible] que [illegible] en la
copia premonitoria de esta escritura. Por lo demas, se obliga el vendedor al saneamiento por eviccion de conformidad con lo que prescribe el Código civil en su tratado de venta de bienes raices, y transfiere absolutamente en los compradores todo el Señorio, dominio y propiedad de los dos indicados lotes, con todas sus acciones útiles, entradas y salidas,
usos y servidumbres, sin que tengan ningun accion presente

usen y dispongan de ello á su arbitrio, como mejor
les parezca. Presentes á la celebracion de esta escritura
los compradores Señores Felix Salanova y su muger
María Mohr, ambos de este vecindario y mayores de
edad, á quienes igualmente conozco, de que tambien doy
fé, é instruidos todos los comparecientes de su contenido, mediante la lectura íntegra que les he hecho, dicen: que la aceptan en todas sus partes, por
estar en los términos convenidos, declarando los compradores que esta adquisicion la hacen con mil quinientos pesos de su propiedad y los dos mil pesos que
el Señor Coronel Manuel José Valencia ha tenido
la bondad de prestarles en moneda usual y corriente que los tienen recibidos á su entera satisfaccion,
cuya suma se obligan á devolverle en igual moneda
corriente, más no en billetes de circulacion forzosa
ni papel moneda, sea cual fuese su procedencia, á no
ser que el Señor Valencia se conviniere en ello para sus
transacciones, siendo de cargo de los Señores Salanova
y Mohr la pérdida ó descuento que ellos sufrieren;
y la devolucion la harán al fin de un año contado des
de esta fecha, satisfaciendo entre tanto el interés del
uno por ciento mensual que será pagado religiosa-
mente en cada mes, más como dicho rédito forma una
renta alimenticia para el Señor Valencia, no hacién-
dolo en la forma predicha por dos meses consecutivos,
quedará de hecho terminado el plazo, pudiendo, en
consecuencia, el prestamista demandar ejecutivamente la devolucion del capital y los intereses no satisfechos sin necesidad de prueba alguna, pues esta la rendirán los mutuarios en el término legal.
Para seguridad de este crédito, en los términos
que van puntualizados, quedan especialmente hi-
potecados los mismos dos lotes materia de la presente compra. Presente, así mismo, el prestamista
Coronel Manuel José Valencia del propio vecindario,
de estado casado y hábil segun derecho, á quien de
conocerlo, tambien doy fé, é instruido de este instrumento, dice: que lo acepta, y todos los comparecientes, por lo que á cada uno toca, se obligan al fiel
cumplimiento de lo estipulado dándole toda la
fuerza de una verdadera ejecutoria, con renunciacion de las leyes que les favorezcan. Autorizan al
escribano para que practique la inscripcion, habiéndose hecho constar el pago de uno por mil

No corre

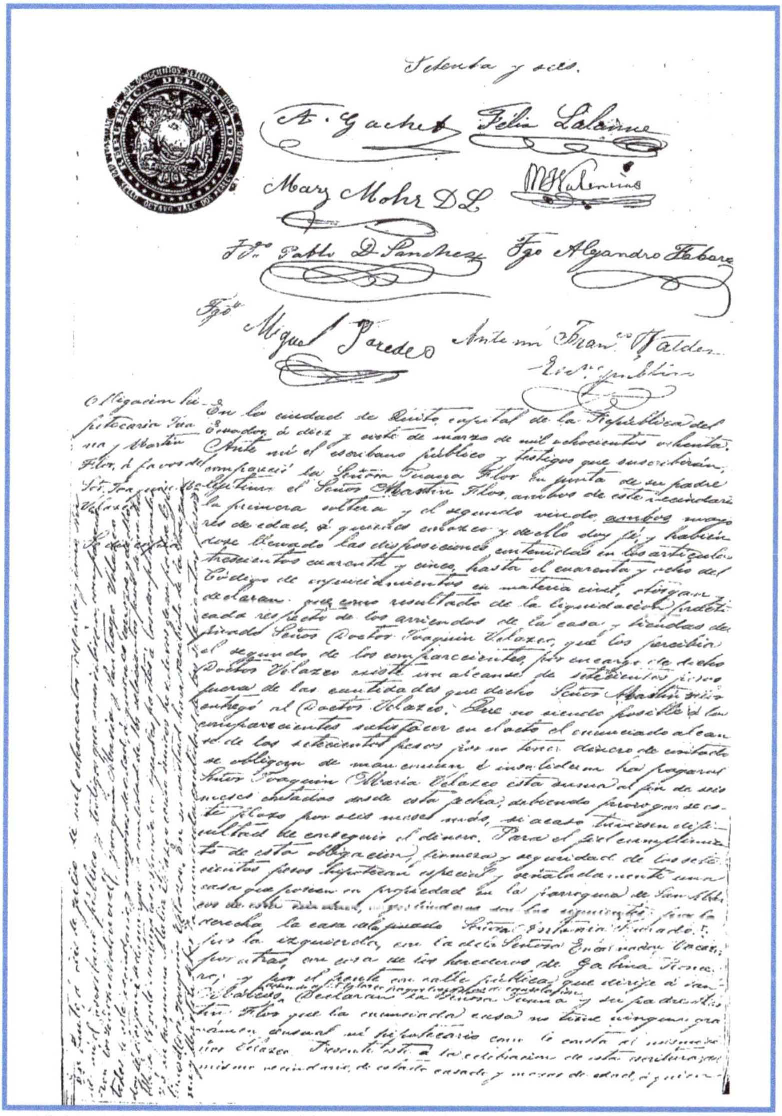

Setenta y seis.

A. Gachet Félix Salanne

Mary Mohr D.L. M. Valencia

Tgo. Pablo D. Sanchez Tgo. Alejandro Tabara

Tgo. Miguel Paredes Ante mí Franco. Valdez Escno. público

Obligacion hipotecaria Juana y Martin Flor, á favor del Sor. Joaquin Velazco

En la ciudad de Quito, capital de la República del Ecuador, á diez y siete de marzo de mil ochocientos ochenta. Ante mí el escribano público y testigos que suscribirán, compareció la Señora Juana Flor en junta de su padre legítimo el Señor Martin Flor, ambos de este vecindario, la primera soltera y el segundo viudo, ambos mayores de edad, á quienes conozco y de ello doy fé; y habiéndose llenado las disposiciones contenidas en los artículos trescientos cuarenta y cinco, hasta el cuarenta y ocho del Código de enjuiciamientos en materia civil, otorgan y declaran: que como resultado de la liquidacion practicada respecto de los arriendos de la casa y tiendas del finado Señor Doctor Joaquin Velazco, que los percibia el segundo de los comparecientes, por encargo de dicho Doctor Velazco existe un alcance de setecientos pesos fuera de las cantidades que dicho Señor Martin Flor entregó al Doctor Velazco. Que no siendo posible á los comparecientes satisfacer en el acto el enunciado alcance de los setecientos pesos por no tener dinero de contado se obligan de mancomun é insolidum ha pagar al Señor Joaquin Maria Velazco esta suma al fin de seis meses contados desde esta fecha, debiendo prorogarse este plazo por seis meses más, si acaso tuviesen dificultad de conseguir el dinero. Para el fiel cumplimiento de esta obligacion, firmeza y seguridad de los setecientos pesos hipotecan especial y señaladamente una casa que poseen en propiedad en la parroquia de San Blas de esta ciudad, cuyos linderos son los siguientes: por la derecha la casa del finado Señor Antonio Pradado; por la izquierda, con la de la Señora Encarnacion Vacas; por atras, con casa de los herederos de Gabina Romero; y por el frente con calle pública que dirige á San Blas. Declaran la Señora Juana y su padre Martin Flor que la enunciada casa no tiene ningun gravámen censual ni hipotecario como le consta al mismo Señor Velazco. Presente está á la celebracion de esta escritura, el mismo vecindario, de estado casado y mayor de edad, á quien

15 1880-03-17 JAG AGUSTO GACHET-FELIX SALANNE-Venta 2 lotes-NOT1a

doy fe. = Bernardino Baez = Carlos Baez = José María Condor. = Rafael Terán = José Guzmán = El Escribano, Luis Amador Cevallos = Fui presente á su otorgamiento y en fe de ello signo y firmo en esta primera copia en la misma fecha. (Sigue un signo). El Escribano, Luis A. Cevallos" (Hasta aquí el poder) - Y leída que le fué esta sustitución al otorgante por mí el Escribano, en presencia de los testigos, se ratificó y firmó en unidad de acto conmigo y con dichos testigos que son los señores Luis Antonio Gavela, Pacífico Torres y Benjamín J. Wandemberg, de este vecindario y mayores de edad, á quienes también conozco de que doy fe. Leopoldo Baez Luis Antonio Gavela

Pacífico Torres Benjamín J. Wandemberg

El Escribano Fernando Avilés F.

Cancelación y Catefort Edmundo Di certificado

En la ciudad de Quito, Capital de la República del Ecuador, á trece de febrero de mil novecientos seis; ante mí el Escribano Fernando Avilés Flores y los testigos que suscriben, comparece el señor Don Edmundo Catefort, de este vecindario, casado y mayor de edad, á quien conozco, de que doy fe, y dice que cancela la escritura de mutuo, que ante mí otorgó á su favor el señor Augusto Gachet, por la suma de un mil seiscientos sucres, el primero de julio de mil novecientos tres; pues que le han sido satisfechos tanto el capital como los intereses hasta la fecha. En consecuencia, declara extinguida la hipoteca, que el deudor en seguridad de la indicada suma constituyó en una casa y dos cuatro terrenos situados en la parroquia de Aloag, jurisdicción del cantón Mejía. Y leída que le fué esta escritura al otorgante por mí el Escribano en presencia de los testigos, se ratificó y firmó en unidad de acto conmigo y con dichos testigos, que son los señores Nicolás Franco, Pacífico Torres y Lorenzo Zurita R., idóneos, todos de este vecindario, y mayores de edad, á quienes tam

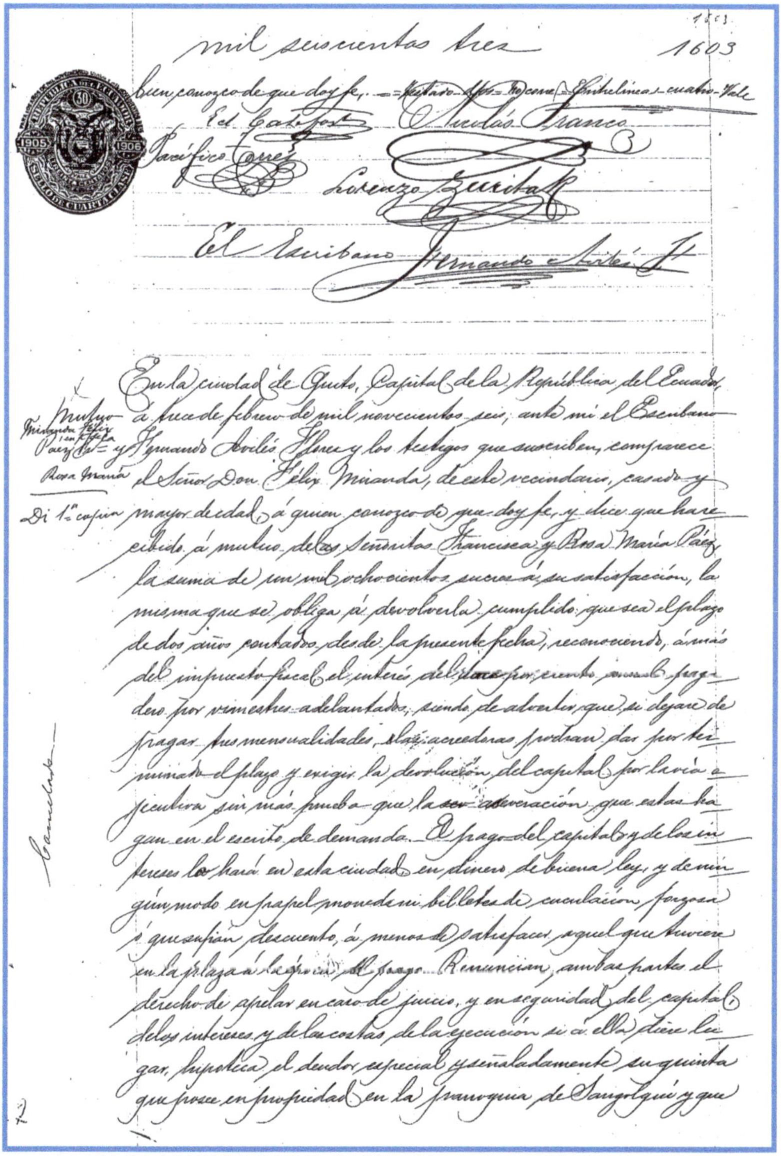

mil seiscientos tres — 1603

bien, conozco de que doy fe. = Testado = [illegible] = No corre = Entrelíneas = cuatro = Vale

Ed. Catfort — Nicolás Franco

Pacífico Torres

Lorenzo Zurita

El Escribano Fernando Avilés F.

(Margin: Mutuo Miranda Félix a favor de Páez Francisca y Rosa María — Di 1ª copia — Cancelada)

En la ciudad de Quito, Capital de la República del Ecuador, á trece de febrero de mil novecientos seis, ante mi el Escribano Fernando Avilés Flores y los testigos que suscriben, comparece el Señor Don Félix Miranda, de este vecindario, casado y mayor de edad, á quien conozco de que doy fe, y dice que ha recibido á mutuo de las Señoritas Francisca y Rosa María Páez, la suma de un mil ochocientos sucres á su satisfacción, la misma que se obliga á devolverla cumplido que sea el plazo de dos años contados desde la presente fecha, reconociendo, á más del impuesto fiscal, el interés del doce por ciento anual, pagadero por trimestres adelantados, siendo de advertir, que si dejare de pagar tres mensualidades, las acreedoras podrán dar por terminado el plazo y exigir la devolución del capital por la vía ejecutiva sin más prueba que la aseveración que estas hagan en el escrito de demanda. El pago del capital y de los intereses lo hará en esta ciudad en dinero de buena ley, y de ningún modo en papel moneda ni billetes de circulación forzosa ó que sufran descuento, á menos de satisfacer aquel que tuviere en la plaza á la época del pago. Renuncian ambas partes el derecho de apelar en caso de juicio, y en seguridad del capital, de los intereses y de las costas de la ejecución si á ella diere lugar, hipoteca el deudor especial y señaladamente su quinta que posee en propiedad en la parroquia de Sangolquí y que

2

16 1906-02-13 EDMUNDO CATFORT-JAG AGUSTO GACHET-Cancelación a Edmundo Catfort garantia 1903-NOT4

nuncian domicilio y el derecho de apelar. Para este otorgamiento se observaron los preceptos legales del caso; y prevenidos los contratantes de la inscripción, leída que les fue esta escritura por mí el Escribano, en presencia de los testigos que concurrieron en unidad de acto, se ratificaron facultándome para hacerla inscribir; y firman conmigo y con dichos testigos que son los señores Doctor Luis Felipe Lizo, José Carrillo Vaca y Doctor Juan Espinosa Acevedo, vecinos de este lugar y mayores de edad, á quienes también conozco, de que doy fe.

H. Aranis Suárez — Isidoro Gavara B.

Concepción García B. — J. Espinosa A.

J. Carrillo Vaca — Luis Felipe Lizo

El Escribano — Fernando Arteta F.

Sociedad Gachet familia y Juan Enríquez Mejía

Dio 2 copias

En la ciudad de Quito, Capital de la República del Ecuador, á diez y seis de Abril de mil novecientos diez; ante mí el Escribano Fernando Arteta Flores y los testigos que suscriben, comparecen, por una parte, la señora Doña Adelina Vaca viuda de Gachet; y por otra, el señor Don Juan Enríquez Mejía, casado; ambos comparecientes vecinos de la parroquia de Aloag y mayores de edad, á quienes conozco, de que doy fe y dicen: que la señora Vaca viuda de Gachet, por derecho propio, y como representante legal de sus hijos legítimos menores de edad Augusto, Hipólito y Rosa Gachet, cuya patria potestad ejerce, y el señor Enríquez Mejía por derecho propio, elevan á escritura pública

el contrato de sociedad que contiene la minuta que me entregan, cuyo tenor es el siguiente: _ "Señor Escribano: Sírvase extender en el competente registro, una escritura pública, en que conste: que nosotros, Adelina Baca viuda de Gachet y Juan Enríquez Mejía celebramos
un contrato de sociedad, bajo las siguientes condiciones:
1ª Primera. La primera por sus propios derechos y como
representante legal de sus hijos legítimos menores
de edad, aporta la hacienda "San Augusto", situada en
la parroquia "Manuel Cornejo", jurisdicción del Cantón
Mejía, aporte que constará por un inventario pro-
lijo, enumerándose y apreciándose todos los enseres,
existencias y cosas anexas de la hacienda, como son:
cañaverales, plantaciones, fábricas, peones, herramientas y semovientes, debiendo este inventario
ser firmado por duplicado, y por ambos contratantes, como por un perito nombrado de común acuer-
2ª do para el efecto. _ Segunda. El segundo de los comparecientes aporta su industria y se encargará de
la implantación, trabajo y cultivo de las cañas de
azúcar, para la constante elaboración de aguardientes, como para todo lo relativo á la conservación,
reparaciones é incremento de todo lo necesario para
el trabajo de la hacienda de cuya dirección y administración se encarga durante todo el tiempo que
dure la sociedad; los capitales para estos objetos se
3ª sacarán de la misma empresa. _ Tercera. El tiempo
de la sociedad es por cinco años forzosos, contados
desde esta fecha; durante los cuales la dueño de la
hacienda no podrá enajenarla. El inventario se hará á
lo más después de quince días de firmada esta escritu-
4ª ra, por el perito señor Domingo Giacometti. _ Cuarta.

El socio Enríquez Mejía tiene además derecho por este contrato á vivir en la casa de la hacienda "San Nicolás"
y ocuparla para el servicio de aviones, depósito de aguardientes etcétera. Pero siendo obligación de Enríquez cui-
dar de la casa, repararla y vigilar del ganado y más
cosas anexas de dicho fundo. En caso de muerte de algún animal, el valor del que se reponga se sacará
5ª de los fondos de la sociedad. — Quinta. Es obligación del socio Enríquez llevar los libros necesarios en
que consten los pagos de peones, aviones y demás gastos del cultivo del fundo, fábrica, producción, despacho y consumo de los aguardientes, pagos fiscales y municipales etcétera, etcétera, pudiendo la señora viuda de Gachet, revisar los libros personalmente ó por medio de otra persona de su confianza,
cuando tuviese por conveniente, sin perjuicio de
6ª celebrar un balance cada tres meses. — Sexta. Sa-
cados todos los gastos que la empresa social deman-
de, se dividirán los socios por iguales partes el
producto del negocio en cada balance, imputándose
á esta parte de utilidades la suma de cien soles
mensuales que tomase cada socio para sus gas-
7ª tos personales. — Sétima. Al fin del contrato, el socio
administrador entregará la hacienda conforme al
8ª inventario. — Octava. La sociedad podrá disolverse
por cualquiera de las causas determinadas en las
leyes vigentes; pero si fuese por falta del socio Enríquez, en el cumplimiento de cualquiera de las condiciones que en este contrato se le imponen, será
además responsable de los daños y perjuicios que
ocasione; salvo los provenientes de fuerza mayor ó ca-
9ª so fortuito. — Novena. Declaran las partes que todo de-

Tres mil setenta y cuatro 3074. 3074

10ª

sacuerdo entre los socios por motivo de este contrato, será resuel
to por un árbitro nombrado por cada una de las partes, y si
hubiese desacuerdo entre los dos árbitros, el fallo de un terce
ro, nombrado, asimismo, de común acuerdo, inapelable. –
Décima. – Todo negocio relativo á esta industria social, de
cualquiera de los dos socios, pertenecerá exclusivamente
á la sociedad. – Sírvase, Señor Escribano, añadir las
demás cláusulas de estilo, propias de la naturra
leza de este contrato." (Hasta aquí la minuta).
Prosiguiendo los contratantes ratifican el contenido de
la minuta inserta, ofreciendo cumplir fielmente lo
estipulado. Para este otorgamiento se observaron los pre
ceptos legales del caso; y leída que les fue esta escritura
á los comparecientes por mí el Escribano, en presencia
de los testigos que concurrieron en unidad de acto, la ra
tifican y firman conmigo y con ellos que son los seño
res Julio César Loza Mosquera, Luis España Morgan y Luis Vasquez,
todos vecinos de este lugar y mayores de edad, á quie
nes también conozco de que doy fe.

Adelina V. de Gachet Juan Enríquez M.

Julio C. Loza

Luis España M. Luis Vasquez M.

El Escribano Fernando Avilés F.

En la ciudad de Quito, Capital de la República del Ecuador, á diez y seis de Abril de mil novecientos diez; ante
mí el Escribano Fernando Avilés Flores y los testigos que sus
criben comparece el señor Doctor Don Manuel María Pa

17 1910-04-16 ADELINA VACA-JUAN ENRIQUEZ MEJIA-Sociedad San Nicolás, indica 3 hijos, perito Domingo Giacometti -NOT4

REPUBLICA DEL ECUADOR 30 1918 CUARTA CLASE

Nº D 461420

sente instrumento, como una ejecutoria inviolable. En virtud de este contrato, el vendedor transfiere al comprador el dominio y posesión del terreno vendido, con entradas y salidas, usos, costumbres derechos y servidumbres anexos, y se sujeta al saneamiento por evicción; asegurando que el terreno que vende se halla libre de todo gravamen, por lo que se conviene el comprador en que no se presente el certificado de hipotecas y sólo se agrega la boleta del pago de Alcabala. Y leída que ha sido esta escritura, integramente, por mí el Escribano a los contratantes, en presencia de los testigos; habiéndose cumplido con todos los requisitos legales y de prevenírseles de la inscripción, se ratifican, facultando al comprador para hacerla inscribir. Se me presentó el certificado del Colector que acredita el pago de los impuestos fiscales del presente año. Para constancia firman en unidad de acto conmigo y con dichos testigos que son los señores José Javier Barriga, Tomás Cepeda y Juan Jacobo Lince de este vecindario, mayores de edad, idóneos, a quienes conozco también, de que doy fe.

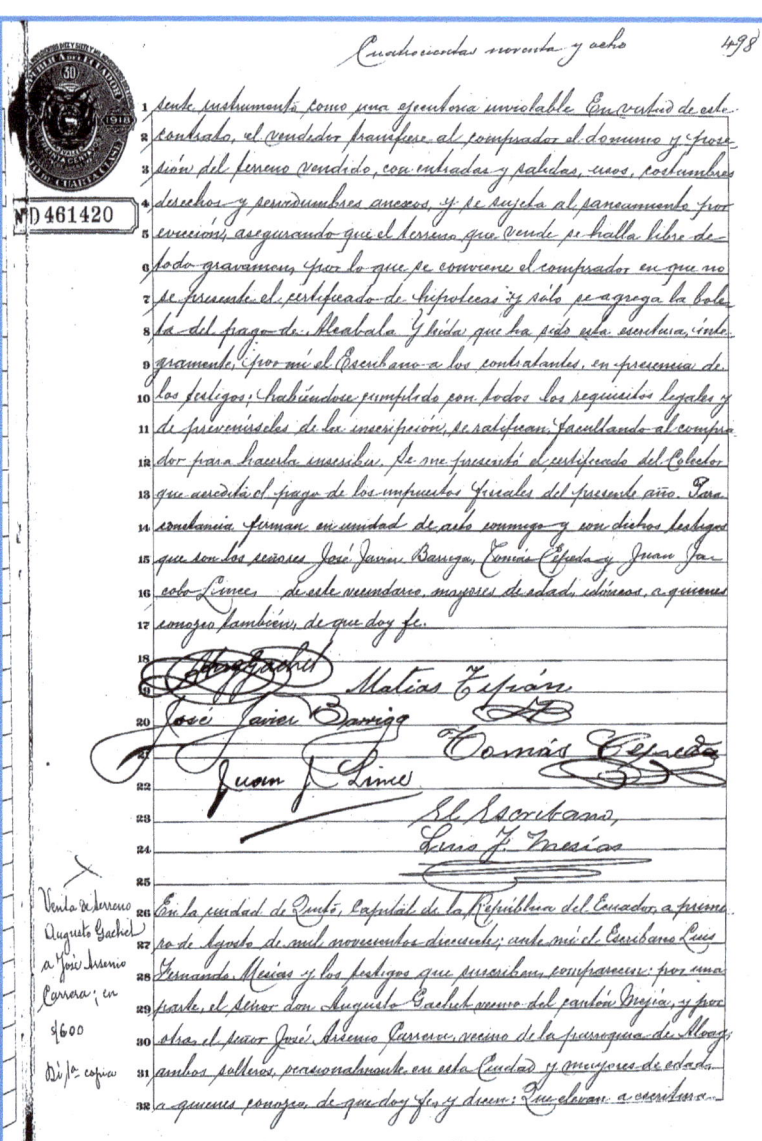

Augusto Gachet

Matías Tipán

José Javier Barriga

Tomás Cepeda

Juan J. Lince

El Escribano,
Luis F. Mesías

Venta de terreno Augusto Gachet a José Arsenio Carrera; en $600

Di 1a copia

En la ciudad de Quito, Capital de la República del Ecuador, a primero de Agosto de mil novecientos diecisiete; ante mí el Escribano Luis Fernando Mesías y los testigos que suscriben, comparecen: por una parte, el señor don Augusto Gachet vecino del cantón Mejía, y por otra el señor José Arsenio Carrera, vecino de la parroquia de Aloag, ambos solteros, personalmente en esta Ciudad y mayores de edad, a quienes conozco, de que doy fe, y dicen: Que elevan a escritura pública el contrato de compra-venta contenido en la minuta que me entregan, cuyo tenor literal es como sigue: – "Señor Escribano: – Sírvase extender en el Registro de su cargo una escritura en la que conste el siguiente contrato: = Primera. Augusto Gachet, mayor de edad, soltero, vecino del cantón "Mejía" vende a José Arsenio Carrera, soltero, vecino de Aloag, el terreno denominado "Alomolo", situado en la parroquia de "Aloag". Segunda. El precio de la venta es el de seiscientos sucres que el vendedor confiesa tenerlos recibidos a su satisfacción; Tercera. Los linderos del terreno vendido, son: por el Norte, terrenos de propiedad de Trinidad Yucecha; por el Sur, calle pública; por el Oriente, callejón de Matías Tipán, y por el Occidente, callejón de Trinidad Yucecha y Pástor Cruz; – Cuarta. El terreno que vende adquirió el señor Gachet en la partición de bienes de su difunto padre señor Augusto Gachet, hijuela que está debidamente inscrita; y, Quinta. El comprador declara que el precio de la venta es suministrado así: trescientos sucres propios del comprador y trescientos sucres de su hermana Manuela Emilia Carrera, de suerte que la compra se hace por iguales partes para Manuela Emilia y José Arsenio Carrera, debiendo la primera ratificar este contrato, después de ocho días; y, = Sexta. Los gastos de escritura, alcabala, registro etcétera, etcétera, son de cargo de Carrera." (Hasta aquí la minuta) Continuando los comparecientes dan por perfeccionado el contrato de compra-venta contenido en la minuta preinserta, sujetándose al fiel cumplimiento de lo estipulado; y declaran, reconocen y aceptan el presente instrumento como una ejecutoria inviolable. En virtud de este contrato, el vendedor transfiere al comprador el dominio y posesión del terreno vendido, con entradas y salidas, usos, costumbres, derechos y servidumbres anexos, sujetándose al saneamiento por evicción, asegurando que el te-

461385

rreno vendido no tiene ningún gravamen, por lo que se conviene el comprador en que no se presente el certificado de hipotecas y solo se agrega la boleta del pago de Alcabala. Y leída que ha sido esta escritura, íntegramente, por mí el Escribano a los contratantes, en presencia de los testigos; habiéndose cumplido con todos los requisitos legales, se ratifican, facultando al comprador para hacerla inscribir. Se me presentó el certificado del Colector, que acredita estar pagados los impuestos fiscales del presente año. Para constancia firman en unidad de acto conmigo y con dichos testigos Señores José Javier Barriga, Tomás Cepeda y Juan Jacobo Lince, de este vecindario, mayores de edad, idóneos, a quienes también conozco, de que doy fe.

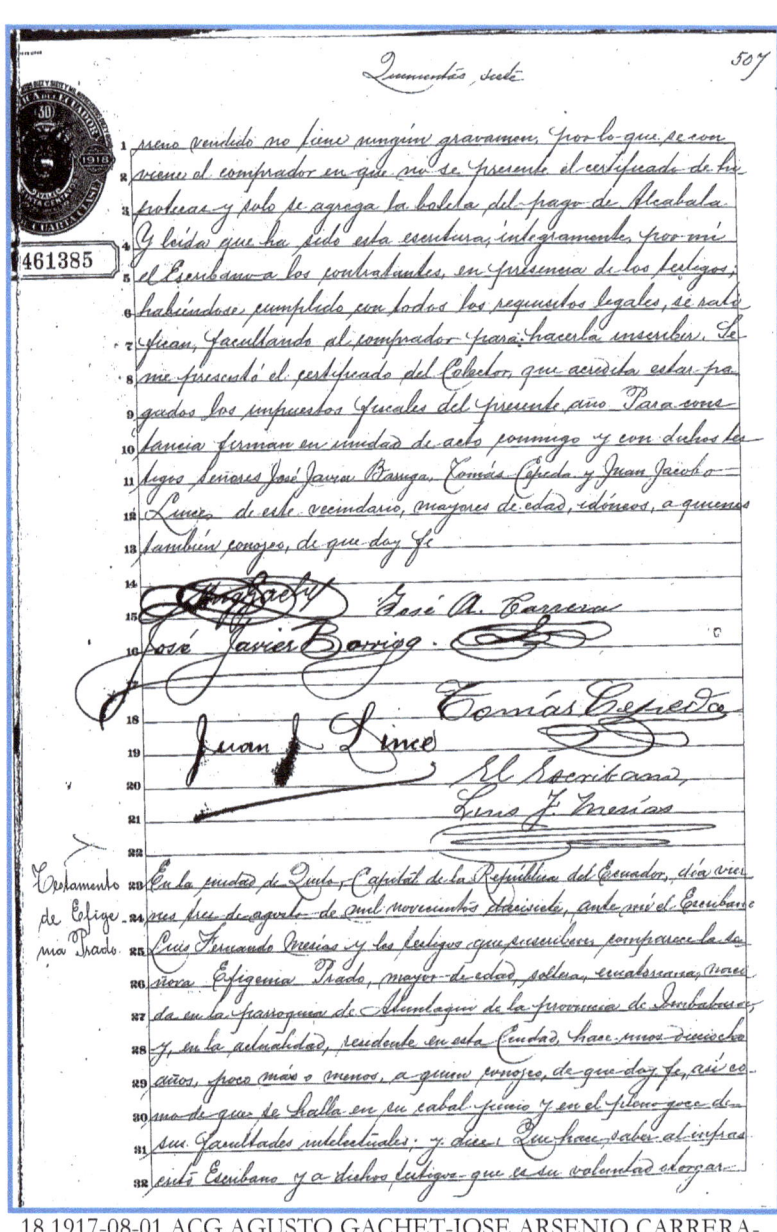

Aug. Gachet — José A. Carrera

José Javier Barriga

Tomás Cepeda

Juan J. Lince

El Escribano,
Luis F. Mesías

Testamento de Efigenia Prado

En la ciudad de Quito, Capital de la República del Ecuador, día veintres de agosto de mil novecientos diecisiete, ante mí el Escribano Luis Fernando Mesías y los testigos que suscriben comparece la señora Efigenia Prado, mayor de edad, soltera, ecuatoriana, nacida en la parroquia de Atuntaqui de la provincia de Imbabura, y, en la actualidad, residente en esta Ciudad, hace unos dieciocho años, poco más o menos, a quien conozco, de que doy fe, así como de que se halla en su cabal juicio y en el pleno goce de sus facultades intelectuales; y dice: Que hace saber al infrascrito Escribano y a dichos testigos que es su voluntad otorgar

18 1917-08-01 ACG AGUSTO GACHET-JOSE ARSENIO CARRERA-Venta terreno Alomote en Aloag-NOT2

[illegible]

El Escribano, Luis F. Mesías

X

Venta de terreno
Augusto Gachet
a Matías Tipán
en S/ 700

Di 1a copia

En la ciudad de Quito, Capital de la República del Ecuador, a primero de Agosto de mil novecientos diecisiete, ante mí el Escribano Luis Fernando Mesías y los testigos que suscriben comparecen: por una parte, el señor don Augusto Gachet, soltero, y por otra Matías Tipán, casado; vecinos del cantón Mejía, ocasionalmente en este lugar, mayores de edad, a quienes conozco, de que doy fe y dicen: Que elevan a escritura pública el contrato de compra-venta contenido en la minuta que me entregan, cuyo tenor literal es como sigue: "Señor Escribano: - Sírvase extender en el Registro de su cargo una escritura en la que conste el siguiente contrato que los suscritos celebramos en las condiciones que se enumeran: - Primera. - Augusto Gachet, soltero, mayor de edad, vecino del cantón "Mejía" vende a Matías Tipán, un terreno denominado "San Blas", situado en la parroquia de "Aloag"; - Segunda. El precio de la venta es el de setecientos sucres que el vendedor confiesa tenerlos recibidos de contado; - Tercera. Los linderos del predio que se vende, son: por el Sur, terrenos del comprador; Norte y Oriente, calles públicas, y por el Occidente, terrenos de José Valencia y Petrona Cando; - Cuarta. El terreno vendido lo adquirió el vendedor en la partición de bienes de su difunto padre señor Augusto Gachet; partición que se halla legalmente inscrita; y, - Quinta. Los gastos de alcabala, escritura, [illegible], [illegible], son de cuenta del comprador. Se aclara que para esta compra ha aportado la mujer de éste, María [illegible] Chasipanta, la cantidad de doscientos cuarenta sucres" (Hasta aquí la minuta) Continuando los comparecientes dan por perfeccionado el contrato de compra-venta contenido en la minuta preinserta, sujetándose al fiel cumplimiento de lo estipulado en la minuta transcrita; y declaran, reconocen y aceptan el pre-

Cuatrocientos noventisiete 497

REPUBLICA DEL ECUADOR 20 1918 VEINTE CENTAVOS TERCERA CLASE

153443

El Colector Fiscal del cantón

Certifica

Que en el Libro de Alcabalas de este mes se encuentra la partida siguiente

Ingreso Catorce sucres consignados por el Escribano Señor Luis F. Mesías por el impuesto de Alcabala deducido al 2% de la cantidad de setecientos sucres, en que Augusto Gachet vende a Martín Tipán un terreno en Alvag.

El pago se hizo según aviso N.° 158.

Quito Agosto 1° de 1.917

R. Chiriboga

~~Pertenece a la inscripción N° 165, a fs. 114 vuelta, del tomo 35, en el Registro de Propiedad.~~

Cuatrocientas noventa y ocho 498

D461420

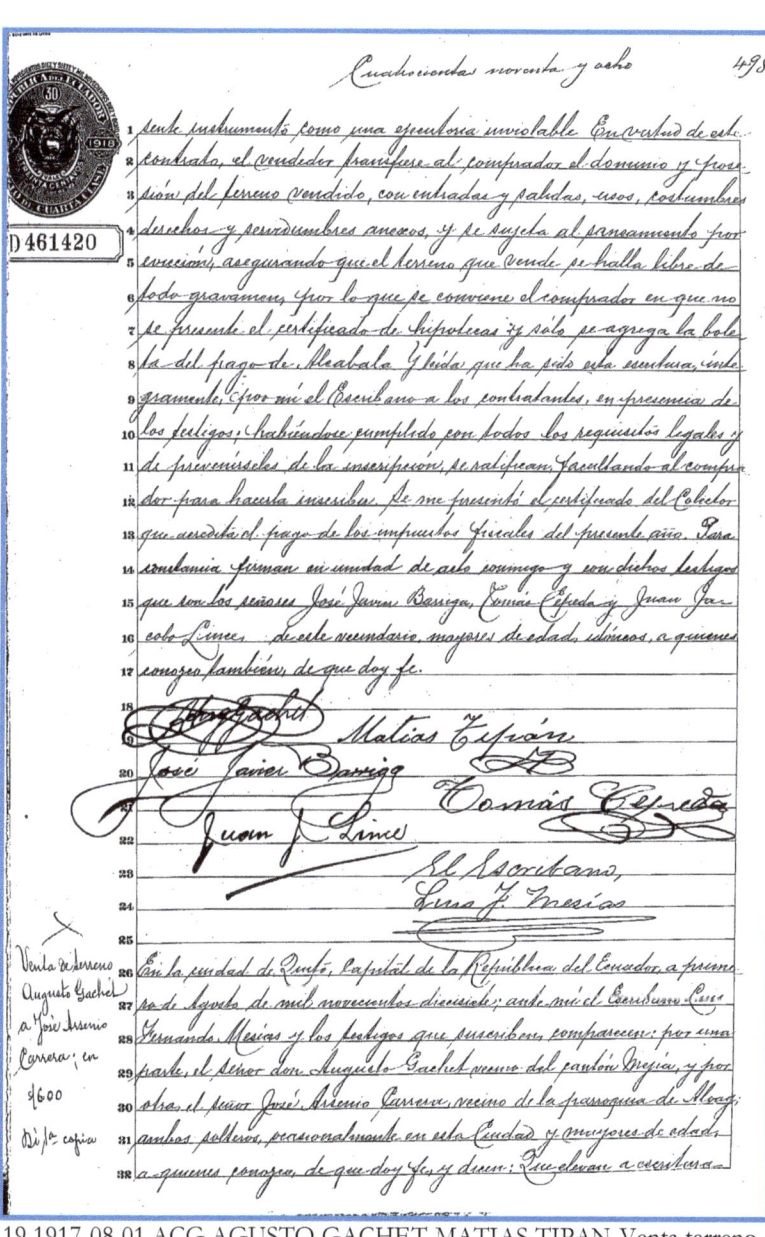

sente instrumento como una ejecutoria inviolable. En virtud de este contrato, el vendedor transfiere al comprador el dominio y posesión del terreno vendido, con entradas y salidas, usos, costumbres derechos y servidumbres anexos, y se sujeta al saneamiento por evicción, asegurando que el terreno que vende se halla libre de todo gravamen, por lo que se conviene el comprador en que no se presente el certificado de hipotecas y sólo se agrega la boleta del pago de Alcabala. Y leída que ha sido esta escritura, íntegramente, por mí el Escribano a los contratantes, en presencia de los testigos; habiéndose cumplido con todos los requisitos legales y de prevenírseles de la inscripción, se ratifican, facultando al comprador para hacerla inscribir. Se me presentó el certificado del Colector que acredita el pago de los impuestos fiscales del presente año. Para constancia firman en unidad de acto conmigo y con dichos testigos que son los señores José Javier Barriga, Tomás Tejeda y Juan Jacobo Lince, de este vecindario, mayores de edad, idóneos, a quienes conozco también, de que doy fe.

Aug. Gachet

Matías Tipán

José Javier Barriga

Tomás Tejeda

Juan J. Lince

El Escribano,
Luis F. Mesías

Venta de terreno Augusto Gachet a José Arsenio Carrera; en $/600

Di 1ª copia

En la ciudad de Quito, Capital de la República del Ecuador, a primero de Agosto de mil novecientos diecisiete; ante mí el Escribano Luis Fernando Mesías y los testigos que suscriben, comparecen: por una parte, el señor don Augusto Gachet vecino del cantón Mejía, y por otra, el señor José Arsenio Carrera, vecino de la parroquia de Aloag; ambos solteros, personalmente en esta Ciudad y mayores de edad, a quienes conozco, de que doy fe, y dicen: Que elevan a escritura

19 1917-08-01 ACG AGUSTO GACHET-MATIAS TIPAN-Venta terreno San Blas en Aloag-NOT2

doy fe.

J. F. Dastí   Pastor E. García

[illegible] Rodríguez   [illegible]

El Escribano, Luis F. Mesías

X

Venta del fundo "San Nicolás" Augusto e Hipólito Gachet, a Héctor Zedeño; en $ 3.000

Di 1ª copia
" 2ª id
Di 3ª id
" 4ª copia

Anotada la hipoteca hoy, por mí. Quito, Noviembre 13 de 1919. [illegible]

En la ciudad de Quito, Capital de la República del Ecuador, a veinticinco de febrero de mil novecientos dieciocho; ante mí el Escribano Luis Fernando Mesías y los testigos que suscriben, comparecen, por una parte, la señora Adelina Vaca viuda de Gachet y su hijo el señor Augusto Gachet, soltero, vecinos de la parroquia de Aloag, ocasionalmente en este lugar; y por otra, el señor don Héctor Zedeño, casado, vecino de esta Ciudad: todos mayores de edad, a quienes conozco, de que doy fe, y dicen: Que por sus propios derechos, y además, la primera de los comparecientes como representante legal de su hijo menor de edad Hipólito Gachet, y en virtud de la autorización judicial concedida al efecto, la cual se agrega original, elevan a escritura pública el contrato de compraventa contenido en la minuta que me entregan, cuyo tenor literal es como sigue: Señor Escribano. - Sírvase, en el Registro de su cargo, extender una escritura que acredite el contrato siguiente. Primera. Adelina Vaca viuda de Gachet como madre legítima de Hipólito Gachet y debidamente autorizada por el Señor Alcalde tercero de este Cantón, según sentencia que se agrega, y Augusto Gachet por sus propios derechos, venden a Héctor Zedeño el fundo "San Nicolás", situado en la parroquia Cornejo Astorga del cantón Mejía, = Segunda. Dicho predio fue adjudicado a Hipólito y Augusto Gachet en la partición que, con motivo del fallecimiento del Señor Augusto Gachet, se hizo de sus bienes. La hijuela está debidamente inserta; = Tercera. Los linderos del predio vendido son: por el Norte, el río Pilatón; por el Sur, terrenos baldíos; por el Oriente, hacien-

82773

da "Guanaza"; y por el Occidente, con terrenos de Teódulo Romero. Dentro de estos linderos, el predio vendido debe tener la extensión de trescientas hectáreas, más o menos; = Cuarta. El precio de la venta es el de tres mil sucres que se pagarán en esta forma: mil seiscientos sucres al contado que los vendedores confiesan haberlos recibido a su satisfacción; y los mil cuatrocientos sucres restantes después de seis meses, con el interés del doce por ciento anual e hipoteca del predio vendido: pesa una hipoteca a favor de Rosa Edelmira Gachet por la suma de cuatrocientos cuarentitrés sucres cuarenta centavos, hipoteca que los vendedores se obligan a cancelar durante el plazo de los seis meses. No existe ningún otro gravamen como lo acredita el certificado que se acompaña; y Quinta. Los gastos de alcabala, registro, anotación, inscripción y los más que cause este contrato son de cuenta del comprador. — Usted se servirá agregar las demás cláusulas de estilo" (Hasta aquí la minuta). Continuando los comparecientes dan por perfeccionado el contrato de compra-venta contenido en la minuta preinserta, por estar en conformidad a lo pactado, obligándose al fiel y exacto cumplimiento de todas y cada una de las bases estipuladas en la minuta transcrita; y declaran, reconocen y aceptan el presente instrumento como una ejecutoria inviolable. Los vendedores transfieren al comprador el dominio y posesión del fundo vendido, con entradas y salidas, usos, costumbres, derechos y servidumbres anexas, sujetándose al saneamiento por evicción y asegurando que sobre el fundo vendido no pesa otro gravamen que el mencionado en la minuta transcrita y que consta del certificado de hipotecas que se agrega junto con la boleta del pago de Alcabala. Y leída que ha sido esta escritura, íntegramente, por mí el Escribano a los contratantes, en presencia de los testigos; habiéndose cumplido con todos los requi sitos legales y de prevenírseles de la inscripción, se ratifican; facultando al comprador para hacerla inscribir. Para constancia firman en unidad de acto conmigo y con ellos, que son los señores Alejandro Bueno, Enrique Eduardo Vinueza y José Javier Barriga de este vecindario, mayores de edad, idóneos, a quienes también conozco, de que doy fe; así como de que se presentó el certificado del Colector, de estar pagados los impuestos fiscales.

Adelina v. de Gachet [firma]

[firma] Alejandro Bueno

E. E. Viñueza A.

José Javier Barriga

El Escribano, Luis F. Mesías

X Poder Universidad Central a Nicolás Arteta

Di 1a copia

En la ciudad de Quito, Capital de la República del Ecuador, a veintiséis de febrero de mil novecientos dieciocho, ante mí el Escribano Luis Fernando Mesías y los testigos que suscriben, comparecen los señores doctores Luis Cárdenas, Rector de la Universidad Central, Guillermo Ordóñez, Vicerector, Francisco Pérez Borja, Miembro de la Facultad de Jurisprudencia, Enrique Gallegos Anda, Miembro de la Facultad de Medicina, señor don Francisco Julián Cruz Miranda, Miembro de la Facultad de Ciencias; casados y el señor doctor don Gabriel Moscoso viudo, Secretario de dicha Universidad; todos vecinos de este lugar, mayores de edad, a quienes conozco, de que doy fe, y dicen: Que a nombre y en representación de la Junta Administrativa de la Universidad Central, en su carácter de Miembros de dicha Junta, según consta de los respectivos nombramientos que se agregan en copia, confieren al señor don Nicolás Arteta, poder especial, cual por derecho se requiere para que intervenga en el remate o recaudación directa del impuesto de los quince centavos al aguardiente que se introduzca a las parroquias

ciento cincuenta y una 151

LISTA DE TESTIGOS.

Sres.:

Alejandro Bueno

José Javier Barriga.

Quito, febrero 25 de 1918.-

Adelina v. de Gachet

Ciento cincuenta dós 152

82715

S. A. M.

Sírvase mandar que los testigos de la adjunta lista, con juramento, respondan a estas preguntas:

1ª.- Sobre edad y más generales de ley;

2ª.- Conocen el fundo "San Nicolás" situado en la parroquia de "Cornejo Astorga," del Cantón Mejía, (Región de Santo Domingo de los Colorados);

3ª.- Si en ese fundo correspondió a mi hijo legítimo Hipólito Gachet, menor edad, la mitad;

4ª.- Si la conservación del predio, por lo montañoso que es, demanda muchos gastos y el producto no corresponde a éstos por la distancia al poblado, por los malos caminos, por los jornales caros &.&.;

5ª.- Si en la actualidad el predio está totalmente remontado y si para ponerlo en buenas condiciones es indispensable gastar dos veces el valor del mismo predio;

6ª.- Si mi hijo Hipólito es pobre y la que interroga lo mismo; y,

7ª.- Si es cierto que caso de continuar el predio en el estado de abandono en que se encuentra, antes de un año no habría quien dé un centavo por él.

Fundado en lo anterior, pido que Ud me autorice para enagenar los derechos y acciones que mi citado hijo legítimo tiene en el mencionado predio.-Entrelineas.=legitimo.= Vale.-

Adelina v. de Gachet

Presentado hoy lunes 25 de Febrero del 918, a las diez de la mañana doy fe.

Velasco Muñoz Cevallos

Quito, Fbro. 25 del 918, las once a.m.

Recíbanse las declaraciones solicitadas. Autos con citación para sentencia. Asesore el Sr. Dr. Carlos R. Cuvi

Arroyo

Proveyó el decreto anterior el Sr. Alberto Arroyo, Alcalde tercero Cantonal Quito, Febrero veinticinco de mil novecientos dieciocho, a las once de la mañana. El Escribano,

Cevallos

P: 0,30

En veinticinco de Febrero de mil novecientos dieciocho, a las once de la mañana y fuera de la Oficina cité el decreto que precede a la Sra. Adelina V. de Gachet, quien conformándose con el asesor nombrado dijo que firmara el testigo. Doy fe.

Ygo. Velasco. Cevallos

En Quito, a veinticinco de Febrero de mil novecientos dieciocho, ante el Señor Alcalde tercero Cantonal y el infrascrito Escribano, compareció el señor José Javier Barriga quien juramentado en legal forma previa explicación de las penas del perjurio, advertido de la obligación de declarar con verdad, exactitud y claridad, contestando al tenor de las preguntas contenidas en el interrogatorio que precede, dijo:

A la 1ª Soy mayor de edad y sin generales;

682713

A la 2ª. – Lo conozco;
" " 3ª. – Es verdad;
" " 4ª. – Es cierto y me consta el contenido de la pregunta;
A la 5ª. Igualmente es cierto;
" 6ª. Es verdad;
" 7ª. También es verdad. – Leída que le fué esta su declaración, se afirmó y ratificó en ella y firma con el señor Juez. Doy fe.

José Javier Barriga

Alberto Muñoz

P 0,95

El Escribano Luis D. Cevallos

En Quito, a veinticinco de Febrero de mil novecientos dieciocho, ante el Señor Alcalde Tercero Cantonal y el infrascrito Escribano, compareció el Señor Alejandro Bueno, quien juramentado en la forma legal, previa explicación de las penas del perjurio, advertido de la obligación de declarar con verdad, exactitud y claridad, contestando al Señor de las preguntas contenidas en el interrogatorio que precede, expuso:

A la 1ª Soy mayor de edad y sin generales;

" " 2ª Lo conozco;

" " 3ª Es verdad;

" " 4ª Es cierto y me consta el contenido de la pregunta;

" " 5ª Igualmente es cierto;

" " 6ª Es verdad;

" " 7ª También es verdad. – Leída que le fué esta su declaración, se afirmó y ratificó en ella y firma con el Señor Juez. – Doy fe.

Alberto Arroyo   Alejandro Bueno

0,95

El Escribano Luis D. Cevallos

s/1,10. Transcribí al libro respectivo la demanda que precede. – Quito, Febrero 25 de 1918. – El Escribano, Cevallos

Quito, Febro 25 de 1918, las 2 p.m.

Oígase, previamente, al Defensor de Menores y vengan los autos.

Arroyo   [illegible]

Proveyó el Sr. Alberto Arroyo Alcalde 2o

82712

P. 0,,30

P. 0,30

ciso Cantonal, el decreto anterior. Quito, Febrero veinticinco de mil novecientos dieciocho, a las dos de la tarde — El Escribano, Cevallos

En veinticinco de Febrero de mil novecientos dieciocho, a las dos de la tarde y fuera de la Oficina cité el decreto que precede a la Sra Adelina v. de Gachet y dijo que firmara el testigo. Doy fe.

Fco Velasco

Cevallos

En veinticinco de Febrero de mil novecientos dieciocho, a las dos y media de la tarde y fuera de la Oficina cité el escrito de demanda, nombramiento de asesor y decreto que preceden al Sr Dr Luis E Bueno Defensor de Menores, quien dijo que se conviene con el asesor nombrado, que fija por domicilio el estudio conocido por el infrascrito Escribano y firma. Doy fe

Cevallos

Bueno

…de 4 ƒ.
…ista ƒ/. 2,40

S. A. M.

El predio del que son condueños los hermanos Augusto e Hipólito Gachet, va día a día a menos en su valor, por el abandono en que se le tiene. Sé esta particularidad, por afirmación de algunas personas. Creo, en consecuencia,

…rto 0,10
…ƒ/. 2,50
…utora

conveniente a los intereses del m[enor] Hipólito, el que se dictar[á] judicialmente para que se [le] pueda vender. La venta del s[u]sodicho predio deberá sí hacers[e] por precio pagado de contado; m[as] si el pago se estipulase efectuar[lo] a plazos, tendrá el propio inmue[ble] que quedar hipotecado en segurid[ad] de los derechos del vendedor. La obligación de velar por los inter[e]ses del menor, me precisan e[n] entrar en particularidades innece[sarias] sarias en el caso presente, pre[s]supuestas la ilustración y pro[bi]dad del Juzgado. Quito, a 25 d[e] Febrero de 1918.

L. E. Bueno

Lect^a de l[o] y sent^a $/6,6[0]

Quito, febrero 25 de 1918, las cuatro p. m. Vistos: Atenta la información prece[de]nte que comprueba la necesidad absoluta en que se encuentra el menor Hipólito Gachet de enajenar los derechos y acciones que posee en el fundo "San Nicolás", ubicado en el Cantón Mejía, así como la utilidad que de esa venta reportará el referido menor, y oído el dictamen favorable del respectivo Defensor, Administrando justicia en nombre de la República y por

autu y conocto 1,10
Son $/. 7,70
dió actora

82855

autoridad de la Ley, se concede la autorización solicitada. Cítese.—

[illegible]

Alberto Arroyo

Proveyó la sentencia que precede el Sr. Alberto Arroyo, Alcalde tercero Cantonal. Quito, Febrero veinticinco de mil novecientos dieciocho, a las cuatro de la tarde.—

El Escribano, Luis D. Cevallos

0, 30 En veinticinco de Febrero de mil novecientos dieciocho, a las cuatro y media de la tarde y fuera de la Oficina cité la sentencia que precede a la Sra. Adelina V. de Gachet, quien conformándose con dicha sentencia dijo que firmara el testigo. Doy fe.

Ygo. Velasco. Cevallos

0,30 En veinticinco de Febrero de mil novecientos dieciocho, a las cinco de la tarde y fuera de la Oficina cité la sentencia que precede al Sr. Dr. Luis E. Bueno, quien conformándose con dicha sentencia dijo que firmara el testigo. Doy fe.

Ygo. Velasco. Cevallos

5/ 1,10 Transcribí al libro respectivo la sentencia que precede. Quito, Febrero 25 de 1918.— El Escribano, Luis D. Cevallos

43150

El infrascrito Anotador de Hipotecas del Cantón Mejía, con el juramento de estilo, certifica: Que registrados los libros de inscripciones hipotecarias, que comprenden en el Archivo de esta Oficina, desde su creación hasta la presente fecha, para ver los gravámenes especiales que afectan los derechos y acciones constituidos en el fundo "San Nicolás", situado en la parroquia de Aloag, de propiedad de los Señores Augusto y José Hipólito Guchet, adquiridos por adjudicación que se les hizo en la sucesión de bienes de su finado padre Señor Augusto Guchet, según consta de la respectiva hijuela divisoria inscrita el once de julio del año próximo pasado, no se encuentra que sobre los referidos derechos y acciones pese gravamen alguno; tampoco se hallan embargados, ni con prohibición de enajenarlos.

Respecto a los derechos y acciones pertenecientes a la cónyuge sobreviviente Señora Adelina Vaca, en la indicada sucesión, se hallan rematados en la ejecución seguida por el Señor José Enríquez Mejía, por el crédito hipotecario de cuatro mil ochenta y cinco sucres, cuya acta de remate ha sido inscrita el veintiuno de julio del citado año mil novecientos diecisiete, subsistiendo, además, otra hipoteca, como la constituida por la expresada Señora a favor del Señor [illegible] Jara por dos mil trescientos sucres.

Machachi, febrero 23 de 1918

Isaac Molina

Nota

De la hijuela divisoria de los bienes del prenombrado Señor Don Augusto Guchet, aparece que no se les ha adjudicado parte alguna, tanto a su hija Rosa Estelina Guchet, como a la cónyuge sobreviviente Señora Adelina Vaca, en el fundo "San Nicolás", y, por consiguiente, corresponde la propiedad exclusivamente, a los Señores Augusto y José Hipólito Guchet, a excepción del lote denominado "Tres Ramas", situado en la región parroquia de Latorque que está adjudicado a la Señora viuda. Más, estando en pro-indivisión el fundo "San Nicolás y más bienes pertenecientes a la predicha sucesión la mencionada Señora Vaca ha constituido hipoteca en todos los derechos y acciones de San Nicolás y otros predios a favor de los Señores José Enríquez y Emilio Jara por las cantidades que antes se hace relación, según escrituras legalmente inscritas.

De la mencionada hipoteca consta, también que los Señores Augusto y José Hipólito Guchet tienen que refundir a su hermana menor Rosa Edelina, el primero la suma de cuatrocientos cuarenta y tres sucres, cincuenta centavos, [sin hipoteca] en la parte de San Nicolás, con el plazo de tres años y al interés del diez por ciento anual, y el segundo, la cantidad de noventa y cuatro sucres sesenta centavos, con el mismo término, al seis por ciento anual, a hipoteca del terreno "Palsapucho". = Entre líneas = sin hipoteca = con hipoteca = Vale.

Fecha Ut supra

Jorge Molina

Ciento cincuentisiete 157

El Colector Fiscal del Cantón Mejía,

Visto el manifiesto de hoy, del escribano de Quito Señor Luis F. Mesías,

Certifica

Que el Señor Ramón Arroba ha pagado en la colecturía veinte sucres por los siguientes impuestos de este año, del fundo San Nicolás, que según el catastro de Predios Rústicos de este Cantón por 1917-1920, pertenece a la Señora Adelina Vaca v. de Gachet, está situado en la parroquia de Manuel Cornejo Astorga y vale diez mil sucres.

S/10 por el uno por mil fiscal,

S/10 por el uno por mil adicional para el Ferrocarril de Quito a Esmeraldas.

Machachi, a 25 de febrero de 1918.

Ciento cincuenta y ocho 158

El Colector Fiscal del Cantón Quito

CERTIFICA:

Que en el libro de Alcabalas de este mes, se encuentra la partida siguiente:

INGRESO: Sesenta sucres *consignados por el Escribano señor* Luis F. Mesías, *por el impuesto de alcabala, deducido el 2 % de la suma de* tres mil sucres *en que* Hipólito y Augusto Gachet *vende a* Héctor Cedeño, el fundo San Nicolás en Cornejo Astorga.

La consignación se hizo con aviso Nº 34

Quito, a 25 *de* Febrero *de 191*8

[illegible]

20 1918-02-25 ADELINA VACA e ACG AGUSTO GACHET e HIPOLITO-HECTOR CEDEÑO-Venta de San Nicolás-NOT2

poteca que se constituyó en una casa situada en la parroquia del Sagrario, para responder por los resultados del referido contrato, según escritura otorgada ante mí el veintinueve de septiembre de mil novecientos once. Leída que ha sido esta escritura, íntegramente, por mí el Escribano al otorgante, en presencia de los testigos, luego de cumplidos los requisitos legales, se ratifica y firma en unidad de acto conmigo y con ellos, que son los señores Merched Elías Bucaram, Pastor Emilio García y Aurelio Alvarez Muñoz de este vecindario, mayores de edad, a quienes conozco, de que doy fe.

Manuel Salvador

M. E. Bucaram

Pastor E. García   Aurelio Alvarez

El Escribano, Luis F. Mesías

X

Cancelación Rosa Edelma Gachet a favor de Augusto Gachet, por $443=40

Di certificado

En la ciudad de Quito, capital de la República del Ecuador, a veintiseis de febrero de mil novecientos dieciocho; ante mí el Escribano Luis Fernando Mesías y los testigos que suscriben, compareció la señora Edelina Vaca viuda de Gachet, vecina de la parroquia de Aloag, ocasionalmente en este lugar, mayor de edad, a quien conozco, de que doy fe, y dice: Que en su calidad de madre legítima de la menor Rosa Edelma Gachet, declara: que Augusto Gachet le ha pagado en esta fecha la suma de cuatrocientos cuarenta y tres sucres cuarenta centavos que éste quedó debiendo a Rosa Edelma, en virtud de la partición de los bienes del que fue don Augusto Gachet. En consecuencia, declara la compareciente que nada debe por esta cuenta el referido Augusto Gachet y, por consiguiente, extinguida la hipoteca que para seguridad de la expresada suma se constituyó sobre el fundo "San Nicolás", situado en la parroquia "Manuel Cornejo Astorga" del cantón Mejía. Leída que ha sido esta escritura íntegramente, por mí el Escribano a la otorgante, en presen-

Ciento sesentitrés 163

182888

uno de los testigos, luego de cumplidos los requisitos legales, se ratifica y firma en unidad de acto conmigo y con ellos, que son los señores Marcelo Elías Bucaram, José Javier Barriga y Pastor Emilio García, de este vecindario, mayores de edad, idóneos, a quienes también conozco, de que doy fe.

Adelina v. de Gachet

M. E. Bucaram

José Javier Barriga

Pastor E. García

El Escribano, Luis F. Mesías

Venta de bosque de eucaliptos.- Manuel María Salgado a Enrique Robinson; en S/ 5.800

Di 1ª copia

En la ciudad de Quito, capital de la República del Ecuador, a veintiséis de febrero de mil novecientos dieciocho, ante mí el Escribano Luis Fernando Mesías y los testigos que suscriben, comparecen los señores don Manuel María Salgado y don Enrique Robinson, casados: el primero, vecino de la parroquia de San Miguel de León, ocasionalmente en este lugar y el segundo residente en esta Ciudad, mayores de edad, a quienes conozco, de que doy fe, y dicen: Que elevan a escritura pública el contrato contenido en la minuta que me entregan, cuyo tenor es el siguiente: = "Señor Escribano: = Sírvase usted insertar en su Registro de escrituras públicas el contrato que, Manuel María Salgado y Enrique Robinson, celebran sobre las bases que a continuación se expresan: — Primera. Manuel María Salgado vende a Enrique Robinson su bosque de eucaliptus que, en número de mil cincuenta árboles, más o menos, y reunidos en una sola agrupación, tiene en uno de los lotes de terreno de su fundo "Rumipamba", situado en la parroquia de San Miguel de León, que compró al señor Juan Bautista Muñoz, por escritura otorgada el primero de noviembre de mil novecientos ocho, ante el Escribano del cantón Latacunga, señor Daniel Cadena Meneses. Dicho bosque se encuentra situado en el kilómetro trescientos cincuenticuatro de la línea férrea

21 1918-02-26 ROSA EDELINA GACHET-ACG AGUSTO GACHET-
Cancelación hipoteca San Nicolás-NOT2

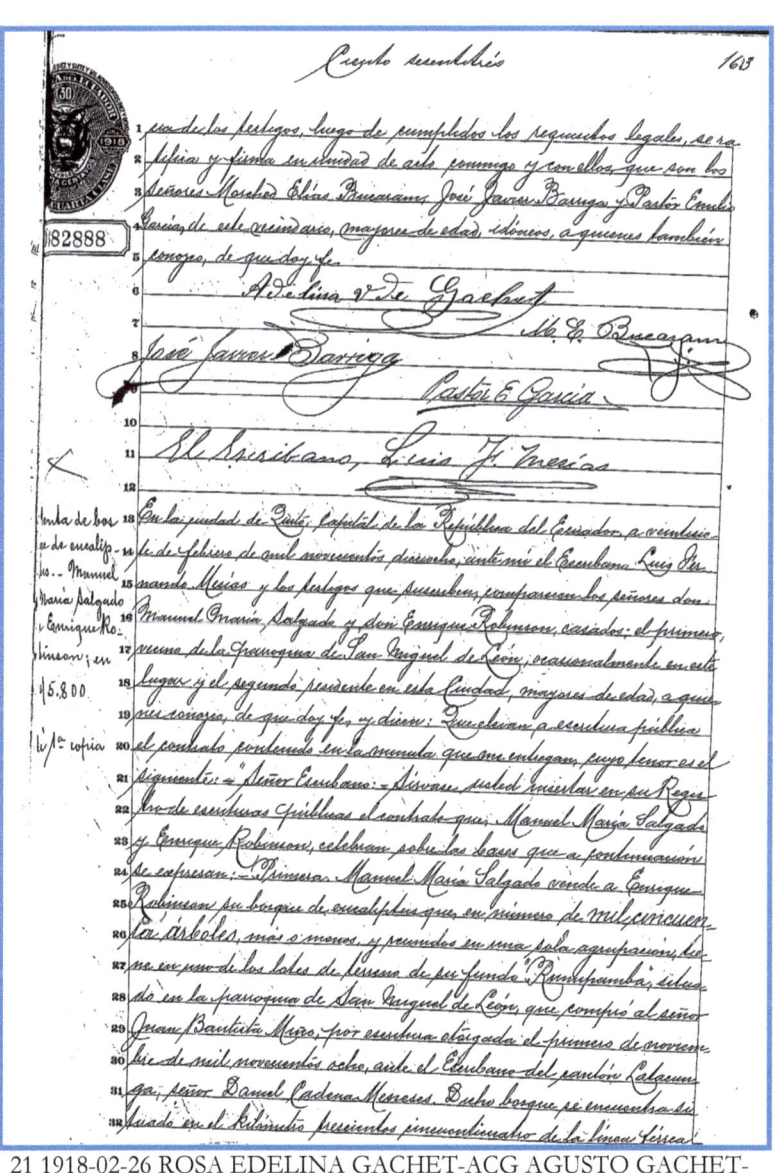

Ozaeta viuda de Córdova; por el Sur, casa del señor Bolívar Sánchez; por el Oriente, terrenos del señor Manuel Barrera y por el Occidente, calle pública. Presente la señora Genara Medina viuda de Paz y Miño, vecina de este lugar y mayor de edad, a quien conozco, de que doy fe, dice: Que acepta en todas sus partes esta escritura por ser hecha en seguridad de sus intereses, conformándose con el certificado de hipotecas que se agrega. Y leída que ha sido íntegramente por mí el Escribano a los contratantes, en presencia de los testigos; luego de cumplidos los requisitos legales, se ratifican, facultándome para hacerla inscribir y firman en unidad de acto conmigo y con ellos que son los señores Carlos Chiriboga, Santiago Muñoz y Jesús Chiriboga de este vecindario, mayores de edad, idóneos, a quienes también conozco, de que doy fe.

14 40

Fernando Cevallos — V. Gu B. B. S.

Genara M. v. de Paz y Miño — Carlos Chiriboga

Santiago Muñoz — Jesús Chiriboga

El Escribano, Luis F. Mesías

Cancelación Rosa Edelina Gachet a favor de Augusto Gachet por \$443.40 Di certificado

En la ciudad de Quito, capital de la República del Ecuador, a trece de noviembre de mil novecientos diecinueve, ante mí el Escribano Luis Fernando Mesías y los testigos que suscriben, comparece la señora Adelina Vaca viuda de Gachet, vecina de Atuntaqui, ocasionalmente en este lugar, mayor de edad, a quien conozco, de que doy fe, y dice: Que como representante legal de su hija legítima menor de edad Rosa Edelina Gachet, ha recibido de los señores Augusto e Hipólito Gachet, la suma de cuatrocientos cuarenta y tres sucres cuarenta centavos que el primero tenía que reconocer a su her-

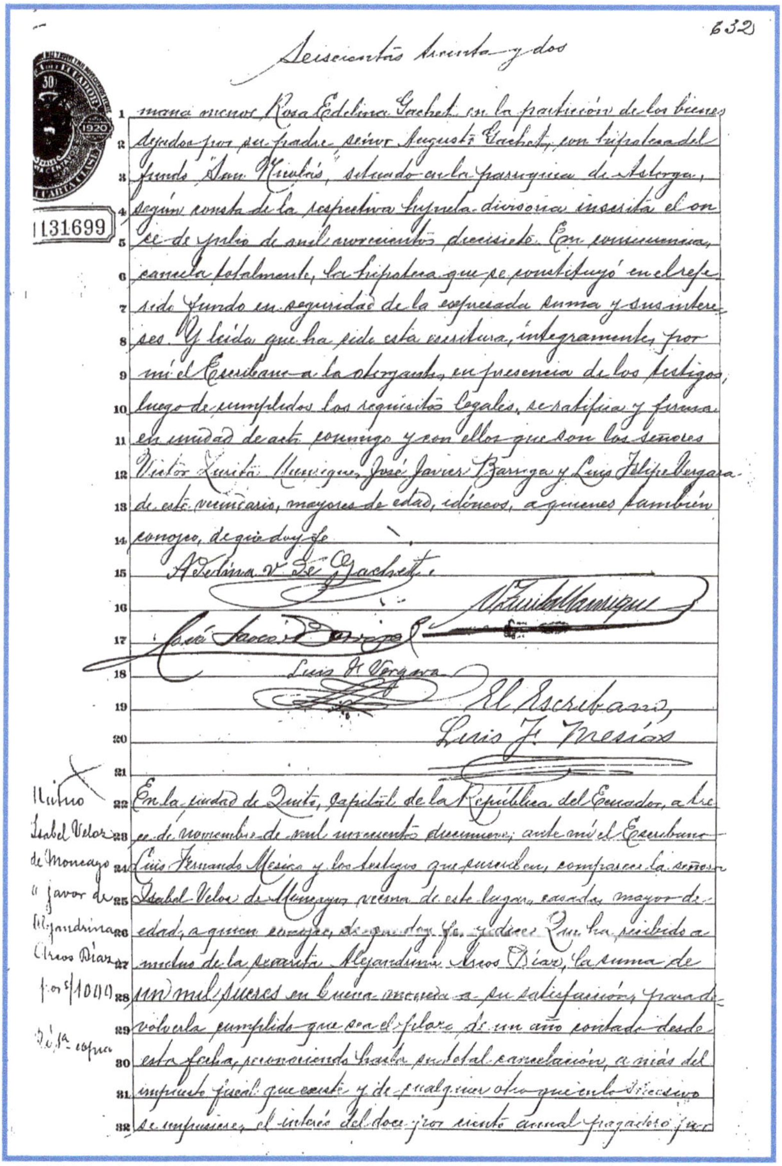

Seiscientos treinta y dos 632

1131699

mana menor Rosa Edelina Gachet en la partición de los bienes dejados por su padre señor Augusto Gachet, con hipoteca del fundo "San Nicolás", situado en la parroquia de Astorga, según consta de la respectiva hijuela divisoria inscrita el once de julio de mil novecientos diecisiete. En consecuencia, cancela totalmente la hipoteca que se constituyó en el referido fundo en seguridad de la expresada suma y sus intereses. Y leída que ha sido esta escritura, íntegramente, por mí el Escribano a la otorgante, en presencia de los testigos, luego de cumplidos los requisitos legales, se ratifica y firma en unidad de acto conmigo y con ellos que son los señores Víctor Zurita Manrique, José Javier Barriga y Luis Felipe Vergara de este vecindario, mayores de edad, idóneos, a quienes también conozco, de que doy fe.

Adelina v. de Gachet.

V. Zurita Manrique

José Javier Barriga

Luis F. Vergara

El Escribano,
Luis F. Mesías

Mutuo Isabel Veloz de Moncayo a favor de Alejandrina Arcos Díaz por s/1000 2a 1a copia

En la ciudad de Quito, capital de la República del Ecuador, a trece de noviembre de mil novecientos diecinueve; ante mí el Escribano Luis Fernando Mesías y los testigos que suscriben, comparece la señora Isabel Veloz de Moncayo, vecina de este lugar, casada, mayor de edad, a quien conozco, de que doy fe, y dice: Que ha recibido a mutuo de la señorita Alejandrina Arcos Díaz, la suma de un mil sucres en buena moneda a su satisfacción, para devolverla cumplido que sea el plazo de un año contado desde esta fecha, reconociendo hasta su total cancelación, a más del impuesto fiscal que conste y de cualquier otro que en lo sucesivo se impusiere, el interés del doce por ciento anual pagadero por

22 1919-11-13 ROSA EDELINA GACHET-ACG AGUSTO GACHET-Cancelación-NOT2

man en unidad de acto conmigo y con dichos testigos q[illegible]
son los señores Amable Torres Bastidas, Manuel Ruiz González y Mod[esto]
Emilio Aguirre, de este vecindario, mayores de edad, idóneos, a q[uie]
nes también conozco, de que doy fe. Testado - una casa situada - [illegible]
casa. - Entre líneas - linderos - Vale
x Carmela Iturralde Ch.
María E. Zurita Ch.
Amable Torres B.
Manuel Ruiz González
Modesto E. Aguirre
El Escrib.o, Luis F.o Mesías

Bastidas

X
Venta de casa y terrenos - Rosa Adelina e Hipólito Gachet B. a José María León G.; en $2.300

Di 1a copia

En la ciudad de Quito, Capital de la República del Ecuador, [a]
treinta de agosto de mil novecientos veinte, ante mí el Escribano
Luis Fernando Mesías y los testigos que suscriben comparece la seño
ra Adelina Baca viuda de Gachet, vecina de la parroquia
de Aloag, ocasionalmente en este lugar, mayor de edad, a quien
conozco, de que doy fe, y dice: Que a nombre y en representación
de sus hijos menores Rosa Adelina e Hipólito Gachet y en
virtud de la autorización judicial concedida al efecto, la cual
se agrega original, vende al señor José María León Gallard[o]
los siguientes inmuebles situados en la parroquia de Aloag,
cantón Mejía, y que corresponden a sus nombrados hijos
por herencia del fallecido señor Augusto Gachet: Una ca[sa]
situada en el centro de la parroquia y con estos linderos:
por el Norte, Sur y Oriente, calles públicas; y por el
Occidente, con la otra parte de la casa y terreno que no
se vende, pared divisoria que construirá el comprador en
el sitio que sea determinado y que es conocido por el com
prador. El terreno denominado "Santa Rosa", circunscri
to así: por el Norte y Sur, calles públicas; por el Orien[te]

te, con terrenos de Ramón Cárdenas; y por el Occidente, con terrenos de Daniel Salazar. - El terreno denominado "Palo-apicho" que se le adjudicó al menor Hipólito Gachet Baca, terreno que está demarcado así: por el Norte, con terreno de Fernanda Zurita; por el Sur, con terrenos de Manuel Cara y Antonio Chasipanta y por el Oriente y Occidente, calles públicas. El precio de esta venta es el de dos mil trescientos sucres al contado, que la vendedora confiesa tenerlos recibidos a su satisfacción, por lo que transfiere al comprador el dominio y posesión de los inmuebles vendidos, con usos, costumbres, derechos y servidumbres anexos, sujetándose al saneamiento por evicción y asegurando que dichos inmuebles se hallan libres de todo gravamen, según consta del certificado de hipotecas que se agrega juntamente con las boletas del pago de Alcabalas. Los predios vendidos son adquiridos por los vendedores en virtud de títulos legalmente inscritos. Presente el señor José María León Gallardo, vecino de la parroquia de Aloag, casado y mayor de edad, a quien conozco, de que doy fe, dice: Que acepta en todas sus partes esta escritura por ser hecha en seguridad de los bienes que adquiere y que los gastos de Alcabala, escritura y los más que ocasione hasta su inscripción son de su cuenta. Y leída que ha sido íntegramente por mí el Escribano a los contratantes, en presencia de los testigos; habiéndose cumplido con todos los requisitos legales y de prevenírseles de la inscripción, se ratifican, quedando facultado el comprador para hacerla inscribir en el Cantón Mejía. Para constancia firman en unidad de acto conmigo y con ellos, que son los señores José Javier Barriga, Luis Antonio Ordóñez, Luis Felipe Vergara, de este vecindario, mayores dedad, idóneos, a quienes también conozco, de que doy fe.

Adelina v. de Gachet — José M. León

José Javier Zúñiga — Luis A. Ordóñez

Luis F. Vergara

El Escribano,
Luis F. Mesías

X

Venta de parte de casa y terrenos - Rosa Adelina Gachet Baca a José Antonio Gallardo (hijo) en s/1.500

Dí 1ª copia

En la ciudad de Quito, Capital de la República del Ecuador, a treinta de agosto de mil novecientos veinte; ante mí el Escribano Luis Fernando Mesías y los testigos que suscriben, comparece la señora Adelina Baca viuda de Gachet, vecina de la parroquia de Aloag, ocasionalmente en este lugar, viuda, mayor de edad, a quien conozco, de que doy fe, y dice: Que a nombre y en representación de la menor Rosa Adelina Gachet Baca y en virtud de la autorización judicial concedida al efecto, la cual se agrega original, vende al señor José Antonio Gallardo (hijo), parte de la casa y terreno que a dicha menor le correspondió en la partición de los bienes de su fallecido padre don Augusto Gachet, cuyo título se halla inscrito. La casa y terrenos materia de este contrato se hallan situados en la parroquia de Aloag del cantón Mejía y circunscritos por estos linderos: Por el Norte y Sur, calle pública; por el Oriente, con la otra parte de la casa que hoy se vende al señor José María León Llaña, pared divisoria que será construida por los compradores, en el punto que, de común acuerdo, sea determinado y que éstos conocen; y por el Occidente, con terreno y casa de Luis Gallardo y terreno y casa de Mercedes Escobar. También es materia de esta venta el terreno denomina-

23 1920-08-30 ROSA EDELINA e HIPOLITO GACHET-JOSE MARIA LEON-Venta parte de casa y 2 terrenos Santa Rosa y Paulapicho-NOT2

X

Venta de parte de casa y terrenos - Rosa Adelina Gachet Baca a José Antonio Gallardo (hijo) en s/1.500

Dió 1a. copia

edad, idóneos, a quienes también conozco, de que doy fe.

Adelina V. de Gachet — José M. León

José Javier Barriga — Luis A. Ordóñez

Luis F. Vergara

El Escribano,

Luis F. Mesías

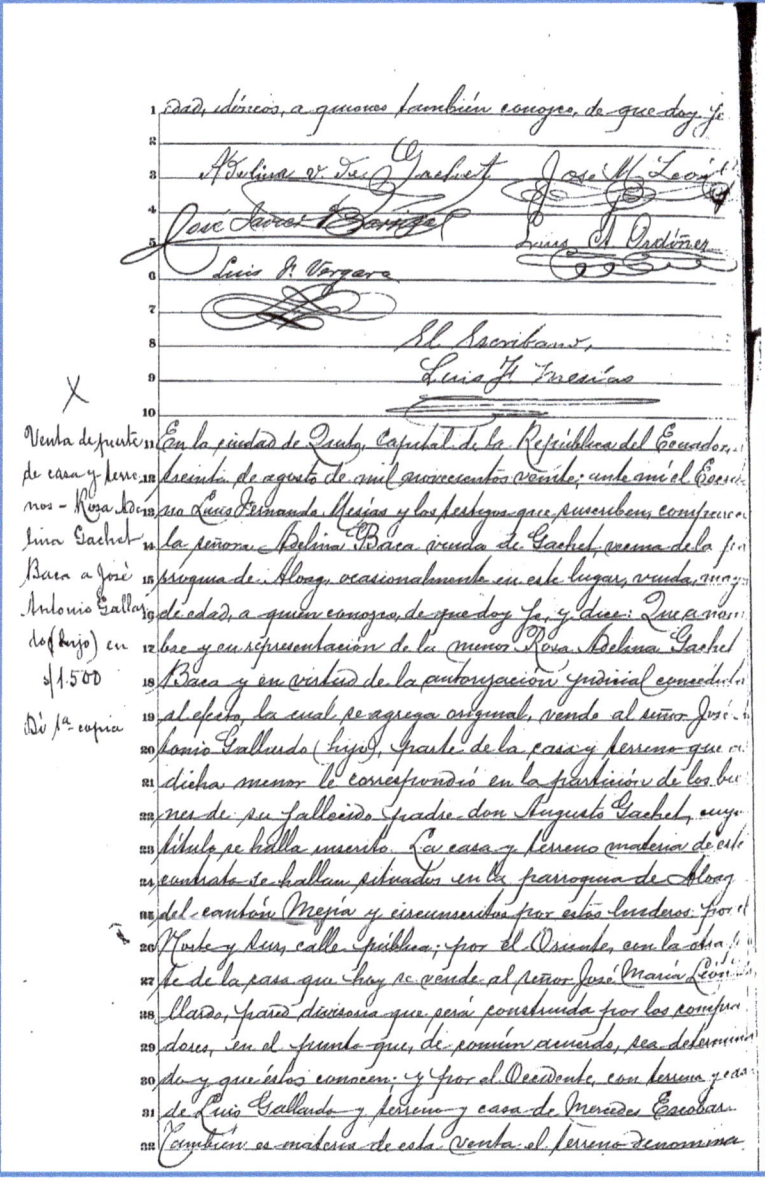

En la ciudad de Quito, Capital de la República del Ecuador, a treinta de agosto de mil novecientos veinte; ante mí el Escribano Luis Fernando Mesías y los testigos que suscriben, comparece la señora Adelina Baca viuda de Gachet, vecina de la parroquia de Aloag, ocasionalmente en este lugar, viuda, mayor de edad, a quien conozco, de que doy fe, y dice: Que a nombre y en representación de la menor Rosa Adelina Gachet Baca y en virtud de la autorización judicial concedida al efecto, la cual se agrega original, vende al señor José Antonio Gallardo (hijo), parte de la casa y terreno que a dicha menor le correspondió en la partición de los bienes de su fallecido padre don Augusto Gachet, cuyo título se halla inscrito. La casa y terreno materia de este contrato se hallan situados en la parroquia de Aloag del cantón Mejía y circunscritos por estos linderos: Por el Norte y Sur, calle pública; por el Oriente, con la otra parte de la casa que hoy se vende al señor José María León [illegible] llano, pared divisoria que será construida por los compradores, en el punto que, de común acuerdo, sea determinado y que éstos conocen. Y por el Occidente, con terreno y casa de Luis Gallardo y terreno y casa de Mercedes Escobar. También es materia de esta venta el terreno denomina-

489042

do "El Placer" sito en la misma parroquia y adquirido de la misma manera por la propia menor, siendo los linderos del terreno los siguientes: por el Norte, con terrenos de Marco Antonio Gallardo; por el Sur, con terrenos de ~~Goyo~~ Gregorio Lamar; por el Oriente, calle pública y por el Occidente con terrenos de Antonio Valencia y Tomasa Tapia. El precio de estas ventas es el de mil quinientos sucres al contado que confiesa la vendedora tenerlos recibidos a su satisfacción, por lo que transfiere al comprador el dominio y posesión de los inmuebles vendidos, con usos, costumbres, derechos y servidumbres anexos, sujetándose al saneamiento por evicción y asegurando que los inmuebles que vende no tienen ningún gravamen. Presente el señor José Antonio Gallardo (hijo) vecino de la parroquia de Aloag, casado y mayor de edad, a quien conozco, de que doy fe, dice: Que acepta en todas sus partes esta escritura, por ser hecha en seguridad de los bienes que adquiere, conformándose en que no se presente el certificado de hipotecas y solo se agregan las boletas del pago de Alcabalas, cuyo costo y los más que ocasione esta escritura, son de cuenta de la vendedora. Y leída que ha sido íntegramente por mí el Escribano a los contratantes, en presencia de los testigos; habiéndose cumplido con todos los requisitos legales y de prevenírseles de la inscripción; se ratifican facultando al comprador para hacerla inscribir en el Cantón Mejía. Para constancia firman en unidad de acto conmigo y con ellos, que son los señores José Javier Barriga, Luis Felipe Vergara y Luis Antonio Ordóñez de este vecindario, mayores de edad, idóneos, a quienes también conozco, de que doy fe. Entrelíneas: Gregorio. Vale. Testado: Goyo. no corre.

Adelina v. de Gachet

José A. Gallardo

José Javier Barriga P. Luis F. Vergara

Luis A. Ordóñez

El Escribano, Luis F. Mesías

Cancelación Marlovia Córdova v. de Vallejo a favor de Augusto P. Cevallos por S/2.000

Pase certificado

Debe los derechos

En la ciudad de Quito, Capital de la República del Ecuador, a primero de septiembre de mil novecientos veinte; ante mí el Escribano Luis Fernando Mesías y los testigos que suscriben compareció la señora Marlovia Córdova viuda de Vallejo, vecina de este lugar, mayor de edad, a quien conozco, de que doy fe, y dice: Que el Presbítero señor Augusto Pantaleón Cevallos le ha pagado, íntegramente, con sus respectivos intereses, la cantidad de dos mil sucres que debía por cuenta del precio de catorce mil sucres en que le compró una casa situada en la parroquia de San Roque de esta Ciudad, según escritura otorgada ante mí el trece de julio del presente año. En consecuencia, cancela totalmente la hipoteca que se constituyó en la referida casa en seguridad de la expresada cantidad y sus intereses; aclarando que esta cancelación la hace por sus propios derechos y como madre legítima del menor Rafael Vallejo Córdova y se obliga a entregar la primera copia de la escritura de venta que está en su poder. Y leída que ha sido esta íntegramente por mí el Escribano a la otorgante, en presencia de los testigos; luego de cumplidos los requisitos legales, se ratifica y firma en unidad de acto conmigo y con ellos que son los señores Víctor Yépez Arroyo, Daniel María Jurado y Rosalino Delgado, de este vecindario, mayores de edad, idóneos, a quienes también conozco, de que doy fe.

Marlovia C. v. de Vallejo

V. Yépez A.

Daniel Mª Jurado

Quinientas ochenta y dos 582

LISTA DE TESTIGOS:

Sres

Jorge Castro

José Octavio Pazmiño.-

Quito, agosto 30 de 1920.-

Adelina v. de Gachet

Quinientos ochenta y tres 583

403639

S. A. C.-

Sírvase Ud mandar que los testigos de la lista que acompaño, respondan con juramento al tenor del siguiente interrogatorio:

PRIMERA.- Sobre edad y más generales de Ley;

SEGUNDA.- Conoce la casa de habitación y terrenos, de mis hijos Rosa Adelina e Hipólito Gachet Vaca, situados en la parroquia de "Aloag", Cantón "Mejía";

TERCERA.- Es cierto que esa casa y terrenos no producen ninguna renta y demanda su conservación gastos urgentes; y,

CUARTA.- Si lo que conviene a mis citados hijos Rosa Adelina e Hipolito Gachet Vaca, es la venta de aquella casa y terrenos y la inversión de su producto en algo que les produzca.

En vista de la información anterior, y como madre legítima de los mencionados menores, solicito de Ud se sirva concederme la correspondiente licencia judicial, para proceder a la venta de aquellos inmuebles.-

Adelina v. de Gachet

Presentado hoy día lunes treinta de Agosto de 1920, a las once de la mañana.-Doy fe.

Muñoz Vargas Mesías

Quito, a 30 de Agosto de 1920. Las once de la Mañana.-

Declaren los testigos de la adjunta lista. Autos. Cítese para sentencia.-Asesore el Sr Dr. Carlos R. Cuvi.-Oígase previamente al Sr. Defensor de Menores.

Arroyo

Proveyó y firmó el decreto que precede el señor Alberto Arroyo, Alcalde tercero Cantonal . Quito, a treinta de Agosto de mil novecientos veinte, a las once de la mañana.-

El Escribano,

Mesías

P. 0,22%

En Quito, a treinta de Agosto de mil novecientos veinte, a la once y cuarto de la mañana, dentro de la Oficina, cité el do que precede, a la señora Adelina v. de Gachet, quien conform se con el asesor nombrado dijo que firmara el testigo. Doy fe

Tgo. Muñoz C — Mesías.

En la Ciudad de Quito, a treinta de Agosto de novecientos veinte, ante el señor Alclade tercero Cantonal el infrascrito Escribano, compareció el señor José Octavio miño, quien juramentado, en la forma legal, previa explicaci de las penas del perjurio, advertido de la obligación de de clarar la verdad con exactitud y claridad, contestando a tenor de las preguntas contenidas en el interrogatorio que precede, expuso:

P. 1,50

A la 1ª - Mayor de edad y sin generales de Ley;

A la 2a.-Conozco la casa de habitavión y terrenos;

A la 3a.- Es cierto

A la 4a.-Tambiém es verdad;

En lo expuesto se ratifica y firma con el señor Juez y el infras crito Escribano que da fe.

Alberto Arroyo — J. O. Paz Miño

El Escribano, Luis F. Mesías

P. 1,50

En Quito, a treinta de Agosto de mil novecientos veinte, ante el señor Alcalde tercero Cantonal y el infrascrito Escribano, com pareció el señor Jorge Castro, quien juramentado en legal form previa explicación de las penas del perjurio, advertifo de la o bligación de declarar la verdad con exactitud y claridad, conte tando al tenor de las preguntas contenidas en el interrogatoric que precede, expuso:

Quinientas ochenta y cuatro 584

88716

A la 1a.- Mayor de edad y sin generales de ley;

A la 2a.- Conozco la casa de habitación y terrenos;

A la 3a.- Es cierto;

A la 4a.-Tambiém es verdad;

En lo expuesto se ratifica y firma con el señor Juez y el infrascrito Escribano que da fe.

Alberto Arroyo C. Jorge Castro

El Escribano, Luis F. Mesías

Siento por razón, que el Señor Defensor de Menores, se halla ausentede este lugar, por lo que es del caso de que Ud. nombre otro en su lugar, para que intervenga en la presente causa

Quito, a 30 de Agosto de 1920.- El Escribano,

Luis F. Mesías

Quito, agosto 30 de 1920.

Las 11. y media a. m.

En vista de la anterior razón, se nombra de Defensor de Menores ad-hoc al Sr. Dr. Aureliano Silva N.

Arroyo C.

Proveyó y firmó el decreto que precede el señor Alberto Arroyo, Alcalde tercero Cantonal. Quito, Agosto treinta de mil novecientos veinte, a las once y media de la mañana.- El Escribano,

Mesías

En Quito, a treinta de Agosto de mil novecientos veinte, a las once y tres cuartos de la mañana, fuera de la Oficina, cité el escrito y decreto que preceden, al señor Dr. Aureliano Silva N., Defensor de menores, y además todas las diligencias que preceden, quien dijo que se conformaba con el asesor nombrado y que fir el testigo. Doy fe.

Tgo. Muñoz Mesías.

Quito, a 30 de Agosto de 1.920, las 12. m

Señor Alcalde: Puede Ud. acceder a la petición de fs. primera, por cuanto con la información que precede, se ha justificado la necesidad en que se encuentran la señora Adelina V. de Gachet y sus hijos menores Rosa Adelina e Hipólito Gachet Vaca de enajenar la casa y terreno que poseen en la parroquia de Aloag. más, la enajenación deberá llevarse a cabo en la forma legal ~~prescrita en el art. 882 del Código de Procedimiento en materia civil~~. Lo testado no corre - entrelíneas - legal - vale

Aureliano Silva R.

Quito, Agosto 30 de 1920 las dos de la ta

Vistos: Teniendo en cuenta la información sumaria que se ha rendido y la vista favorable del señor Defensor de menores, "Administrando Justicia en nombre de la República y por autoridad de la Ley". Se autoriza a la peticionaria Adelina Vaca v. de Gachet para que enajene la casa y terreno que pertenecen a sus hijos menores Rosa Adelina e Hipólito Gachet Vaca; casa y terrenos a que se refiere la solicitud de fojas 1ª.

Alberto Muñoz C. A. Cueva

Quinientos ochenta y cinco 585

Proveyó y firmó la sentencia que precede el señor Alberto Arroyo, Alcalde tercero Cantonal. Quito, a treinta de Agosto de mil novecientos veinte, a las tres de la tarde.-El Escribano,

Luis F. Mesías

En Quito] a treinta de Agosto de mil novecientos veinte, a las tres y cuarto de la tarde, dentro de la Oficina, cité la sentencia que precede, a la señora Adelina v. de Gachet, quien conformándose con la aludida providencia dijo que firmara el testigo. Doy fe

Tgo. Muñoz L.C. Mesías

En Quito, a treinta de Agosto de mil novecientos veinte, a las tres y media de la tarde, fuera de la Oficina, cité la sentencia que precede al señor Dr. Aureliano Silva N. Defensor de menores ad-hoc en esta causa y dijo que firmara el testigo. Doy fe.

Tgo. Muñoz L.C. Mesías

Quinientas ochenta y seis

Isaac Molina, Anotador de Hipotecas del Cantón Mejía, con el juramento de estilo, certifico: Que registrados los libros de inscripciones hipotecarias que comprenden el archivo de esta Oficina, desde su creación hasta la presente fecha, para ver los gravámenes especiales que afecten a los predios "Santa Rosa", "El Placer", "Pilopicho" y una casa y terreno adyacentes situados en la parroquia de Alóag de propiedad de los menores Rosa Edelina y José Hipólito Gachet, que los adquirieron por adjudicación que se les hizo, por su haber hereditario, en la hijuela divisoria de los bienes dejados por su finado padre señor Don Augusto Gachet, protocolizada en la Ciudad de Quito el veintidós de Junio de mil novecientos diecisiete ante el señor Alcalde segundo Municipal por el Partido señor Doctor José Cornelio Arcos con intervención del Escribano señor Luis Fernando Muñoz, cuya primera copia se halla con la razón de inscripción. Por todos estos datos se vé que los mencionados inmuebles se encuentran libres de todo gravámen hipotecario. Se hace constar que estando los referidos bienes en proindivisión se han embargado las acciones y derechos correspondientes en el predio "Santa Rosa", que pertenecían a la señora Adelina Vaca Viuda de Gachet, madre de los expresados actuales dueños, en la ejecución seguida por la señora Balvina Paredes, según aparece de la correspondiente inscripción que obra a fojas ochenta y seis del libro respectivo, en fecha ocho de febrero de mil novecientos diecinueve; así mismo estando pro indivisos los dichos bienes de la sucesión del señor Augusto Gachet, el Juez segundo Civil de la parroquia de Alóag, a petición de Sebastián Curicama ha declarado en interdicción definitiva las acciones y derechos pertenecientes a la precitada señora Adelina Vaca Viuda de Gachet en el terreno "Pilopicho". Igualmente existe embargo de las acciones y derechos constituidos de la casa y terreno, en la ejecución que por dinero ha seguido el señor José Enríquez Mejía, contra la misma Vaca na Vaca Viuda de Gachet, como se ve de la inscripción practicada el treinta de abril de mil novecientos quince.

Lo expreso a petición verbal del interesado señor José Hipólito Gachet, para los fines que le convenga.

Machachi, agosto 26 de 1920.

Jaime Molina

Quinientos ochenta y siete 587

El Colector Fiscal del Cantón Quito

CERTIFICA:

Que en el libro de Alcabalas de este mes, se encuentra la partida siguiente:

INGRESO: cuarenta y seis sucres *consignados por el Escribano señor* Luis F. Mesías, *por el impuesto de alcabala, deducido el 2% de la suma de* dos mil trescientos sucres *en que* Adelina Vaca v. de Gachet *vende á* José María León G. parte de casa y dos terrenos Santa Rosa y Palo-apicho situados en la parroquia Aloag.

La consignación se hizo con aviso Nº 173

Quito, a 30 *de* Agosto *de* 1920

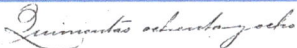

Quinientos ochenta y ocho 588

El Colector Fiscal del Cantón Quito

CERTIFICA:

Que en el libro de Alcabalas de este mes, se encuentra la partida siguiente:

INGRESO: once sucres cincuenta centavos *consignados por el Escribano señor* Luis F. Mesías, *por el impuesto de alcabala, deducido el 2 % de la suma de* dos mil trescientos sucres *en que* Adelina Baca v. de Gachet *vende a* José María León G. parte de casa y los terrenos Santa Rosa y Pato-apicho situados en la parroquia Aloag.

La consignación se hizo con aviso Nº 173

Quito, a 30 *de* Agosto *de* 1920

Quinientos ochenta y nueve 589

El Colector Fiscal del Cantón Quito

CERTIFICA:

Que en el libro de Alcabalas de este mes, se encuentra la partida siguiente:

INGRESO: treinta sucres *consignados por el Escribano señor* Luis F. Mesías, *por el impuesto de alcabala, deducido el 2 % de la suma de* mil quinientos sucres *en que* Adelina Baca v. de Gachet *vende a* José Antonio Gallardo (hijo) parte de casa y el terreno denominado "El Placer" situado en la parroquia Aloag

La consignación se hizo con aviso Nº 174

Quito, a 30 *de* Agosto *de* 1920

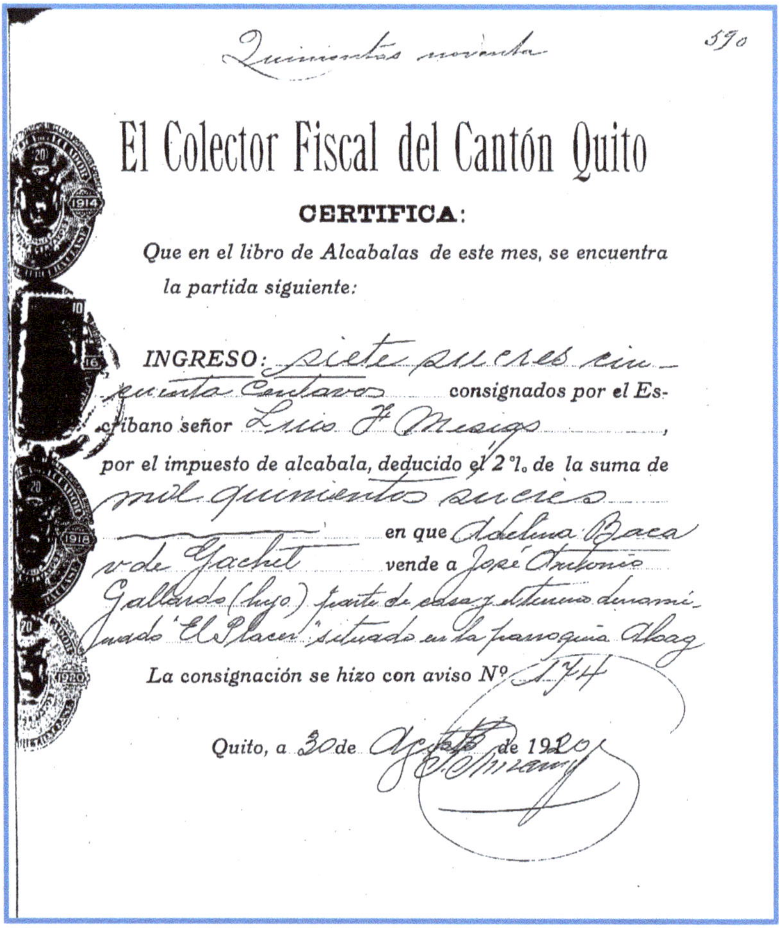

Quinientos noventa 590

El Colector Fiscal del Cantón Quito

CERTIFICA:

Que en el libro de Alcabalas de este mes, se encuentra la partida siguiente:

INGRESO: siete sucres cincuenta centavos *consignados por el Escribano señor* Luis F. Mesías,

por el impuesto de alcabala, deducido el 2 % de la suma de mil quinientos sucres *en que* Adelina Baca v. de Gachet *vende a* José Antonio Gallardo (hijo) parte de casa y terreno denominado "El Placer" situado en la parroquia Alag

La consignación se hizo con aviso Nº 174

Quito, a 30 *de* Agosto *de* 1920

24 1920-08-30 ROSA GACHET-JOSE ANTONIO GALLARDO-Venta parte de casa y terreno El Placer-NOT2

de que doy fe, acepta esta escritura, para cuyo otorgamiento se observaron los preceptos legales del caso; y leída que les fue a los comparecientes, por mí el Escribano, en presencia de los testigos que concurrieron en unidad de acto, se ratifican, me facultan para hacer inscribir, y firman conmigo y con dichos testigos que son los señores Ramón José Bucheli, Eliecer Montalvo y Nicolás Alejandro Jaramillo Freire, de este vecindario y mayores de edad, a quienes conozco, de que doy fe.–

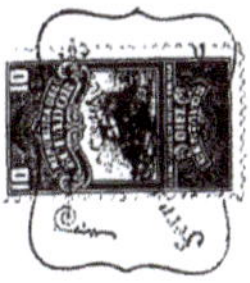

Amador Guerrero   Rosa Donoso v. de Uzcátegui

Ramón J. Bucheli   Eliecer Montalvo

N. Alejandro Jaramillo F.   El escribano Fernando Solís F.

Mutuo
Gachet Augusto
a/f.
Eufemia Portilla
S/.600
Di copia

En la ciudad de Quito, Capital de la República del Ecuador, a trece de Mayo de mil novecientos veintiuno, ante mí el Escribano Fernando Solís Flores y los testigos que suscriben, comparece el Señor Augusto Gachet, de este vecindario, soltero y mayor de edad, a quien conozco, de que doy fe, y dice: que ha recibido a mutuo de la Señorita Eufemia Portilla, la suma de seiscientos sucres, en dinero de buena ley, la misma que se obliga a devolverla, cumplido que sea el plazo de un año contado desde esta fecha, reconociendo desde hoy, y hasta la total cancelación del crédito, el interés del doce por ciento anual, pagadero por semestres adelantados.– Si el deudor dejare de pagar los intereses en las fechas correspondientes, o si por cualquier motivo se embargare todo o parte del inmueble que va a hipotecarse por esta escritura, la acreedora podrá dar por vencido el plazo, y exigir ejecutivamente el capital y los intereses, siendo suficiente prueba la simple afirmación que haga al respecto en el escrito de demanda.– El mutuario renuncia domicilio y el derecho de apelar en caso de juicio y se sujeta a la jurisdicción de los Jueces de este Cantón.– El pago del capital y de los intereses, hará el deudor en esta mil quinientas cincuenta y tres 1553

1583250

227249

ciudad, en la habitación de la acreedora, en dinero de buena ley, y de ningún modo en papel moneda ni en billetes de circulación forzosa, o que sufran descuento en el comercio, a no ser que abonase la diferencia que hubiere en la plaza a la época del pago, sea cual fuere la ley que rigiese al respecto, y en seguridad del capital, de los intereses y de las costas del juicio, si a ello diere lugar, hipoteca de un modo especial y señalado, y hasta la extinción del crédito, su casa situada en la parroquia de San Sebastián de esta ciudad, que la adquirió por compra, en remate, a Agustina Zoapanta, como consta del auto de adjudicación expedido el primero de Octubre de mil novecientos veinte, por el Juez primero Civil de la parroquia González Suárez, protocolizado el catorce de los mismos mes y año, en el Registro del Escribano Señor Luis Delfín Cevallos, y debidamente inscrito. - Los linderos de dicha casa son por la entrada, el camino que conduce a la Magdalena; por dos costados, la propiedad de Santos Tipán, y por el último, el terreno de Domitila Valles. Declara el otorgante que, como lo comprueba el certificado que se agrega, la casa hipotecada se halla libre de gravamen. Son de cuenta del deudor los gastos de esta escritura, su cancelación cuando llegue el caso, y los impuestos fiscales que gravan o gravaren en lo sucesivo los capitales a mutuo. - Presente la Señorita Eufemia Portilla, de este vecindario, soltera y mayor de edad, a quien conozco, de que doy fe, acepta esta escritura, para cuyo otorgamiento se observaron los preceptos legales del caso; y leída que les fue a los comparecientes por mí el Escribano, en presencia de los testigos que concurrieron en unidad de acto, se ratifican, me facultan para hacerla inscribir, y firman conmigo y con dichos testigos, que son los Señores Manuel Velasco, Carlos Rafael Pérez y José Zaldumbide, idóneos, de este vecindario y mayores de edad, a quienes conozco, de que doy fe.

[illegible] Eufemia Portilla

Manuel Velasco C. Rafael Pérez

José Zaldumbide [illegible]

Mutuo.
Moreno Julio Enr.
a fav. de la
Cía. de Préstamos
y Construcciones
s/. 6.000

Di 1ª copia

53

Cancelada el 1º Octubre 1936

cribano [signature: Fernando Ávila F.]

En la ciudad de Quito, Capital de la República del Ecuador, a catorce de mayo de mil novecientos veintiuno, ante mí el Escribano Fernando Avilés Flores y los testigos que suscriben, comparecen por una parte, el Señor Don Julio Enrique Moreno, por derecho propio, y por otra, el Señor Don Luis Napoleón Dillon, a nombre y en representación de la Compañía de Préstamos y Construcciones, en su calidad de Gerente, como lo acredita el nombramiento que me presenta y se inserta; ambos Señores comparecientes de este vecindario, casados y mayores de edad, a quienes conozco, de que doy fe, y dicen: que elevan a escritura pública el contenido de la minuta que me entregan, cuyo tenor es el siguiente.- Señor Escribano: Sírvase Usted extender en su Registro de escrituras públicas, una de la cual conste el contrato celebrado entre la Compañía de Préstamos y Construcciones, representada por su Gerente Señor Don Luis Napoleón Dillon, y el Señor Don Julio Enrique Moreno, de acuerdo con las cláusulas siguientes. Primera.- El Señor Don Julio Enrique Moreno, declara haber recibido de la Compañía de Préstamos y Construcciones, la suma de seis mil sucres, en moneda de buena ley, a su entera satisfacción, y sin lugar a reclamo alguno. Segunda.- El deudor se obliga a devolver esta suma en el término de quince años, que empezarán a correr desde el primero de Enero de mil novecientos veintiuno, en treinta dividendos semestrales e iguales de cuatrocientos ochenta y tres sucres cincuenta y dos centavos cada uno, que serán pagados con exactitud, el primero de los meses de Enero y Julio de cada año.- El primer dividendo se calculará al primero de Enero de mil novecientos veintiuno. En caso de mora en el pago de los dividendos por más de ocho días, el deudor abonará el interés del uno por ciento mensual, en cada uno de los dividendos cuyo pago retardare, y constituido en mora el deudor, por más de sesenta días, sin necesidad de requerimiento judicial se dará por resuelto el contrato, y el mutuario pagará inmediatamente, no sólo el valor de la deu mil quinientos cincuenta y cuatro 1.554

0306056

171556

Pedro Pallares

Arteta,

Anotador de Hipotecas de este Cantón, certifica en la forma legal: que registrados los libros de la Oficina de Inscripciones desde el año de mil ochocientos noventa hasta la presente fecha, para ver los gravámenes especiales que afecten a la casa situada en la parroquia de San Sebastián de propiedad del señor Augusto Gachet, que la compró en remate a Agustina Morales Tocapanta, esposa que fué de José Santos Joachamín, el catorce de Octubre de mil novecientos veinte, habiendo ambos edificado en el terreno comprado a Santos Tipán y su mujer Juana Chanca el ocho de Noviembre de mil novecientos nueve, éstos, en mayor extensión, a Manuel Antonio Cabezas el tres de Marzo de mil novecientos ocho, formaba parte del que éste adquirió por adjudicación hecha en la hijuela divisoria de los bienes dejados por Victoria Guerrero de Cabezas el veintisiete de Julio de mil novecientos seis, quien lo hubo hace más de treinta años; se encuentra por estos datos suministrados por el interesado.

A fojas 53 número 214 del Registro de Hipotecas y Gravámenes de 3ª clase, Tomo 51º una inscripción de la cual consta que Agustina Tocapanta vende por remate al señor Augusto Gachet la casa arriba expresada en la su mo de mil setecientos sucres (1700) pagaderos mil sucres de contado y el resto con el plazo de tres meses, al interés legal é hipoteca de la misma casa rematada; según lo manifiesta las escrituras públicas otorgadas ante el Escribano señor Luis D. Cevallos el primero y siete de Octubre de mil novecientos veinte é inscritas el dieciséis.

También se hace constar que la referida casa no está embargada ni prohibida de enajenar, cuya busca se ha hecho al mismo por treinta años.

Ds. $3,25

Es el único gravamen que aparece de los mencionados libros.- Quito, Mayo veintiuno de mil novecientos veintiuno á las diez y media p. m.

Por el Anotador,
El Encargado, M. Guarderas

Oficina de Anotaciones é Inscripciones
Cantón Quito

El infrascrito Anotador certifica: que en esta fecha se canceló en los Registros de esta Oficina la hipoteca constante del presente certificado quedando en consecuencia la referida casa libre de gravamen.

Ds. 0,75

Fecha ut supra
Por el Anotador, el Encargado, M. Guarderas

25 1921-05-13 ACG AUGUSTO GACHET-EUFEMIA PORTILLA-Prestamo con hipoteca casa en San Sebastián-NOT4

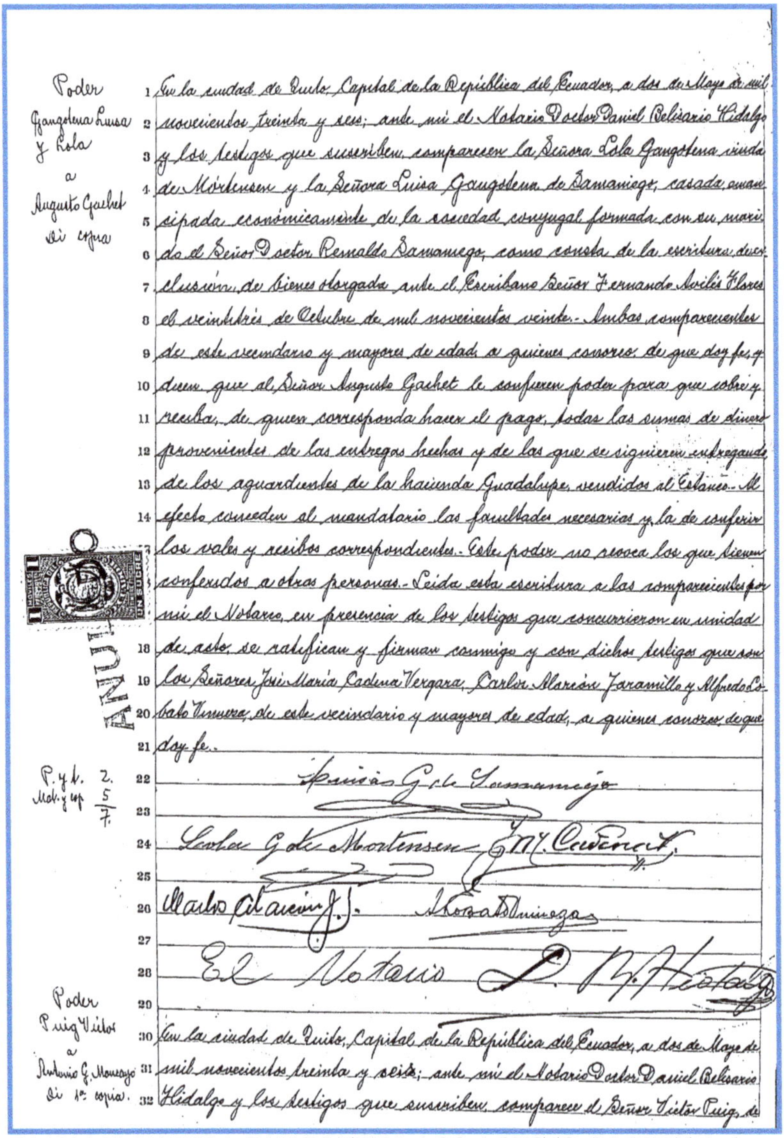

Poder
Gangotena Luisa
y Lola
a
Augusto Gachet
Di copia

En la ciudad de Quito, Capital de la República del Ecuador, a dos de Mayo de mil novecientos treinta y seis; ante mí el Notario Doctor Daniel Belisario Hidalgo y los testigos que suscriben, comparecen la Señora Lola Gangotena viuda de Mórtensen y la Señora Luisa Gangotena de Samaniego, casada, emancipada económicamente de la sociedad conyugal formada con su marido el Señor Doctor Reinaldo Samaniego, como consta de la escritura de exclusión de bienes otorgada ante el Escribano Señor Fernando Avilés Flores el veintitrés de Octubre de mil novecientos veinte.- Ambas comparecientes de este vecindario y mayores de edad a quienes conozco de que doy fe, y dicen que al Señor Augusto Gachet le confieren poder para que cobre y reciba, de quien corresponda hacer el pago, todas las sumas de dinero provenientes de las entregas hechas y de las que se siguieren entregando de los aguardientes de la hacienda Guadalupe, vendidos al Estanco.- Al efecto conceden al mandatario las facultades necesarias y la de conferir los vales y recibos correspondientes.- Este poder no revoca los que tienen conferidos a otras personas.- Leída esta escritura a las comparecientes por mí el Notario, en presencia de los testigos que concurrieron en unidad de acto, se ratifican y firman conmigo y con dichos testigos que son los Señores José María Cadena Vergara, Carlos Alarcón Jaramillo y Alfredo Cobato Vinueza, de este vecindario y mayores de edad, a quienes conozco, de que doy fe.

UN SUCRE

ANUL

P. y t. 2.
Mat. y cop. 5
7.

Luisa G. de Samaniego

Lola G. de Mortensen J. M. Cadena V.

Carlos Alarcón J. [illegible]

El Notario D. B. Hidalgo

Poder
Puig Víctor
a
Antonio G. Moncayo
Di 1a copia.

En la ciudad de Quito, Capital de la República del Ecuador, a dos de Mayo de mil novecientos treinta y seis; ante mí el Notario Doctor Daniel Belisario Hidalgo y los testigos que suscriben, comparece el Señor Víctor Puig, de

26 1936-05-02 LUISA GANGOTENA-ACG AGUSTO GACHET-Poder-NOT4 (1)

Pedro Pablo Gaune — Manuel M. de la Torre

Jaime Prado

El Notario
Olmedo del Pozo

Rec. y acep.
Gachet Rosa
a favor de
Rosa Orfelina Gachet
Di 1a. copia

En la ciudad de Quito, Capital de la República del Ecuador, a diez y seis de Diciembre de mil novecientos cuarenta y siete, ante mi el Notario doctor Olmedo del Pozo y los testigos que suscriben, compareció la señorita Rosa ~~Chauvet, soltera,~~ Gachet, divorciada, vecina de este lugar y mayor de edad, a quien conozco de que doy fé, y dice: que el veintisiete de Enero de mil novecientos veintitrés, en la parroquia San Sebastián de esta ciudad, nació una niña, a quien se le puso el nombre de Rosa Orfelina; que, como dicha Rosa Orfelina ~~Chauvet~~ Gachet es su hija ilegítima, a fin de que pueda gozar de los derechos que le concede la ley, tiene a bien por el presente instrumento, reconocerle como a su hija ilegítima, debiendo por lo mismo inscribirle con el apellido de ~~Chauvet~~ Gachet. Presente la señorita Rosa ~~Orf~~ Orfelina ~~Chauvet~~ Gachet, soltera, vecina de este lugar y mayor de edad, a quien también conozco de que doy fé, y dice: que para entrar en el goce de los derechos que le concede la ley, acepta el reconocimiento que de hija ilegítima le ha hecho por este instrumento su madre señorita Rosa ~~Chauvet~~ Gachet. Leída que ha sido a los comparecien-

2 4672

NO. B 55691

TIMBRE SANIDAD CENTAVOS

te, por mi el Notario, en presencia de los testigos que concurrieron en unidad de acto, se ratifican y firman conmigo y con dichos testigos, que son los señores Pedro Pablo Guerra, Manuel María de la Torre y Jaime Poveda, de este vecindario, mayores de edad, idóneos y conocidos por mi, de todo lo cual, doy fé. Testado-Chavet, soltera-Chavet Oref-Chavet-Chavet-No corre. Entrelíneas-Gachet divorciada-Gachet-Gachet-Gachet-Gachet-Vale. OA

x Rosa O. Gachet V x Rosa O Gachet

Pedro Pablo Guerra Jaime Poveda

Manuel Mª de la Torre

El Notario. Olmedo del Pozo

Cancelación
Caja de Pensiones a
favor de
Alfredo Monge.
Por $ 7.200,87
D. 1-a. copia

En la ciudad de Quito, Capital de la República del Ecuador, a diez y seis de Diciembre de mil novecientos cuarenta y siete, ante mí el Notario doctor Olmedo del Pozo y los testigos que suscriben, comparece el señor Licenciado don José Roberto Páez, casado, a nombre y en representación de la Caja de Pensiones, en su carácter de Gerente, como lo demuestra el nombramiento que en copia se agrega, vecino de este lugar y mayor de edad, a quien conozco de que doy fé, y dice: Que por escritura otorgada en la ciudad de Riobamba el treinta de Noviembre de mil novecientos treinta y siete, ante el Notario Antonio Betancourt Orozco, la Caja de Pensiones dió a mutuo al señor doctor Alfredo Monge, la suma de siete mil doscientos sucres ochenta y siete cen-

27 1947-12-16 ROSA GACHET-ROSA ORFELINA GACHET-Reconocimiento-NOT2

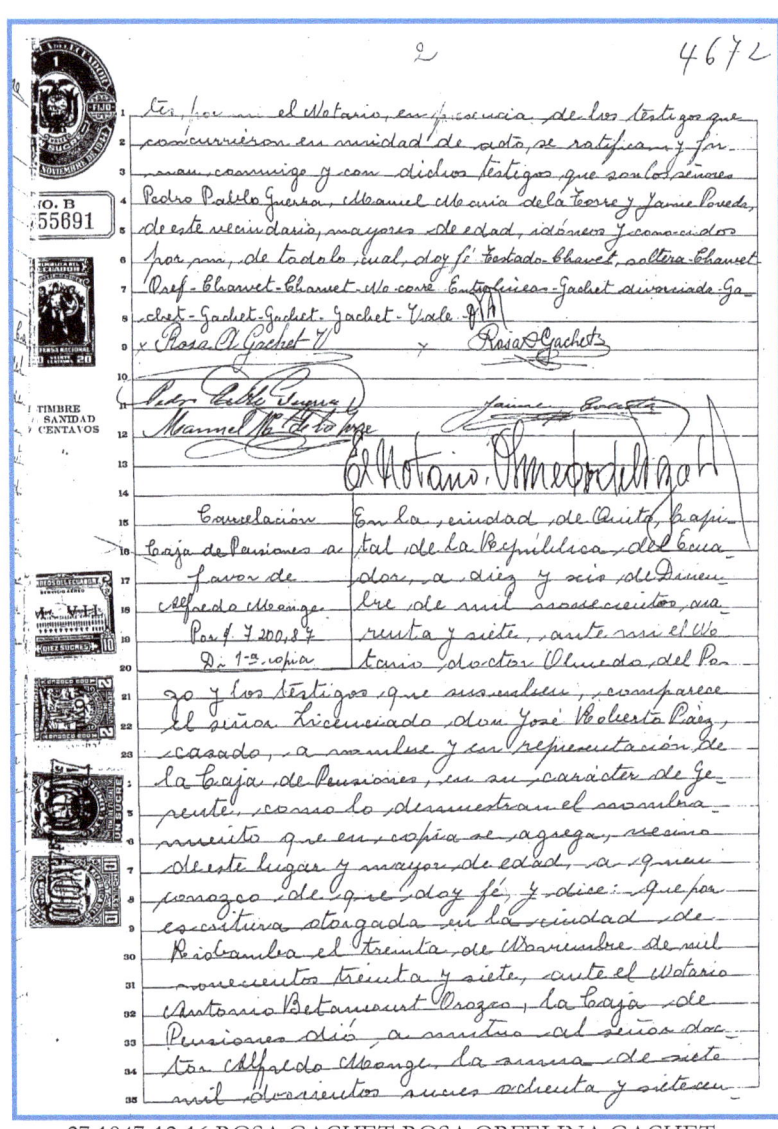

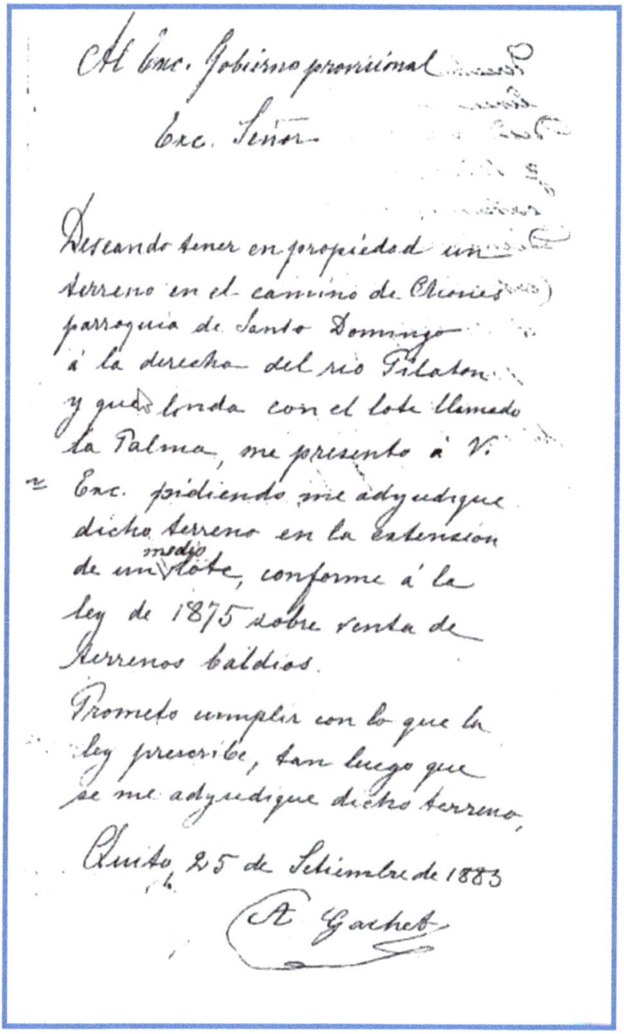

Al Exc. Gobierno provisional

Exc. Señor

Deseando tener en propiedad un terreno en el camino de Chones parroquia de Santo Domingo á la derecha del rio Pilaton y que linda con el lote llamado la Palma, me presento á V. Exc. pidiendo me adjudique dicho terreno en la extension de un medio lote, conforme á la ley de 1875 sobre venta de terrenos baldios.

Prometo cumplir con lo que la ley prescribe, tan luego que se me adjudique dicho terreno.

Quito, 25 de Setiembre de 1883

A. Gachet

De todos los documentos enviados este sería el único en el que no solo es la firma de JAG sin que el texto del documento se entienda que es de su puño y letra.

Esto sería lo relevante de este documento. Es el único que tenemos con un texto escrito por él, no solo la firma como en otros.

Es sacado del documento del 10-12-1883 en que solicita se le adjudique el medio lote de 10ha La Loma. Xavier Gachet.

The Ancient Arms of
Gachet

El Autor

“Soldado equilibra carrera, educación para triunfar”

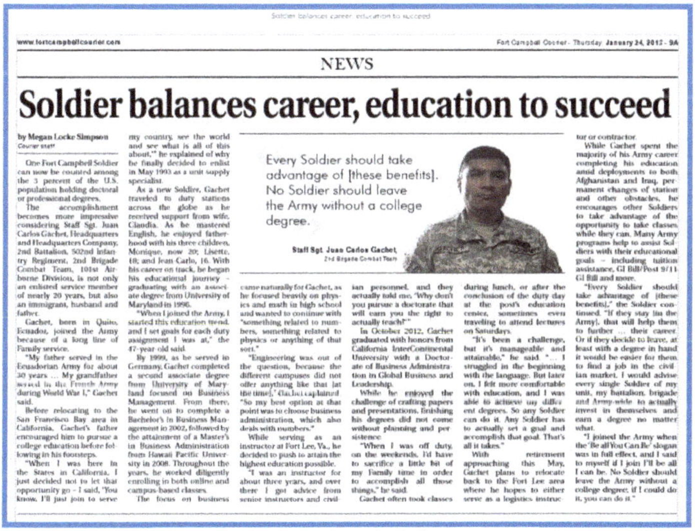

Soldier balances career, education to succeed

www.fortcampbellcourier.com — Fort Campbell Courier - Thursday January 24, 2013 - 9A

NEWS

Soldier balances career, education to succeed

by Megan Locke Simpson
Courier staff

One Fort Campbell Soldier can now be counted among the 3 percent of the U.S. population holding doctoral or professional degrees.

The accomplishment becomes more impressive considering Staff Sgt. Juan Carlos Gachet, Headquarters and Headquarters Company, 2nd Battalion, 502nd Infantry Regiment, 2nd Brigade Combat Team, 101st Airborne Division, is not only an enlisted service member of nearly 20 years, but also an immigrant, husband and father.

Gachet, born in Quito, Ecuador, joined the Army because of a long line of Family service.

"My father served in the Ecuadorian Army for about 30 years … My grandfather served in the French Army during World War I," Gachet said.

Before relocating to the San Francisco Bay area in California, Gachet's father encouraged him to pursue a college education before following in his footsteps.

"When I was here in the States in California, I just decided not to let that opportunity go - I said, 'You know, I'll just join to serve my country, see the world and see what is all of this about,'" he explained of why he finally decided to enlist in May 1993 as a unit supply specialist.

As a new Soldier, Gachet traveled to duty stations across the globe as he received support from wife, Claudia. As he mastered English, he enjoyed fatherhood with his three children, Monique, now 20; Lisette, 18; and Jean-Carlo, 16. With his career on track, he began his educational journey - graduating with an associate degree from University of Maryland in 1996.

"When I joined the Army, I started this education trend, and I set goals for each duty assignment I was at," the 47-year old said.

By 1999, as he served in Germany, Gachet completed a second associate degree from University of Maryland focused on Business Management. From there, he went on to complete a Bachelor's in Business Management in 2002, followed by the attainment of a Master's in Business Administration from Hawaii Pacific University in 2008. Throughout the years, he worked diligently enrolling in both online and campus-based classes.

The focus on business came naturally for Gachet, as he focused heavily on physics and math in high school and wanted to continue with "something related to numbers, something related to physics or anything of that sort."

"Engineering was out of the question, because the different campuses did not offer anything like that [at the time]," Gachet explained. "So my best option at that point was to choose business administration, which also deals with numbers."

While serving as an instructor at Fort Lee, Va., he decided to push to attain the highest education possible.

"I was an instructor for about three years, and over there I got advice from senior instructors and civilian personnel, and they actually told me, 'Why don't you pursue a doctorate that will earn you the right to actually teach?'"

In October 2012, Gachet graduated with honors from California InterContinental University with a Doctorate of Business Administration in Global Business and Leadership.

While he enjoyed the challenge of crafting papers and presentations, finishing his degrees did not come without planning and persistence.

"When I was off duty, on the weekends, I'd have to sacrifice a little bit of my Family time in order to accomplish all those things," he said.

Gachet often took classes during lunch, or after the conclusion of the duty day at the post's education center, sometimes even traveling to attend lectures on Saturdays.

"It's been a challenge, but it's manageable and attainable," he said. "… I struggled in the beginning with the language. But later on, I felt more comfortable with education, and I was able to achieve my different degrees. So any Soldier can do it. Any Soldier has to actually set a goal and accomplish that goal. That's all it takes."

With retirement approaching this May, Gachet plans to relocate back to the Fort Lee area where he hopes to either serve as a logistics instructor or contractor.

While Gachet spent the majority of his Army career completing his education amid deployments to both Afghanistan and Iraq, permanent changes of station and other obstacles, he encourages other Soldiers to take advantage of the opportunity to take classes while they can. Many Army programs help to assist Soldiers with their educational goals – including tuition assistance, GI Bill/Post 9/11 GI Bill and more.

"Every Soldier should take advantage of [these benefits]," the Soldier continued. "If they stay [in the Army], that will help them to further … their career. Or if they decide to leave, at least with a degree in hand it would be easier for them to find a job in the civilian market. I would advise every single Soldier of my unit, my battalion, brigade and Army-wide to actually invest in themselves and earn a degree no matter what.

"I joined the Army when the 'Be all You Can Be' slogan was in full effect, and I said to myself if I join I'll be all I can be. No Soldier should leave the Army without a college degree; if I could do it, you can do it."

Every Soldier should take advantage of [these benefits]. No Soldier should leave the Army without a college degree.

Staff Sgt. Juan Carlos Gachet,
2nd Brigade Combat Team

Tomado de *Fort Campbell Courier*, 2013.

Uno de los soldados de Fort Campbell ya cuenta como parte del 3 por ciento de la población estadounidense que posee doctorados o títulos profesionales.

Este logro es aún más impresionante considerando que el Sgto. Juan Carlos Gachet, de la Compañía del Cuartel General, 2o Batallón, 502o Regimiento de Infantería, 2a Brigada de Combate, 101a División Aérea, no es solamente un miembro enlistado del servicio militar de casi 20 años, pero también un inmigrante, esposo y padre.

Gachet, oriundo de Quito-Ecuador, se enlistó en las filas del Ejército por tradición militar de su familia.

"Mi padre sirvió en el Ejército Ecuatoriano por casi 30 años... Mi abuelo sirvió en el Ejército Francés durante la Primera Guerra Mundial". Dijo Gachet.

Antes de establecerse en el Área de la Bahía de San Francisco en California, el padre de Gachet le motivó a que continúe con su educación universitaria antes de seguir sus pasos.

"Cuando estaba ya en Los Estados en California, decidí no desperdiciar esa oportunidad, me dije, me enlistaré para servir mi país de residencia, ver el mundo y saber de qué se trata", explicó la razón por la cual finalmente decidió enlistarse en mayo de 1993 como especialista de logística.

Como nuevo integrante, Gachet viajó a bases militares en diversas partes del mundo con el apoyo de su esposa Claudia. Aprendiendo y dominando el idioma Inglés, disfrutó como padre con sus tres hijos, Monique de 20; Lisette de 18; y Jean-Carlo de 16 en la actualidad. Con su carrera establecida, empezó a recorrer el sendero educativo graduándose con un título asociado de la Universidad de Maryland en 1996.

"Cuando me enlisté en las filas del Ejército, empecé con este afán educativo y establecí objetivos para cada puesto que pasé", dijo el hombre de 47 años.

Por el año de 1999, durante su paso por Alemania, Gachet completó su segundo título asociado de la Universidad de Maryland enfocado en Administración de Empresas. Luego, adquirió la Licenciatura en Administración de Empresas en el 2002, seguido por el Magíster en Administración de Empresas con la Universidad de *Hawaii Pacific* en el 2008. A través de los años, trabajó diligentemente matriculándose en clases virtuales y tradicionales.

Administración de Empresas fue algo natural para Gachet, ya que su concentración principal era en Física y Matemáticas durante la vida colegial y decidió continuar con "algo relacionado con los números, Física o algo al respecto". "La Ingeniería quedó descartada, ya que los diferentes centros educacionales no ofrecían algo similar en aquella época", lo manifestó Gachet. "Por lo tanto mi mejor opción fue escoger Administración de Empresas, la cual también tiene que ver con números".

Durante su trabajo como instructor en Fort Lee, Va., tuvo que ver con el empuje de obtener lo máximo posible en educación.

"Fui instructor por casi tres años, y allí otros instructores más experimentados y personal civil me habían manifestado por qué no continuas con el doctorado que te daría pleno derecho a enseñar".

En octubre del 2012, Gachet se graduó con honores en la Universidad de California Intercontinental con un Doctorado en Administración de Empresas en Comercio Internacional y Liderazgo.

Al disfrutar el desafío terminando tareas y preparando presentaciones, la culminación de sus títulos no llegó sin planificación y persistencia.

"Cuando estaba libre durante los fines de semana, tenía que sacrificar un poco de tiempo con la familia para lograr todas estas cosas", manifestó.

Gachet a menudo tomó clases durante la hora de almuerzo, o después de la conclusión del día de trabajo en el centro educativo de la base donde estaba acantonado, a veces inclusive viajando a otros lugares para asistir a lecturas los sábados.

"A sido un desafío, pero posible de obtenerlo", lo manifestó. Al principio tuve estragos con el idioma, pero luego, me sentí más tranquilo con la educación, y pude lograr mis diferentes títulos. Por lo tanto, cualquier soldado lo puede lograr. El soldado tiene que en realidad ponerse un objetivo y lograr dicho objetivo. Eso es todo.

Cuando Gachet paso la mayor parte de su carrera militar completando su educación en medio de movilizaciones tanto a Irak como Afganistán, cambios permanentes de bases y otros obstáculos, el motiva a otros soldados a que aprovechen de las oportunidades de tomar clases cuando puedan. Muchos programas del Ejército ayudan a los soldados con sus objetivos educativos - incluyendo ayuda financiera por los diferentes cursos, *GI Bill, Post 9/11 GI Bill* y más.

"Todo soldado tiene que aprovechar de estos beneficios," continuó el militar". Si ellos permanecen en el Ejército, eso les ayudara para avanzar... en su carrera. O si deciden salir, por lo menos con un título en mano será más fácil encontrar un empleo en el mercado laboral civil. Aconsejaría a cada soldado de mi unidad, de mi batallón, brigada y todo el Ejército, a invertir en ellos y obtener un título sin importar lo que sea".

"Me enlisté en las filas del Ejército cuando el eslogan de 'Se Todo lo que Puedes Ser' estaba en pleno auge, y me dije si me enlisto seré todo lo que pueda ser. Ningún soldado tiene que salir del Ejército sin un título universitario; si yo lo pude, tú lo puedes". (Megan Locke Simpson, 2013).

elcomercio.com

ECUATORIANOS EN EL MUNDO

Saludos desde Afganistán

Saludos a mi familia y amigos en Hawai, California, España, Alemania y Ecuador. Mi nombre es Juan Carlos Gachet. Estoy sirviendo en: "Operation Enduring Freedom", en Afganistán.

Nuestra misión en este rincón del Medio Oriente es apoyar a la nueva democracia y erradicar el terrorismo mundial. Soy originario de Quito, Ecuador. Me mudé a los Estados Unidos e ingresé al ejército americano hace unos años.

Mi movimiento en Afganistán comenzó desde Schofield Barracks, Hawai, en donde estoy asignado por un periodo de tres años. Nuestro reencuentro con esposa e hijos en la Isla de Oahu esta planeado para finales de abril del presente, después de doce arduos meses de trabajo bajo el infernal sol del verano y las bajas temperaturas en el invierno, como las actuales.

Recordando siempre mi Ecuador querido me despido esperando que todos se encuentren bien y no dejen de pedir a la Virgencita del Quinche por el pronto regreso a nuestros respectivos hogares para gozar nuevamente del calor de la familia que tanta falta nos hace.

JUAN CARLOS GACHET

Miércoles, 26 de Enero del 2005

Tomado de El Comercio, 2005.

HPU TODAY
HAWAI'I PACIFIC UNIVERSITY

... Sweet Hearts Patisserie in Annapolis, Md. The shop specializes in cookies, cupcakes, cake pops and other desserts, and is especially known for their salted caramel French Macarons.

2007

Tessa Bodell (BA Advertising and Public Relations) has joined SmithGifford, an award-winning, full service advertising agency in the Washington, D.C. area, as social media account manager. Tessa will serve as the account manager on key accounts of the agency, including Inova, Lindsay Automotive, Middleburg Bank and National Geographic Museum.

Rebecca McElwain (MBA International Business) earned an MA in Strategic Management from University of New South Wales, Australia Business. She was also promoted to Lieutenant Colonel in the U.S. Army, U.S. Central Command at MacDill Air Force Base, Tampa, Fla.

consultancy company with a head office in New York.

Christopher J. Wong (BSBA Management) was appointed to the board of directors of History Education Hawaii, Inc. this August. History Education Hawaii, Inc. is the officially recognized "Hawaii Council" of the National Council for History Education (NCHE).

2008

Staff Sgt. **Juan Carlos Gachet** (MBA) graduated with honors from California InterContinental University with a Doctorate of Business Administration in Global Business and Leadership.

2009

Courtney (MA Diplomacy and Military Studies) and **Ivan** (BA Economics '01) **Sogai** and sons Kawena and Kanoa welcomed baby Hoku to their ohana on Aug. 31.

Hawaii Operation Homefront, assisting military families and wounded warriors on O'ahu.

Former Student Government President and new U.S. Diplomat **Patrick Branco** (BA International Relations) encouraged incoming freshmen to become involved and make the most of their college experience. His message to students at the New Student Orientation Candle Lighting Ceremony: "As you begin your college careers, be brave, try new things, meet new people, and experience life.... College is a time to discover your passions and develop a discerning palette. The only way to do that is not to be cautious but to be brave. My biggest recommendation to you is to intern, to volunteer and to get involved."

Michael Fairall (MA Diplomacy and Military Studies), founder and owner of Mokulua High Performance building, an affordable sustainable-focused general contracting company in

selling and implementing information technology systems to healthcare organizations throughout the world.

2011

Modern Weddings Hawaii: The Definitive Guide for Hawaii Brides officially opened the doors to their North Pauahi Street office in Honolulu on July 2, 2012. Three of the five employees are HPU graduates.

(From left) **Ginger Fenna**, Director of Operations (BSBA '00, MBA '04), **Sarah Martin**, Sales & Marketing (BSBA '09, MBA '11), Morgan Childs, Creative Director, **Chelsea Rissmiller**, Web Developer (MA '11) and Sara Lynn Burnett, Editorial.

22 HPU TODAY

Fuente: *HPU Today, Spring 2013.*

Compañeros de clase en HPU.

Conferencia Estudiantil de HPU
en Washington D.C., 2015.

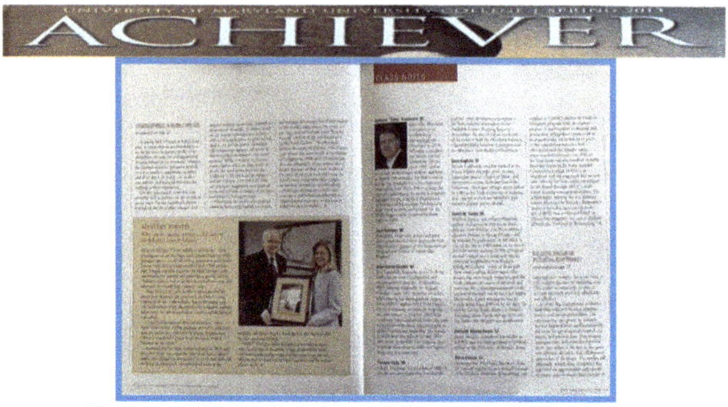

Fuente: *UMUC Achiever Magazine, Spring 2013.*

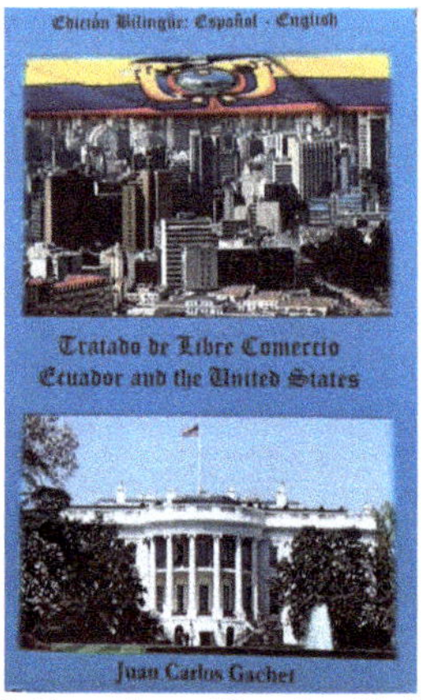

TLC: Ecuador y Estados Unidos.
Publicación. Septiembre, 2015.

Instituto Nacional Mejía
Anécdotas de los Compañeros de Siempre
Juan Carlos Gachet

INM: Anécdotas.
Publicación. Octubre, 2020.

California Intercontinental University, Clase del 2012

6 de octubre, 2012.
Estimado Juan:
"Permítame felicitarlo por su excelente presentación de la mañana del viernes pasado. Estuvo muy informativa e interesante. Usted aprobó la Defensa Oral de manera ejemplar".
Muchos saludos.
Doctor Dennis Toutant, EdD Instructor.

Sólo el tres por ciento de los estadounidenses han logrado obtener títulos de doctorado o profesionales, lo que convierte a un soldado de Fort Campbell, el sargento. Juan Carlos Gachet en élite americana. Gachet, un soldado con 20 años de servicio militar es también un esposo, padre e inmigrante. Los logros del hombre de 47 años de edad no son sólo honorables, son prueba de que la educación está al alcance de todo el personal militar.

Gachet comenzó con su educación superior en la década de 1990, y se graduó de la Universidad de Maryland con un grado asociado. Estas metas tuvieron un efecto dominó rápido, y así Gachet completó un segundo grado asociado en 1999, esta vez en Administración de Empresas, y continuó su educación en dicho campo. Recibió su Licenciatura en Administración de Empresas en el 2002 y una Maestría en Administración de Empresas en el 2008.

Él atribuye su éxito a su propia determinación y al apoyo de su familia, así como también la asistencia económica proporcionada por el Ejército. Los sentimientos de Gachet son exactamente la razón por la que *Caluniversity* apoya a las tropas y motiva al personal militar a utilizar sus beneficios académicos del VA y *GI Bill* en nuestra universidad (Angelo Lioudakis, 2014).

Cotopaxi. Noviembre, 2019.

Around this time last year, a group of tourists from the United States, Germany and Canada got together to climb Cotopaxi, an active stratovolcano in the Andes Mountains. Among them was J.C. Gachet of Chesterfield. He was able to realize his dream of climbing the second-highest summit in Ecuador, with a leg up from the Observer, of course.

Fuente: *Chesterfield Observer, December 2, 2020.*

Por esta época del año, un grupo de turistas de Estados Unidos, Alemania y Canadá subieron al Cotopaxi, un estrato volcán activo de Los Andes. Con ellos J.C. Gachet de Chesterfield. Llevó a cabo su sueño de escalar la segunda montaña más alta de Ecuador, con ayuda del *Observer*, por supuesto.

Tradición Militar

Juan Carlos Gachet Castro, oriundo de Quito, Ecuador, se enlistó en el Ejército debido a una gran tradición familiar de servicio y aventura militar. Su padre, Juan Edmundo Gachet Valencia, sirvió en el Ejército Ecuatoriano por 28 años.

Durante la Primera Guerra Mundial, Francia enlistó en sus filas a todos los primogénitos de los ciudadanos franceses y por lo tanto Augusto Gachet viajó a Europa y fue parte de esta conflagración mundial. En aquel entonces Philippe Pétain estaba al mando de su unidad militar.

Servicio Activo: 1993-2013.

Originario de Quito, Ecuador. Completó el entrenamiento básico en Fort Jackson, Carolina del Sur, y el entrenamiento individual avanzado en Fort Lee, Virginia. Después de su graduación, se le asignó la Especialidad Ocupacional Militar 92Y (Logística). Ejerció sus funciones en Italia, Alemania, Texas, Hawái, Virginia y Kentucky. Participó en dos frentes de combate, Irak y Afganistán en dos ocasiones. Continuó su servicio civil en el Ministerio de Veteranos de Guerra en la sección Fiscal y actualmente es contratista de aviación militar en *Defense Logistics Agency* de Richmond, Virginia.

Experiencias en el Viejo Continente

Foto de *435 APS Rhein Main AB Germany*.

Llegué al Viejo Continente el 15 de septiembre de 1993 a Rhein Main *Air Force Base* en Frankfurt, Alemania. Mi primer destino fue el 21*st Replacement Batallion* donde realicé mis trámites de procesamiento. Allí permanecí hasta la mañana del 17. En esta instalación militar recibí nuevas órdenes para proseguir con destino a Pisa-Italia en un vuelo de Lufthansa, Sgto. Gunter fue mi compañero de viaje. El avión despegó a las 10:00 am, tuve la gran oportunidad de ver el sur de Alemania, Los Alpes, parte de la Riviera Italiana, hasta que finalmente llegó la hora del aterrizaje a las 11:00 am en el aeropuerto Galileo Galilei de la cuidad de Pisa.

En el aeropuerto estaban presentes: Capt. Vázquez, Tnte. Olson, el Primer Sgto. y Sgto. Martin quienes nos dieron una calurosa bienvenida, el clima estaba super caliente, el equipaje lo pusieron en una camioneta. Gunter y yo abordamos el automóvil conducido por Capt. Vázquez, quien nos dio una introducción de las costumbres italianas y la belleza de sus ciudades, hasta que llegamos al famoso *Camp Darby*, lugar de nuestro destino final por el lapso de tres años.

Los primeros personajes que conocí en esta base fueron: Ketelson, Morrison, Rinehart, Foessler, Teagardner, Herrington y Fanin. Todos policías militares a excepción de los mecánicos y personal de logística.

Bueno, en Alemania me puse en contacto con mi tía Nancy, a quien no había visto por 17 años. Cuando ella estaba en Ecuador, yo me encontraba en California, y cuando fui de visita a Quito a mediados de junio del 92, ella se encontraba en Alemania.

Ya una vez en Frankfurt tenía todas las intenciones de darme un salto a

Bonn, pero no tenía el tiempo suficiente así que tuve que conformarme con una simple llamada. Nancy estaba contenta de oírme en el teléfono ya que era el único sobrino que la escribía.
Pregunté por Washington, Bettina y Susana. Me comunicó que Washo estaba de vacaciones en Ecuador con Petra; Bettina se había casado con un inglés llamado Steve y estaban esperando su primer bebé. En cuanto a Susana, también casada, pero con un alemán y se habían ido a vivir al Canadá.
Apenas llegué a *Camp Darby*, Sgto. Martin me asignó a las barracas de los *MPs* (Policía Militar) al cuarto de huéspedes, tuve que compartir ese dormitorio con Rinehart y Roessler, el cuarto era únicamente para dos militares, menos mal que Roessler tuvo que partir de otra manera hubiéramos estado incomodos.
Me puse en contacto con Claudia para hacerle saber como me encontraba en mi nuevo hogar y también hacer llegar mis cariños a mis queridas hijas Monique y Lisette.
Tenía todas las ganas de comunicarme con mi primo Diego, quien había estado viviendo en Madrid-España por alguna temporada, hablé con él, le di la buena nueva de mi llegada a Italia. Nos pusimos de acuerdo en que le iría a visitar en la primera oportunidad.
Me enteré por medio de mi abuela Marina que mi primo había tenido la gentileza de comunicar a la familia en California de mi llegada sin novedad al continente europeo.
La primera actividad interesante en Camp Darby fue la de asistir al *Gateway to Italian* por un periodo de dos semanas para aprender algo de la lengua y costumbres de este país. El siguiente par de semanas continúe aprendiendo acerca de mi nuevo trabajo en logística con la ayuda de Ketelsen, quien tenía un carácter sumamente extraño, para él todo era negativo, me daba la impresión de que vivía muy preocupado, se encargó de ayudarme a completar mis trámites de ingreso. En esta etapa de transición firmé el contrato de los *Government Quarters* (vivienda). Me tocó Livorno como mi nuevo lugar de residencia en Vía Micali, edificio 9C, apartamento 11.
Al mes de estadía me llegó la orden de ir *TDY* (orden temporal) a Vilseck-Alemania para un curso de *Small Arms* (armamento) por el lapso de dos semanas. No pensé dos veces, en la noche alisté todas mis cosas y el viernes en la mañana abordé el bus de transporte médico rumbo a Vicenza, llegué más o menos entre medio día, me reporté al *MP Station* (Policía Militar) donde me dieron las instrucciones de ponerme en contacto con el Tnte. Sharp.

Campamento militar y misión en Ghazni.

Con mi esposa Claudia.

Ceremonia de retiro en Fort Campbell Kentucky, 2013.

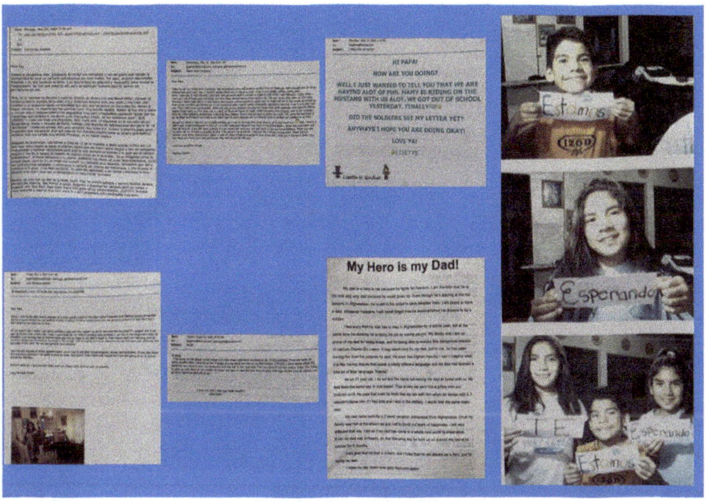

Cartas de mi familia.

Estoy por estos lares desde el viernes, me refiero a Bagram. Mañana lunes parto con destino a Ghozny, al sur de Kabul. La base está compuesta de una fuerza multinacional, bien fortificada y resguardada, aquí todo el mundo porta un arma cargada. Ayer se escuchó fuego de ametralladora y helicópteros por la noche. Hoy en la mañana ya se escuchaba los rumores de ataques terroristas. 8 de mayo, 2004.
Ahorita estamos en tiendas de campaña dentro del campamento, le llaman "*tent city*". El personal permanente de la base vive en cuartos de madera, uno por cada militar.
Se puede apreciar la devastación de una guerra por todos los alrededores, viviendas destruidas, señales de minas antipersonal a lo largo de la carretera.
Este lugar se encuentra rodeado de montañas cubiertas de nieve, así que la noche es helada. Por la madrugada se escucha el movimiento del aeropuerto, helicópteros y aviones de combate saliendo a las diferentes misiones. Ayer recibimos nuestro "suministro básico" de municiones y placas para nuestros chalecos antibalas.

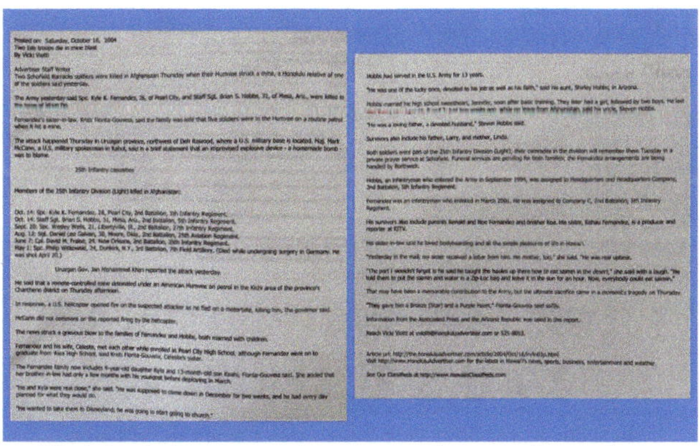
Noticias de los acontecimientos en la zona de combate.

Finalmente con la familia después de varias movilizaciones.

Trayectoria militar por diferentes partes del mundo.

Todo en la Vida Tiene un Precio

Un día como hoy volé en busca del sueño Americano que para mí en ese entonces era aprender Inglés y graduarme en la universidad. Logré mi cometido estableciendo una familia, experimentando la vida militar y viajando por Europa, de regreso a Los Estados, y por último movilizado a la zona de combate en Afganistán e Irak.

Todo en la vida tiene un precio y se llama dedicación y sacrificio, más que nada siempre agradecido con mis queridos padres que supieron guiarme y motivarme por ser lo que ahora soy, un hombre de bien. Gracias a mi esposa e hijos, familia de Quito, a mi familia de California y Europa, y a todos mis amigos que han estado en contacto. Han pasado más de tres décadas... toda una vida.

Muy agradecido y un fuerte abrazo.

Juan Carlos Gachet.
Chesterfield, Virginia.
Sábado 6 de octubre, 2020.

Gratos momentos familiares.

The Post-9/11 GI Bill, U.S. Department of Veterans Affairs
June 17, 2014·

Getting closer to the end of our "70 Days of GI Bill" and that much closer to the 70th anniversary of the GI Bill! Today we celebrate Juan's story!
Juan, originally from Quito - Ecuador, entered the Army in 1993 and was assigned the military occupational specialty 92Y (Logistics and Supply Management). With lofty academic goals in mind, he pursued his educational dreams during his time in the Army – completing his education during deployments to Afghanistan and Iraq.
"While on active duty I completed a Doctorate of Business Administration degree in Global Business and Leadership with California Intercontinental University in 2012 using my Post-9/11 GI Bill. Prior to that I completed a Master's of Business Administration, a Bachelor's of Business Management, an Associate degree in Business Management, and an Associate degree in General Studies.
The G.I. Bill opened the door to great opportunities - allowing me to publish my first book "Free Trade Agreement: Ecuador and the United States in the Agricultural Market" and to continue to serve in the civil service as Facility Revenue Technician with the **U.S. Department of Veterans Affairs** helping and assisting fellow Vets.
I'm married to Mrs. Claudia Gachet, and we have three youngsters: Monique, Lisette, and Jean Carlo, who are following the steps of academic success."
Great work, Juan! Or should I say Dr. Gachet??

Tomado de *DLA Public Affairs Office.*

NEWS. Sept. 11, 2021

DLA Aviation employees remember 9/11: Juan Carlos Gachet

By DLA Aviation Public Affairs Office

Richmond, Va. *In commemoration of the 20th anniversary of the terrorist attacks on Sept. 11, 2001, the Defense Logistics Agency Aviation Public Affairs Office is running a week-long series Sept. 6-11 telling the stories of DLA Aviation employees who remember where they were and what they were doing that fateful day.*

Name: Juan Carlos Gachet

Organization: DLA Aviation, Richmond, Virginia

What is your job title, and what do you do, specifically? I'm a contract specialist. I work with the Electronic Business Enterprise system to manage long-term contracts, to develop acquisition strategy involving previous history, market conditions and specifications or technical data packages and to review sourcing strategy recommendations, determine contract type, method of solicitation, options determination, and sources to be solicited, and to create supporting documentation for solicitation.

Please tell where you were and what you were doing on Sept. 11, 2001. I was stationed at Fort Hood, Texas, at the time and we were in company accountability formation when the first sergeant informed us that there had been an attack going on in our soil on the East Coast. The company conducted physical training and I drove home to pick up a few things and eat breakfast. When I got home, all the national media outlets were broadcasting the unfolding events of New York City where the first plane had crashed into one of the twin towers of the World Trade Center. Immediately afterwards, Fort

Hood was placed on locked down and military police were posted at all entrances checking ID cards. Needless to say, getting back on base that day was tough. The line of cars trying to get on base was very long. As soon as I finally got back to the company for the second accountability formation, we were put on alert status. Our lives changed forever after that day.

What can we do to ensure future generations never forget that fateful day? Tell our experiences to our kids, grandkids and future generations of that fateful day that many people died in New York City, Pennsylvania, and the Pentagon. We had to deploy to Afghanistan and Iraq for the War on Terror and many of our soldiers paid the ultimate sacrifice for our freedom. We will never forget our fallen!

NOTICIAS. Sept. 11, 2021

Los empleados de DLA Aviation recuerdan el 11 de septiembre: Juan Carlos Gachet

Por la Oficina de Asuntos Públicos de Aviación de DLA

Richmond, Virginia. *En conmemoración del 20 aniversario de los ataques terroristas del 11 de septiembre de 2001, la Oficina de Asuntos Públicos de Aviación de la Agencia de Logística de Defensa está llevando a cabo una serie de una semana del 6 al 11 de septiembre que cuenta las historias de los empleados de DLA Aviation que recuerdan dónde estaban y qué estaban haciendo ese fatídico día.*

Nombre: Juan Carlos Gachet

Organización: DLA Aviation, Richmond, Virginia

¿Cuál es el título de tu trabajo y qué haces, específicamente? Soy especialista en contratos. Trabajo con el sistema Electronic Business Enterprise para gestionar contratos a largo plazo, desarrollar una estrategia de adquisición que incluya antecedentes, condiciones y especificaciones de mercado o paquetes de datos técnicos y para revisar las recomendaciones de la estrategia de abastecimiento, determinar el tipo de contrato, el método de solicitud, la determinación de opciones y las fuentes a solicitar, y para crear documentación de apoyo para la solicitud.

Por favor, dime dónde estabas y qué estabas haciendo en septiembre. 11, 2001. Estaba asignado en Fort Hood, Texas, en ese momento y estábamos en la formación de reporte de personal de la compañía cuando el primer sargento nos informó de que había habido un ataque en nuestro suelo en la costa este. La compañía realizó un entrenamiento físico y conduje a casa para recoger algunas cosas y desayunar. Cuando llegué a casa, todos los medios de comunicación nacionales estaban transmitiendo los acontecimientos de la ciudad de Nueva York, donde el primer avión se había estrellado contra una de las torres gemelas del World Trade Center. Inmediatamente después, Fort Hood fue encerrado y la policía militar fue colocada en todas las entradas comprobando las tarjetas de identificación. No hace falta decir que volver a la base ese día fue difícil. La fila de coches que intentaban llegar a la base era muy larga. Tan pronto y finalmente volví a la compañía para la segunda formación de rendición de contabilidad de personal, nos pusieron en estado de alerta. Nuestras vidas cambiaron para siempre después de ese día.

¿Qué podemos hacer para asegurarnos de que las generaciones futuras nunca olviden ese fatídico día? Cuéntale nuestras experiencias a nuestros hijos, nietos y generaciones futuras de ese fatídico día en el que muchas personas murieron en la ciudad de Nueva York, Pensilvania y el Pentágono. Tuvimos que desplegarnos en Afganistán e Irak por la Guerra contra el Terrorismo y muchos de nuestros soldados hicieron el último sacrificio por nuestra libertad. ¡Nunca olvidaremos a nuestros caídos!

Juan C. Gachet. Oficial Contratista.

Gachet, oriundo de Quito - Ecuador y radicado en Estados Unidos se graduó de Bachiller en Humanidades Modernas - Físico Matemático en el Instituto Nacional Mejía. Completó una Licenciatura en Administración de Empresas en la Universidad de *Maryland*, una Maestría en Administración de Empresas en la Universidad de *Hawaii Pacific*, y un Doctorado en Administración de Empresas en Mercado Global y Liderazgo en la Universidad de California.

Publicaciones:
Tratado de Libre Comercio: Ecuador y Estados Unidos.
Instituto Nacional Mejía: Anécdotas de los Compañeros de Siempre.
Gachet Tradición y Legado de una Familia.

Juan Carlos Gachet.

Bibliografía

Benjamín Carrión. (1946). *Afinidades: Francia y América del Sur. Influencia de Francia en la cultura ecuatoriana.* France. Service de l'information, Montevideo.

Cancioneros. *Biografía de Víctor Valencia Nieto.*

Capello E. (2010). Cartógrafos y Clérigos. *Misiones geodésicas. Página 174.*

Carlos Jiménez Celga. (2013). *Guía temática sobre los hitos de la misión geodésica.* Repositorio Universidad Politécnica Estatal del Carchi.

Edward Whymper. *Viajes por los majestuosos Andes del Ecuador.*

Fernando Jurado Noboa. (1989). *Calles de Quito.* Banco Central del Ecuador.

Fernando Jurado Noboa (2008). *Calles, casas y gente del Centro Histórico de Quito.* Tomo III. Página 49. Fonsal, Quito.

Megan Locke Simpson. (2013). *Soldier balances career, education to succeed.* Fort Campbell Courier. Thursday January 24, 2013. 9A.

Hernán Porras Medina. (2020). El Expreso. *El Ejército busca afianzar su apoyo – Entorno Inteligente.*

Holguer Velasteguí. (1934). *Santo Domingo de los Colorados.* Editora Luz de América: Quito, Ecuador.

HPU Today (2013). *2008 Staff Sgt. Juan Carlos Gachet.* https://issu.com/hawaii_pacific_university/docs/hpu-today-spring2013.

Patricio Velarde. (1991). *Santo Domingo de los Colorados: Historia de su integración al espacio nacional.* Santo Domingo, Ecuador.

Revista Líderes. (2018). *Investigación big-data-España.* https://www.revistalideres.ec/lideres/investigacion- bigdata-espana-inteli.

Wikipedia. (2023). *Vienne, France.* http://www.Wikipedia.com.

Milton Keynes UK
Ingram Content Group UK Ltd.
UKHW021811040823
426325UK00001B/1

9 781088 214381